于建华
于津 著

中國佛門書畫家圖典

秣陵螺山大石題

學林出版社

图书在版编目(CIP)数据

中国佛门书画家图典／于建华，于津著．—上海：学林出版社，2013.2
ISBN 978-7-5486-0486-0

Ⅰ.①中… Ⅱ.①于…②于… Ⅲ.①僧侣-生平事迹-中国 Ⅳ.①B949.92

中国版本图书馆CIP数据核字(2013)第013143号

中国佛门书画家图典

作　　者——	于建华　于　津　著
责任编辑——	褚大为
特约编辑——	曹瑞锋
封面设计——	周剑峰

出　　版——	上海世纪出版股份有限公司　学林出版社
	地址：上海钦州南路81号　　电话/传真：64515005
发　　行——	中国图书进出口上海公司
	地址：上海市广中路88号　　电话：36357888
字　　数——	28万
书　　号——	ISBN 978-7-5486-0486-0/G·154

（如发生印刷、装订质量问题，读者可向工厂调换。）

目　录

序 1 ………………………………………………………………… 1

序 2　潮汐的建华 ………………………………………………… 3

第一章　佛教传入和两汉佛教 …………………………………… 1

第二章　战火割据中的三国佛教及佛门书画家 ………………… 7

　　第一节　魏国佛教及佛门书画家 …………………………… 7

　　第二节　蜀国佛教及佛门书画家 …………………………… 8

　　第三节　吴国佛教及佛门书画家 …………………………… 9

第三章　发展中的两晋佛教及佛门书画家 ……………………… 10

　　第一节　西晋佛教及佛门书画家 …………………………… 10

　　第二节　东晋佛教及佛门书画家 …………………………… 11

第四章　巩固中的南北朝佛教及佛门书画家 …………………… 14

　　第一节　南朝宋的佛教及佛门书画家 ……………………… 14

　　第二节　南朝齐的佛教及佛门书画家 ……………………… 16

　　第三节　南朝梁的佛教及佛门书画家 ……………………… 18

第四节　南朝陈的佛教及佛门书画家 ·········· 21

第五节　北朝北魏的佛教及佛门书画家 ·········· 22

第六节　北朝北齐的佛教及佛门书画家 ·········· 26

第七节　北朝北周的佛教及佛门书画家 ·········· 27

第五章　完成期的隋朝佛教及佛门书画家 ·········· 29

第六章　昌盛期的唐朝佛教及佛门书画家 ·········· 34

第七章　转折期的五代十国佛教及佛门书画家 ·········· 54

第八章　稳定发展的宋朝佛教及佛门书画家 ·········· 62

第九章　辽、金、元佛教及佛门书画家 ·········· 88

第一节　辽朝佛教及佛门书画家 ·········· 88

第二节　金朝佛教及佛门书画家 ·········· 89

第三节　元朝佛教及佛门书画家 ·········· 91

第十章　严控下的明朝佛教及佛门书画家 ·········· 105

第十一章　清朝佛教及佛门书画家 ·········· 135

第十二章　研究兴盛期的民国佛教及佛门书画家 ·········· 234

后　记 ·········· 270

序 1

刘万林

  佛教传入我国大约有两千多年的历史,两千年来佛教在中国社会上曾经起过并且至今仍在起着重要的作用,作为一个文化体系,佛教是中国传统文化的重要组成部分。在中国佛教发展史上,涌现出了许多大思想家、大哲学家,还涌现出许多建筑大师、雕塑大师、音乐大师、大画家、大书法家、音韵大师、大舞蹈家、大文学家、大诗人。书画家中,如怀素、贾岛、贯休、巨然、法常、陈洪绶、八大山人、石涛、髡残、弘仁、虚谷、担当、弘一、苏曼殊等,在书法和绘画史上都有着举足轻重的地位,有些因其具有多方面的文化成就而堪称是披着袈裟的文化巨人。这些人的书画作品,往往成为国家级海内外博物馆的镇馆之宝。如果在书画拍场上出现,也会成为大收藏家大买家们争逐的宝贝。

  当今的书画市场,经过这几年的大起大落,而更加走向理性、更加成熟。一些涉足收藏的人们,更加重视学习。淘宝的人们,开始认识到如果不具备一般的文化知识、历史知识、专业知识,即使走进宝山,也会如盲人瞎马,珍宝在前也会失之交臂,空手而回。目前,我们面临的是一个中华文化大振兴的大好时代,伴随着国学学习的热潮,收藏热潮也在向更高的文化层面推进。大量的国学典籍再版,一些基础知识的工具书在市场上热销,热衷收藏的人们在丰富自己的文化知识的同时,也丰富着自己的收藏。

  上海学林出版社即将出版的这本《中国佛门书画家图典》是一本填补空白的学术性工具书。此书出版上市,料想书画家和收藏书画的人们定会喜欢置备。

　　这是由于建华、于津父子合著的近30万字左右的著作。于建华先生为书法篆刻家,早年从上海文化大家洪丕谟先生游,是洪先生的得意弟子,从上世纪九十年代末,跟洪先生出入上海、杭州等地的书画拍场,涉足书画收藏,兴趣日浓,渐入渐深。于建华先生是工薪阶层,他的收藏从自身能承受的低价位开始,因为深具文化、佛学、历史知识,淘来不少书画珍品,他每淘来一幅作品,即在上海重新装裱,由洪先生跋上一段文字,作品顿时身价倍增。他又将每幅作品写一篇文章,介绍作者,分析作品。其中不泛文人逸事、文坛掌故,行笔优美,成为一篇可读性很强的散文,发表在报刊杂志上,大受欢迎。写得多了,结集出版,至今已达十部之多。人们从他的文章中既学到收藏知识,又得到鉴赏乐趣,建华至今已蜚声东南半壁。拍场进得多了,通过实践,练就一双火眼金睛,许多书画收藏者向他请教,请他掌眼,实至名归,他又多了一个书画鉴赏家的名头。于建华先生又是一位资深的居士,早年皈依菲律宾大和尚瑞今法师,瑞今是弘一法师的弟子,佛学精深,于诗、词、联句、书法都有很高的修为。他的业师洪丕谟先生也是精通佛学的文化大家,他这些年专心向佛得顿悟法门,博学强记,早已成为学养深厚的佛教学者,他曾参与权威的《中华佛教二千年》巨册(赵朴初任主编)的编写审校工作,有多部著作问世。由他来主笔这部涉及佛教的辞书是再合适也不过的了。

　　《中国佛门书画家图典》收录中国境内出家的和尚尼姑,从两汉佛教传入中国直到民国这期间所产生的僧尼书画家,收录的辞条达1 200多人,建华先生从两汉起按朝代行文,每章写一个朝代,先写这一朝代的佛教概况,再写佛教美术史话,所以这同时又是一本简要的汉传佛教的美术史。对于一个佛教知识欠缺的人,可以认识汉传佛教产生、发展和演变的基本脉络,了解佛教文化的博大精深、丰富多彩的内容。

　　这本书由上海学林出版社出版,这就肯定了他的学术性,诚为书林和藏界奏好音,我得先睹为快,书以上文字为小引。

2012年春节水仙花开时于紫竹轩

序2　潮汐的建华

吴小妮

中秋时节,有幸踩着月光与建华和学林出版社的褚大为先生一起在沙澧河畔相聚。并有幸悠闲而惬意的在月光的轻抚下,一边喝着新煮的咖啡看大为先生一丝不苟泼墨作画,一边咀嚼《大河报》收藏版刊登的建华书法篆刻作品。这时建华拿给我他将要出版的《方外书画家》书稿给我看,这是继中秋佳节赏月赏画之后我又看到了一抹亮丽的风景。建华的勤奋恰似一波一波月光的潮汐,那是因为刚刚才为他写完《近现代书画名家价值考成》序言《云水的建华》,仿佛只是一个转身的时间和距离,他的新作就像明媚的月光一样拭亮了我的眼睛。这真是潮汐一般的建华。

在这个物质声浪喧嚣的城市里,建华的"不歌楼"书屋就像一座隐居在闹市里的空中寺院。当然,寺院里少不了建华在哪里著作的洁静禅房。几朵淡雅的石兰宁静的开放在书案上面,抬眼望去,总有三两朵白云好像建华喂养着一样,风华的挂在窗外的蓝天之上。仿佛世像里的滚滚浮尘无法蹿动到他满屋散发着幽香的书屋一般静雅、恬淡。禅宗说:定能生慧。一个缺乏定力的人,他的智慧无论如何不会从中汩汩而来?禅宗里有这样一个公案:"指月亮的手不是月亮。"当下,熙熙攘攘的人们在用不同的手法经营手臂的时候,建华却以朝觐者的虔诚,瞭望历史天空灿若星辰的——诗、书、画、印,瞭望那些抚雪而去或临风而立的文人雅士、高僧大德……

建华大部分的赏析文章和他的书法一样形成了独到的"于体"风格。他洋洋洒洒十多部书画鉴赏著作虽没有一本是属于苍天在上，黄土在下，大江东去或万马奔涌的格调。但他善于从得到的一幅名人的琴条或扇面或立轴或四条屏上用简约的文字对书画进行推拉摇移。让读者不但从中触摸和咂品到书画本身的艺术魅力，更能隐约聆听到中国文化历史打马走过的隆隆呼啸声和遥远的季节冲破岁月堤岸鸣响的时代背景。

建华是一个虔诚的佛弟子，从他成为居士的那天起就有一种使命感，他像整理自己家失散的老亲旧眷的书信一样，收集留意记录古往今来出自佛门的丹青妙手。他深知佛教对中国文化的影响并一直在引领着和促进着中国的书法和绘画的重要性。他知道历代有建树的书画大师很多是以佛家思想来审视书画、评论书画、悟道画理进行创作的。特别是生活在丛林中的和遁迹在崇山峻岭中的僧家，把禅文化的精奥幽深渗透在自己的书画作品之中，在中国的书画史上抒写了璀璨的一笔。建华把有史以来僧家的书画名家进行了精心的梳理，考证，然后项链般的把朝代与朝代书僧画僧串连起来，收录的辞条达1 200多人。他从两汉起入笔，循着朝代的足迹行文泼墨，写一个朝代就简练的介绍佛教概况和佛教对当下文化的沁润，然后介绍佛教书画人物。特别是对历史上"谜"一样云遮雾绕里掩映绰约的高人给以了娓娓道来的讲述。在写到生活在明末清初一直处在新旧交替天崩地坼巨变之下的八大山人时，给予这位属于世界，属于人类的这位伟大的艺术家浓墨重彩的着重介绍。他把八大山人心灵的特殊状态和险峻的实际生活环境扼要的勾勒出来，然后写到他为了逃避现实而疯癫的坎坷一生。八大山人是在怎样的"高危"境遇下选择了颠、选择了禅、选择了画。又是怎样把他对新朝的愤懑，他的无奈和他的孤寂一一镌刻在他的绘画之中的，让我们从中了解到了成就一代大师的那个让他颠沛流离的时代背景。建华在写到与八大山人同时代的又一位伟大的艺术家石涛时，也进行了严格的考证，把一个生不逢时，明末的一个锦绣王子变成一个着百衲衣的出家人，他的地位从千万人之上跌落到芸芸众生之下的石涛给予了历史性的介绍。建华着重介绍了石涛如何成为中国绘画艺术的创新者，给石涛一个极高的艺术评价。他把一扫传统拘泥于古法的绘画之风的石涛，把一个对中国绘画理论有突出贡献的石涛，把"亦道亦佛"、"非道非佛"、思想矛盾的石涛做了全面的解析。建华让读者了解石涛的艺术道路过程的同时，又深刻洞悉了那个时代的风貌。在写弘一法师和太虚大师时也是如此，他把一个走进佛门的艺术大师跌宕起伏的人生轨迹和艺术成就及时代、禀赋、个性介绍的清清楚楚，让每一位读者都能从他们生平的起承转和，拼凑出一个非常完整的人生与艺术故事。

勤奋的像潮汐一样不停奔走的建华，他总是把月光一样的银丝深深埋在书画大师的足迹里，把他们远去的背影留下来。今天，今后，让建华潮汐一样不停的细细解读和诠释……

郑州市艺术创作研究院 吴小妮于一间半庵

2012.10.10

第一章
佛教传入和两汉佛教

从两汉(前206—公元220)之际到东汉(25—220)末年,约200多年,印度佛教开始通过西域逐渐传入中国内地。经过反复、曲折的变化过程,终于在中国特定的社会条件和文化背景上定居下来。西汉时所指的"西域",狭义上是指玉门关(今甘肃敦煌西北)、阳关(今甘肃敦煌西南)以西,葱岭(今帕米尔是它的一部分)以东,昆仑山以北,巴尔喀什湖以南,即汉代西域都护府的辖地,包括今新疆地区、哈萨克斯坦的阿拉木图及吉尔吉斯斯坦的伏龙芝一带。广义上的西域还包括葱岭以西的中亚、南亚的一部分,以及东欧和北非的个别地方,是中国当时就地理知识所及对"西"方地区的泛称。葱岭以东的西域,西汉(前206—公元25)时城邑小国星罗棋布,原有36个,后来分裂为50多个小国。张骞(?—前114)通西域前,匈奴势力伸展到西域,在那里设"僮仆都尉",对西域各国征收各种赋税。统治着西域各族人民。

佛教传入中国内地的具体时间,传说很多,难以统一。但公认的说法,汉哀帝元寿元年(前2年)大月氏王使臣伊存口授佛经,当为佛教传入汉地之滥觞。

大月氏原居我国敦煌、祁连山一带,汉文帝(前179—前156)初年被匈奴冒顿单于打败,西迁至塞种地区(今新疆西部伊犁河流域及其以西一带)。文帝后元三年(前161)左右,遭乌孙攻击,又西迁大夏(今阿姆河上游)。约西汉武帝元朔元年(前128年)张骞出使曾到过这里。

公元前3世纪以后,由于印度阿育王的支持和帮助,佛教开始在印度以外的缅甸、斯里兰卡以及中亚、西域一带得到传播。在公元前2世纪，大夏入侵印度西北所建立的舍竭国已流行佛教，大月氏于公元前130年左右迁入大夏地区，至迟在公元前1世纪时，大月氏由于受大夏佛教文化的影响，已开始信仰佛教。西域各国派往汉朝的外交使节、侍子，以及商人中就可能有佛教信徒。日长月久，人们对这种信仰看得多了，也就渐渐开始感兴趣了。

关于佛教的传入史实，《三国志·魏书》卷三十裴松之（372—451）之注所引用的鱼豢撰《魏略·西戎传》是现存关于佛教东传的最早记载。云："昔汉哀帝元寿元年（前2）博士弟子景卢受大月氏使伊存口授浮屠经，曰复立者其人也。"所谓"曰复立者其人也"的"复立"，根据《世说新语·文学篇》（刘孝标）的注，系"复豆"之误。所谓"复豆"是Buddha（浮图）的音译。由此可见，传入中国的早期佛教是以口授方式译经的。传的什么经？内容如何？有哪些人信仰，不可知也。

东汉明帝（58—76）的异母兄弟楚王英据记载是佛教传入中国后最早信仰佛教的人。《后汉书·楚王英传》载："建武十五年（39）封为楚公、十七年进爵为王、二十八年就国。"又载："英少时好游侠，交通宾客。晚节更喜黄老学，学为浮屠斋戒祭祀。"汉明帝永平八年（65），诏令天下死罪皆入缣（绢）赎，英献缣三十匹，英遣郎中令诣国相说："托在藩辅，过恶累积，欢喜天恩，奉送缣帛，以赎愆罪。"明帝不计过失，下诏安慰说："楚王诵黄老之微言，尚浮屠之仁祠，洁斋三月，与神为誓，何嫌何疑，当有悔吝？其还赎，以助伊蒲塞、桑门之盛馔。"这件事被公认为东汉上层统治阶级在信仰儒教黄老的同时又信仰外来佛教的佐证。又，楚王英供养优婆塞和沙门这件事表明，西域僧在楚王英的领地已经有传教活动了。后来楚王英广泛结交方士，"作金龟玉鹤，刻文字以为符瑞"，遂以"招聚奸猾，造作图书"，企图谋逆罪废，次年，在丹阳自杀。自此，诸侯王作谶纬方术，直接成了大逆不道的罪状。之后近百年中，史籍不再有关佛教在中土的传播记载。

在佛教传入中国的历史事件中，东汉明帝"夜梦金人，遣使求法"的说法最为著名。此说最早见载《四十二章经序》和《牟子理惑论》。后者云："昔孝明皇帝梦见神人，身有日光，飞在殿前，欣然悦之。明日，博问群臣，此为何神？有通人傅毅曰：臣闻天竺有得道者，号之曰佛，飞行虚空，身有日光，殆将其神也。于是上悟，遣使者张骞、羽中郎中秦景、博士弟子王遵等十二人，于大月支写佛经四十二章，藏在兰台石室第十四间。时于洛阳城西雍门外起佛寺，于其壁画千乘万骑，绕塔三匝。又于南宫清凉台及开阳城门上作佛像。明帝存时,预修寿陵曰显节,亦示其上作佛图像。时国丰民宁,远夷慕义,学者由此而兹。"东晋袁宏的《后汉纪·孝明皇帝纪》、刘宋范晔《后汉书·西域传》、北齐魏收《魏书·释老志》等正史所记与此大致相同。《后汉纪·孝明皇帝纪》首先记叙明帝永平十三年(70)发生的楚王英谋反事件,然后记述明帝时佛教传入中国的情景:"初,帝梦见金人,长大,项有日月光,以问群臣。或曰:西方有神曰佛,其形长丈六尺而黄金色。帝于是遣使天竺问佛道法,遂于中国图画形象焉。楚王英始信其术,中国因此颇有奉其道者。""感梦"本身颇具神话的意味,所以一些人据此认为明帝求法是纯属虚构。

虽然汉明帝求法有虚构成分,但从其基本情节来说是可信的,都包含有明帝派人到西域求法,此后佛教得到流传的内容。

东汉桓帝、灵帝(147—190)之世,经过两次党锢(166—176)和震撼全国的黄巾起义,接踵而来的又是董卓之乱,军阀混战。两汉神学化了的纲常名教,即独尊的儒术,受到了严重的冲击,汉桓帝(147—168)在宫中立黄老浮屠之祠,就是对儒术失去信心的表现。黄巾起义奉《太平清领书》为经典,张鲁的五斗米道用《老子》作教材,广大的农民唾弃了官颁的《五经》。在官僚和士大夫阶层,名教礼法或者成了腐朽虚伪的粉饰品,或者为有才能的政治家和军事家所轻蔑。两汉正统的文化思想已经丧失了权威地位,社会酝酿和流行着各种不同的思想和信仰,其中不少可以与佛教产生共鸣。以"生"为苦之类的悲观厌世情绪,以及不问世事的冷淡出世主义等,更是便于佛教滋长的温床。

此外,与图谶方术同时兴盛的精灵鬼神、巫祝妖妄等迷信,也空前泛滥,为佛教的信仰在下层民众中的流传提供了条件,使佛教广为流传。

东汉两百年中,佛教从上层走向下层,由少数进入多数,其在全国的流布,以洛阳、彭城、广陵为中心,旁及颍川、南阳、临淮(即下邳)、豫章、会稽,直到广州、交州,呈自北向南发展的形势。

东汉末年献帝(190—220)时的笮融(?—195)崇信佛教,在受任督管广陵(今江苏扬州)、下邳(今江苏睢宁西北)、彭城(今江苏徐州)三郡粮运,并任下邳相时,他擅断三郡钱粮,大造佛寺。《后汉书·陶谦传》说:"初,同郡人笮融,聚众数百,往依谦,谦使督广陵、下邳、彭城运粮。遂断三郡委输,大起浮屠寺,上累金盘,下为重楼,又堂阁周回,可容三千许人。"《三国志·吴志·刘繇传》载:"(苲融)乃大起浮图祠,以铜为人,黄金涂身,衣以锦彩,重铜盘九重,下为重楼阁道,可容三千许人,悉课读佛经。"虽说桓帝时代就已经有佛像了,但真的铸造佛像,应该是从苲融时才开始的。苲融建造的佛寺,也当为中国佛教最古的寺院。并且苲融告示天下,举凡愿意信仰佛教的,一律免去其徭役,以此方法前后招来远近民户五千多,他还举行盛大的浴佛会,"多设酒饭,布席于路,经数十里,民人来观及就食且万人,费以巨亿计"。

在中国佛教史上,苲融可以说是早期信奉佛教的官僚"居士"。而有记载最早的汉人出家僧侣,则是严佛调。《出三藏记集·安玄传》载:"佛调,临淮人也。绮年颖悟,敏而好学,信慧自然。遂出家修道,通译经典,见重于时。"梁慧皎《高僧传·支楼迦谶传》也附载有严佛调出家为僧。汉灵帝(168—190)末年,安息商人安玄来洛阳经商,渐谙汉语,常与沙门讲论佛教,因为有功被封为"骑都尉",世称"教尉玄"。安玄与严佛调友善,他俩合作,由安玄口译,严佛调记述,翻译了不少佛经。有名的《法镜经》就是他俩共同翻译的。此经是一部大乘佛经,与《大宝积经·郁伽长者会》属同本异译,其主要内容是劝告人们信仰大乘佛教,其中还谈到大乘出家,即戒律的问题。

严佛调不但译经,还撰有《沙弥十慧章句》一卷,这是中国最早的汉僧佛教名著。这是一部宣传小乘佛教基本教义和修行方法的著作。

汉人出家为沙门是从严佛调开始的,但是梁僧祐《出三藏记集》和梁慧皎《高僧传》虽然记有严佛调"出家修道",但是具体什么时间?什么地点?依什么人出家皆没有记载。可能严佛调没有受具足戒,只是剃掉须发,披着袈裟而已。再说他仍还是一个在俗之姓,所以严佛调也只能是一位具"僧相"的僧人。

随着佛教的传入中国,佛教美术亦传入中国。汉代书画艺术已十分发达。隶书在我国书法史上的真正崛起,当数两汉时期。其时由于政治的统一,经济的上升,文化的发展,人事的繁复,人们对于书写的速度,便有了进一步的要求。由此往来回环的篆书写起来实在太费时间,于是,简单易行的隶书,便理所当然地崛起了,并无情的取代了篆书,成为两汉时期的官方文书并大行天下。两汉隶书端凝典雅,多具庙堂之气,为最具成熟和具最高的审美的隶书,成盛极一时的局面。

另外，汉代隶书碑刻之外的简牍隶书墨迹，活泼灵动，篆意未脱，质朴无华，古趣盎然。再者汉代篆书名碑如《祁山公山碑》、《袁安碑》、《袁敞碑》、《开母庙石阙铭》等，也备受研究汉代书法者的注目。

篆隶之外，作为草书的一帜，汉代书坛扛大旗者，当推古今闻名的大书法家张芝。张芝，字伯英，出生年月史书失载，大概卒于汉献帝初平三年（192）。他勤学好古，精通经学，当时朝廷曾经征他为"有道"。"有道"是汉代选举科目之一，一般都推举乡里有道德文章的人来担任。虽然淡于荣利的张芝终于没有接受下来，但是人们还是乐于用"张有道"来称呼他。

在书法上，张芝学习书法极用功，西晋卫恒《四体书势》说他"临池学书，池水尽墨"，后来人们为了纪念他，就把学习书法叫做"临池"。张芝"下笔必为楷则，常曰'匆匆不暇草书'"。由于他有着扎实的"楷则"作基础，所以他的草书往往写得龙飞凤舞，极为精熟，远远超过他的隶书和行书，以致到了后来，三国魏国书法家韦诞称张芝为"草圣"。王羲之论汉魏书迹，首先推崇钟繇、张芝，认为"其余不足观"。梁武帝萧衍《古今书人优劣评》说张芝的字好比"汉帝爱道，凭虚欲仙"。梁朝庾肩吾《书品》说他的字和后来的钟繇、王羲之一起列为"上之上品"，并评说："张功夫第一，天然次之。"

还有东汉灵帝（168—190）时大书法家、文学家蔡邕。蔡邕篆隶均擅，隶书更佳。他的书法，能够在总结前人成就的基础上，形成个人"骨气洞达，爽爽如有神力"的独到风格。此外，蔡邕在书法理论上影响亦大，他所撰《笔论》、《九势》和《篆书势》对后世书法创作颇具指导作用。

两汉有关佛教书法遗迹和方外书法家都未曾有载。

来说两汉绘画。两汉时期，壁画盛行，当时宫殿的白壁，无不画有大型壁画，其中不乏明君贤臣的人物形象。把这一风气带进墓葬，就是两汉墓室也一时壁画盛行，举凡伏羲、女娲、君臣、烈女、宴饮、游猎、傩戏、打鬼等等，都可以作为壁画的题材。

与绘画并辔而行的是，两汉时期，《淮南子》还提出了颇为耐人寻味的绘画观："画西施之面，美而不可悦；画孟贲之目，大而不可畏，君形者亡焉。"又说："寻常之外，画者谨毛而失貌。"这就足以证明，《淮南子》的观点在于画人物最要从大的方面进行总体的把握，要是斤斤计较于面目和皮毛的细部描绘，那就往往失掉

对于精神形貌的把握,这是非常可惜的。"(《点击中国绘画》,洪丕谟著,上海人民美术出版社2004年8月出版)

　　佛教的传入,自然而然地也传入了佛教绘画。东汉明帝永平八年(65),明帝派遣中郎将蔡愔、秦景,博士王遵等人赴西域求佛法,三年后,蔡愔等在大月氏国遇见沙门迦叶摩腾、竺法兰二人,并将佛像经卷,用白马驮着一同前往洛阳。帝见众归,心中大悦,即下令建寺院给他们居住,并命名为白马寺。白马寺成为中国佛教史上第一座寺院,中国佛教寺院自此起源。由于白马寺的建立,同时也推动了佛教绘画艺术的发展,从白马寺现存的壁画即可看到汉代佛教绘画发展的景观。

　　不过汉代所有的佛教绘画均由当时画工完成,这在寺院的壁画作品中有具体的表现。虽然当时的艺人在艺术上还欠法度,技艺也显粗糙,表现手法还未尽善尽美,但是,这个时期的绘画都为以后魏、晋、南北朝以至隋、唐绘画的发展夯实了基础,对中国佛教绘画的发展起到了开启后来的作用。

　　遗憾的是,汉代佛教绘画的作者未有名传,更勿论方外画家了。

第二章
战火割据中的三国佛教及佛门书画家

第一节 魏国佛教及佛门书画家

三国之中,魏国的奠基者是曹操。曹魏占有的是华北地带,势力强大。虽然早年曹操为济南相时曾"禁断淫祀",拆毁了六百多所城阳景王祠,禁止吏民祠祀;至他为汉丞相执政时,又"除奸邪神鬼之事,世之淫祀由此遂绝"。他甚至还将道术方士集中控制,防止他们"接奸宄以欺众,行妖慝以惑民"。但是,曹氏集团与佛教的关系,仍是个历史疑案。据刘宋陆澄的《法论》序云:"魏祖(曹操)答孔(孔融)是知英人开尊道(尊佛)之情。"从此看,曹操是有尊佛之情的。又《出三藏记集》卷七所载《般舟三昧经记》,谓此经与汉灵帝(168—190)光和二年(179)十月八日由天竺山门竺朔佛与月支沙门支谶译出,又于"建安十三年(209)岁在戊子八月八日于许昌寺校定"。许昌寺当时是许昌的佛寺,而建安十三年的许昌(当时还称许),是汉献帝(190—220)的国都(当时曹操正为丞相),在国都内还能校定佛经,是曹操未禁佛教的旁证。唐神清《北山录》卷三《合霸王篇》也说曹操对佛教"虽不能弘赞其风,而亦终不蔽其道也"。魏文帝曹丕和魏明帝曹叡曾有过禁止淫祀的诏书,但也未见有排佛的记载。《魏书·释老志》还载,魏明帝(227—240)曾想拆毁皇宫西侧的佛塔,后来因外国沙门显示舍利的灵异,明帝又将佛塔迁移于道东,并"为作周阁百间"。如果曹操、曹丕、曹叡三代禁佛,绝不会容许宫侧有佛塔。至于曹植(曹操子,封陈王,诗人)据《庄子·至乐》作《骷髅记》,与佛教小乘的悲观厌世情绪极为接近,也算宿有慧根的。僧史称他读佛经,"能转读七声升降曲折之响",为后人诵经所宪章,尝游鱼山,"闻空中梵天之赞,乃摹而传于后"。"梵天之赞"简称"梵呗",属佛教的赞美歌。曹植被认为是中国佛教音乐的创始者。或言魏明帝(227—240)曾为佛图"作周阁百间"。不过,这都不能作为定论的。

魏国仍是没有记载佛门书画家。

第二节 蜀国佛教及佛门书画家

三国之一的蜀国在巴蜀地区,典籍没有记载巴蜀佛教。甚至隋唐的有关典籍还明确说蜀汉(221—263)时期巴蜀地区没有佛教。隋代魏长房在《历代三宝记》卷五有说:"魏、蜀、吴三国鼎峙,其蜀独无代录者何?岂非佛日丽天而无缘者,莫睹法雷震地比屋者弗闻哉!且旧录虽注《普曜》、《首楞严》等经,而复阙于译人年世。设欲纪述,罔知所依,推入失翻,故无别录。"这是说,三国中,只有蜀国没有经录,旧的经录虽著有蜀国的《普曜》、《首楞严》(《出三藏记集》卷二《新集异出经录》注云:"旧录有蜀《首楞严》二卷,未详谁出。")等经,但却没有译者和年代。如果记述它,却没有根据,所以没有录。唐代道宣《广弘明集》卷二十八有载:"蜀中二主,四十三年,于时军国谋猷,佛教无闻信毁。"二主指刘备、刘禅统治者。统治者不信佛教,不等于民间没有信仰。自上世纪40年代以来,四川地区发现了一些东汉后期至蜀汉时期的佛教出土文物。1940年在四川乐山城郊麻浩及柿子湾发现了东汉后期的崖墓。麻浩的一座崖墓的后室门额上有一尊浮雕的坐佛像。在此墓附近与其风格相同的一些崖墓表上,发现有汉顺帝永和(136—142)与汉桓帝延熹(158—167)等年号的铭文。柿子湾的一座崖墓中后室也发现一尊保存稍好的佛像,其造型与麻浩佛像大体相同,所以两处的年代也应大致相同。

虽然有物证说明巴蜀地区有佛教文化,但没有佛门书画家的记载。

第三节　吴国佛教及佛门书画家

后汉佛教,由于楚王英被放逐到江南以及笮融在广陵、彭城的推行佛教,因而扩大到淮泗流域,并进一步到江南。另一方面,又由于后汉末年的战乱,洛阳、长安的居民大批南迁,佛教僧侣也来到了江南,如安世高就是其一。《高僧传》安世高条说:"高游化中国,宣经事毕,值灵帝(169—190)之末,乃振锡江南。"三国时期译经最多的支谦,也是避乱到了江南。汉献帝(190—220)末年,汉室争乱,支谦同数十位知识分子一起逃亡吴国。吴王孙权闻得其博学才能,聘为博士,辅导东宫。吴黄武元年(222)至建兴(252—254)年间支谦在吴国翻译了许多佛教经典。《出三藏记集》卷三说支谦共翻译36部48卷,《高僧传》又说为49部,《历代三宝记》更说为129部。支谦还长于音乐,曾依据《无量寿经》、《中本起经》创作了连句梵呗《赞菩萨》三契。

孙权兴佛,除了敕建建初寺外,同时在武昌建慧宝寺,金陵建瑞相寺、保宁寺,苏州建通玄寺,四明建德润寺,扬州建化城寺。孙权的大兴佛寺,必然带动了佛教美术的发展,佛画之祖曹不兴即是生活在这样的环境中。天竺著名佛教学者僧人康僧会入吴国后,力助孙权大兴佛法,设像行道。他还携带了大量的精美佛画,直接影响了当时吴国画家。

权威的《中国美术家人名辞典》称康僧会"颇属文翰"。"文翰"亦指信札,美术家词典这样称他,是说他信札书法很好,所以把他并入了书法家之列。

康僧会　(?—280)其先康居国(古国名,领土有新疆北境及中亚地)人。世居天竺(今印度国),父移交趾(今岭南一带)。10岁时双亲故去,丧服毕入道。深达三藏,及天文图纬。赤乌十年(246)至建康(今江苏南京),结茅安居,设像行道。吴帝孙权(222—252)召对殿廷,追见舍利,帝起敬,孙权遂为建塔,并敕造建初寺(为吴地第一座佛寺)让康僧会住。康僧会又于浙江海盐创金粟寺。宏化之余,从事佛经翻译。计译出《阿难念弥陀经》、《镜面王察微王梵王经》、《六度集经》、《杂譬喻经》等。传《泥洹》呗声,清靡哀亮,为一代楷模。又注《安般守意》、《法镜》、《道树》三经,并制经序。笃志好学,博览六经,颇属文翰。《梁高僧传》、《中国美术家人名辞典》有载。

第三章
发展中的两晋佛教及佛门书画家

第一节 西晋佛教及佛门书画家

魏宰相晋王司马炎(晋武帝)篡夺魏之帝位后,建都洛阳,国号为晋,我们称西晋(265—317)。

佛教传入中国,是大乘、小乘一起传入的。但大乘的般若学在魏晋时期更为流行,因为般若学的"性空"说与魏晋盛行的贵无论玄学相类似,佛教僧侣便有意迎合玄学,大量宣扬《般若经》。随着西域人的不断来华,西晋首都洛阳成了传播佛教的中心。西晋佛教很是繁荣,据载在西晋末的永嘉(307—313)年间有42座佛寺(《洛阳伽蓝记·序》载)。《法苑珠林》卷四十二有载,相传当时衡阳太守滕永文和晋阙公也设斋会诵经,礼拜佛像。

两晋的佛经翻译,是汉魏以来最多的,其中又以竺法护翻译的最多最重要。竺法护名昙摩罗刹,世代居于敦煌的月支人。晋武帝(265—290)初年,中原佛教的寺院图像虽已被推崇,但流行于西域的大乘经典却没有被翻译过来。竺法护就随师遍游西域诸国,通学36种语言文字,收集了大量梵文或西域文经典,回到内地便"孜孜所务,唯以弘通为业,终身译写,劳不告倦。经法所以广流中华者,护之力也。"(《高僧传·竺昙摩罗刹传》)竺法护译经上百部数万卷,对后世影响极大。

因为西晋朝野信仰佛教已相当普遍,仅长安、洛阳就有寺院一百八十座。随着佛寺的建立,造像、佛画也颇为普遍。当时很多士人也多信佛崇佛乐攻艺事,从而更加促进了佛教的普及和佛画艺术的发展。著名画家顾恺之为当时翘楚,他创作的维摩诘像壁画,与狮子国(今斯里兰卡)所献的玉佛像、戴逵所制的五尊佛像并称三绝。另外著名的画家还有陆探微、张僧繇、卫协等人。顾恺之又与卫协、曹不兴并称中国最初的三大佛教画家。

有史记载的西晋佛门书画家仅有一位,是能书法的于道邃。虽然不知于道邃生卒之年,但他辞条中有"竺法护每称之"句,所以认定于道邃为西晋人。

于道邃　敦煌(今属甘肃)人。年16出家为僧,师事于法兰。兼内外学,善医方,尤巧谈论,竺法护每称之。能书法,美书札。常游名山。后随于法兰到西域,欲求异闻。疾终于交趾(东汉后改为交州,在今广东、广西的大部和越南的北部、中部)。《梁高僧传》、《中国佛教人名大辞典》有载。

第二节　东晋佛教及佛门书画家

西晋灭,东晋(317—420)兴,中原贵族也随着帝室迁居江南,因而向来是中国文化中心的黄河流域立刻萧条起来,长江流域随之成为中国的文化中心。

西晋亡后,北部中国陷入了十六国的混战。佛教在后赵、前秦、后秦、北凉等一些有影响的大国中,收到了最高统治者的信仰和支持,发展特别迅速。佛教普及到东晋十六国的各个民族,并成了一些主要国家用以争取民众而共同支持的一种信仰。这对于增进南北各族人民的相互了解和相互联系,对于形成各族人民的共同心理,起了比儒学还重要的作用。

《辩正论·十代奉佛篇》说东晋104年间,建佛寺1 768所。《辩正论》载,东晋有僧尼24 000人,但实际可能不止此数。这些僧尼的生活,在帝王权贵所建寺中者,由帝王权贵供给。一般寺院则广为营殖。《弘明集》卷释道恒《释驳论》中说到东晋后期僧尼"营求孜汲,无暂宁息。或垦殖田圃,与农夫齐流;或商旅博易,与众人竞利;或矜恃医道,轻作寒暑;或机巧异端,以济生业;或占相孤虚,妄论吉凶;或诡道假权,要射时意;或聚畜委积,颐养有余;或指掌空谈,坐食百姓"。

这样的寺院,就成了聚敛财富的场所。

东晋比丘尼数量激增,她们住在尼寺中。比丘尼的增多为佛教的推广起了不小的作用,有的甚至窃权干政,如孝武帝(373—397)时的妙音尼,得到孝武帝和太傅会稽王道子的崇信,"每与帝及太傅,中朝学士谈论属文,雅有才致"。(《比丘尼传》卷一《支妙音尼传》)当时桓玄闲居荆州,已被王忱所压抑,对王恭也畏惧,只认为殷仲堪才弱易制,便使人请妙音为殷仲堪求荆州之任。正值孝武帝问妙音:"荆州缺,外闻云谁应作者?"妙音答:"贫道出家人,岂容及俗中议论,如闻外内谈者,并云无过殷仲堪,以其志虑深远,荆楚所须。"(《比丘尼·支妙音尼传》)孝武帝即确定用殷仲堪为荆州刺史。故《比丘尼传》中称妙音"权倾一时,威行内外"。

由于帝王的崇信佛教,逃避赋役出家的人不断增加,再有诸尼的"窃权干政"和"威行内外",晋安帝隆安(397—402)中,桓玄下令沙汰僧众。《弘明集》卷十二桓玄《与僚属沙汰僧众教》云:"京师竟其奢淫,荣观纷于朝市。天府以之倾匮,名器为之秽黩。避役钟于百里,逋逃盈于寺庙,乃至一县数千,猥成屯落,邑聚游食之群,境积不羁之众,其所以伤治害政,尘滓佛教,固已彼此俱弊,实污风轨矣。"

为便于僧众管理,东晋后期,设置了僧官。《续高僧传·释僧迁传》载:"昔晋氏始置僧司,迄兹四代,求之备业,罕有斯焉。""僧司"是政府设置的僧官机构。"迄兹四代"即东晋经宋、齐至梁。

东晋还出现两大佛教教团,一是东晋中期以襄阳为活动中心的道安教团,再是东晋后期以庐山为活动中心的慧远教团。这两大教团给以后的中国佛教以很大的影响。道安(312—385)俗姓卫,常山五柳(今河北正定南)人。少孤,12岁出家。博学多才,"内外群书,皆略便睹,阴阳算数,亦皆能通",又长于诗赋文章。还著有《西域记》,是中国第一部从佛教文化角度介绍西域诸国情况的专著,可惜已经散失。《佛教史》(杜继文主编,中国社会科学出版社1991年12月出版)有称道安"熟悉鼎铭篆书、古制斛斗",但只是"熟悉",未说他能书写"鼎铭篆书",所以未把道安列入方外书法家之中。慧远因为有载他"工诗能画",后边有他的单独辞条。

东晋书法是无限风光的,涌出"书圣"王羲之和他的儿子王献之等一批书法大师级的人物,书风逸笔草草,倜傥风流,与北魏方严肃括的碑刻书风,一时形成了"南帖北碑"的两美局面。北魏造像刻石,似乎更着重于虔心礼佛超度亡灵寄托哀思而以楷刻作为载体;东晋笔墨信札在叙离别,通音讯,吊丧问疾之外,更注进了文人们有意识的逸笔挥洒,姿态横生。尽管东晋的书法繁华,出现二王以及谢安、谢尚、郗鉴、郗愔、庾亮、庾怿等书法家,再加晋明帝(322—325)善书画,尤善画佛像,常把佛像挂于宫西南之乐贤堂。但有载的方外僧书法家仅两位,包括上边提到"工诗能画"的释慧远,东晋有载的佛门书画家仅区区的三位。

山阴僧 里籍姓氏无考。工书法,尝伪作王献之(344—386)书保母墓志。南宋的韩侂胄(1151—1202)以千缗(成串的铜钱,每串一千文)市其石。《洞天清录》、《中国美术家人名辞典》有载。

康法识 里籍无考。师事崐山道潜(286—374),依侍有年。有义学名。善草隶,尝遇康昕(东晋著名书法家),康昕自谓笔法书道超过康法识,康法识与康昕各作王羲之(331—379)草书,人莫能辨别。又以写众经见重于时。《梁高僧传》、《中国佛教人名大辞典》有载。

慧远 (334—416)《中国美术家人名辞典》作惠远。雁门楼烦(今山西原平)人。本姓贾,为仕宦家庭,家境优裕。东晋永和二年(346),随舅父令狐氏南游至豫州颍川(今河南许昌)、洛州(今河南洛阳)求学,为书生,学习儒家六经和老、庄。十年(354)至太行、恒山,从著名僧人道安出家,法名慧远。十二年随道安还冀都,住受都寺,精思讽持,以夜继昼,为道安所重。东晋升平五年(361),时局动乱,随道安等百僧入山西、河南交界的王屋女林山,后渡河至晋司州河南陆浑山。兴宁三年(365),随道安到湖北襄阳,在此弘法十五年。太元四年(379),道安往长安,慧远与同门及弟子数十人到荆州上明寺。八年(383),拟与师弟慧持去广东罗浮山,途径浔阳,见庐山幽静,足以息心,乃留住龙泉精舍,后住西林寺。义熙八年(412),慧远立佛影台,作《万佛影铭》,并请谢灵运作铭文。十二年寂于庐山东林寺,浔阳太守阮侃为之造墓,谢灵运造碑文,宗炳立碑寺门。工诗能画。明杨慎云:"远公画江淮名山图,画谱宝鉴竟不知远公善画也。"又谓其工诗,尝注诗经。《莲社高贤传》、《广川画跋》、《中国美术家人名辞典》有载。

第四章
巩固中的南北朝佛教及佛门书画家

南北朝（420—589）指宋（420—479）、齐（479—502）、梁（502—557）、陈（557—589）四代的南朝和北魏（386—534）、东魏（534—550）、北齐（550—577）、西魏（535—556）、北周（557—581）五代的北朝而言，及北魏太武帝统一华北诸国后，至隋（581—618）统一南北时的一百五十余年期间。

南北朝是中国佛教全面持续高涨的时期。据唐法琳《辩正论》载，南朝到梁（502—556），共有寺院2 846所，僧尼82 700人，比东晋时寺院增加1千余所，僧尼增加三倍多。《魏书·释老志》记，魏太和元年（477）有寺院6 478所，僧尼77 258人。建昌中（513—515）有寺院13727所，增加一倍多，僧尼亦应成倍增加。又过了37年，到东魏末年（550），魏境"僧尼大众二百余万矣，其寺三万有余"。诚然，这些统计数字可能并不太准确，但大体能够表现佛教在南北朝的发展轨迹。

第一节 南朝宋的佛教及佛门书画家

嵩高山之灵神宣告："江东有将军应受天命。"宋的开国元祖武帝刘裕（420—423）是受命于这个瑞符而成为天子的。（《梁传·慧义传》、《宋书·瑞符至上》有载）那时，按照武帝的意思来解释"瑞符"的意义，天命与佛命是合而为一的，意味着外来宗教的佛教作为中国的公认宗教而出现了。（板野长八《刘裕受命的佛教性瑞符》，刊在日本东京《东方学报》1940年第十一册之三。）

还在东晋末年，宋武帝就与佛教僧侣关系密切。《高僧传·释慧严传》有载，晋安帝（397—419）义熙十二年（416）刘裕出兵后秦，就随行带着高僧慧严。《高僧传·释僧导传》记载，当攻下长安，俘虏后秦主姚泓后，刘裕撤回建康（今江苏南京），留子义真留镇关中。临离长安时，刘裕请关中高僧僧导关照义真，说："儿年小留镇，愿法师时能顾怀。"后来长安被大夏赫连勃勃攻占，刘义真逃出长安，而赫连勃勃军紧追不舍，僧导便率弟子数百人于途中阻挡追兵说："刘公以此子见托，贫道今当以死送之，会不可得，不烦相追。"（《高僧传·释僧导传》）刘义真安全南返。

刘裕代晋建立宋王朝后，对佛教自然崇重。他还由沙门道照陪同，在内殿设斋仪，斋毕又赠钱三万与道照。接下的刘宋第三个皇帝文帝刘义隆（424—454）曾与臣下谈论佛教的社会作用，认为"若使率土之滨，皆纯此化，则吾坐致太平，夫复何事！"《弘明集》卷十一何尚之《答宋文帝赞扬佛教事》）的确，佛教能使各类人安分守己，在佛教看来，人们今生的苦难，就是前生作恶造业的结果，只有今生行善积德，来生才有好报。

宋文帝还重视佛教义理，对竺道生的"顿悟成佛"说倍加赞赏。在竺道生寂后，宋文帝还亲自讲顿悟成佛义。文帝时，佛教寺院和僧尼都有较大的增加。

宋孝武帝（454—465）也信重佛教。其宠妃殷氏卒，宋孝武帝于四月八日为殷妃设"建斋并灌佛"，殷妃子新安王子鸾的僚吏便纷纷捐资。宋孝武帝还为殷妃建寺，以妃子新安王之封号为寺名，称"新安寺"。

宋明帝（465—473）也崇尚佛教。当其为湘东王时，孝武帝就敕僧瑾为师，湘东王遂从僧瑾受五戒，又对道猛深崇之，《高僧传·释道猛传》记："（对道猛）深相崇荐。及登祚，倍加礼接，赐钱三十万以供资待。"泰始（465—472）初，又在建康建阳门外建兴皇寺，以道猛为寺主。又将湘东王宫改为湘宫寺，极其奢靡华丽，还对臣下说"起此寺是大功德"。

南朝刘宋之时，还出现了以书法写经作为谋生手段的职业书法家。当时有陶贞宝其人，学习羊欣，萧思话书体，擅长稿隶书法。陶贞宝是陶弘景的父亲，其时陶家穷得揭不开锅，于是陶贞宝便凭借着自己的一手好字，以为别人抄写经卷作为职业,每写一纸,"价值四千",而家里人的生活,也就从此柴米无忧了。南朝宋有擅画人物、佛像的画家袁倩。绘画曾拜陆探微为师。谨守师法,较少创意。南朝宋有载的方外书法家有四位。

昙迁 (384—482)本月氏支氏。寓居建康(今江苏南京)。笃好玄儒,游心佛义,善谈老、庄。后皈依佛门。初住祇洹寺,后移乌衣寺。与范晔善。及晔被诛,无敢近者,迁抽货衣物,为之营葬。孝武帝(454—465)闻而叹赏。工书法,善转读。著有《十地注》。《梁高僧传》、《释氏六帖》有载。

昙瑶 建平中僧,善《净名》、《十住》,旁及《老》、《庄》,又工草隶。住宋熙寺,名著于世。《梁高僧传》、《中国佛教人名大辞典》有载。

法护 (439—507)山东东平人。俗姓张。师事道邕。年十三,即擅草隶。宋孝武帝孝建(454—457)中至都,住建元寺。博雅好古,多讲经论,常以《毗昙》名家,从学者百余人。《续高僧传》、《释氏六帖》有载。

僧饶 建康(今江苏南京)人。住白马寺(今河南洛阳)。善尺牍及杂技,而偏以音声著称,擅名于宋武文之世。响调优游,和雅哀亮,与道宗齐肩。每清梵一举,辄道俗倾心。寺有般若台,绕常绕台梵转,以拟供养。行路闻者,莫不息驾踟蹰,弹指称佛。宋大明二年(458)卒,年86岁。《梁高僧传》、《释氏六帖》有载。

第二节 南朝齐的佛教及佛门书画家

开国的南齐高帝萧道成(479—483)和第二个皇帝武帝萧赜(483—494)皆崇佛教。在他们即皇帝位时,"皆建立招提(佛寺),傍求义士"。(《高僧传·释僧柔传》)齐高帝还在击败沈攸之的军府所在地建正觉寺,并使尚书令王俭为碑文。永明元年(483),齐武帝在华林园设八关斋戒(不杀生、不偷盗、不淫欲、不妄语、不饮酒、不眠坐高广华丽之床、不装饰打扮及观听歌舞、不食非时食),很崇敬佛教。武帝的长子文惠太子和次子文宣王萧子良广交佛僧,名声卓著。文宣王也像梁武帝一样年轻时周围有许多名士,《南齐书·竟陵王子良传》云:"(文宣王)招致名僧,讲解佛法,造经呗新声,道俗之盛,江左未有也。"永明七年(489)十月,文宣王招集京师硕学名僧五百余人,请定林僧柔法师、谢寺慧次法师,于普弘寺迭讲佛法。还常于西邸举行斋仪,并亲为劳务。他且重视佛经义理,曾注《优婆塞戒》三卷、《遗教经》一卷,著《维摩义略》五卷、《杂义》十卷。还亲手抄写《维摩经》、《妙法莲华经》、《无量寿经》、《十地经》、《观世音经》等十七部。还舍身佛寺,实行放生,施药等慈善事业。

在南朝并不太多的书法家中,齐的王僧虔是皎然出众的一位。王僧虔是王羲之的第四代孙,曾经在刘宋和萧齐做过官。书法妙传家法,以行草书写最有成就。一次齐高帝萧道成问他:"你的书法比起我来怎么样?"王僧虔巧妙地回答:"我的书法人臣当中第一,陛下的书法帝王当中第一。"王僧虔并有书法理论著作《论书》传世。在南朝齐的书坛上,"还有一个惹人注目之处,就是中外书法交流和书法进一步走向市场。《南史·齐高帝诸子上》曾经记载百济国(在今朝鲜)使者特地慕名来到建邺(今江苏省南京市),求买南齐宗室书法家萧子云的书法,不巧正好碰上萧子云出任东阳(在今浙江省)太守,并且已经上船马上就要出发。使者听说后便马不停蹄立刻赶往码头,从离萧子云乘坐的船只三十多步起,就毕恭毕敬地边拜边走,萧子云在船上见到如此情景,心里好生奇怪,便派人上岸询问,使者答曰:'萧大人的尺牍远流海外,写得漂亮极了,所以特地慕名前来拜求。'结果萧子云停船三天,为百济国使者认认真真地创作了30件书法,而百济国使者买字所付的酬金,竟然高达'金货数百万'。并由此在我国书法史上,掀开了书法作为商品流通,进入市场的新页,其意义自属非同一般。"(洪丕谟著《点击中国书法》,2004年1月上海人民美术出版社出版)

南朝齐的绘画画风含蕴潇洒,作品表现常为卷轴或壁画形式,画家多为士大夫,并具有相当的文学修养。南朝善画者,几乎没有画佛像的。

南朝齐(479—502)时间短暂,有载的方外书画仅有一位,而且还是注明"齐、梁僧",为填空白,把梁的一半索性"借"过来补白。

宝志 (418—514)齐、梁(479—589)僧。一作保志,世称宝志公,亦称志公。俗姓朱。金城(今甘肃兰州)人,少出家,居京师道林寺,师事僧俭,修习禅业。刘宋泰始(465—472)初,忽失常态,居止无定,饮食无时,发长数寸,语默不伦,一若谶记,远近奔赴,世称"志公符"。齐武帝(483—494)忿其惑众,收取付狱,且见游行市里。后梁武帝(502—550)解其禁,虔敬事之。寂后塔于江苏南京灵谷寺。工篆书,南唐保大(943—957)中伏色山圮,得石函中有铭云:"天监十四年(515)

秋八月,葬宝公于是。"铭有引曰:"宝公常为偈大字书于版,用帛幂之。其字皆小篆,体势完具。"著《文字释训》。《唐书》、《五灯会元》、《景德传灯录》、《中国美术家人名辞典》有载。

第三节　南朝梁的佛教及佛门书画家

梁的开国皇帝是武帝萧衍,在位48年(502—549),是东晋南朝二百七十年期间,在位时间最长的皇帝。他在政治上,能比较开明地处理地主阶级内部各阶层人物的关系,重视从士族的中下层选拔人才,注重吏治,调强"官以人为清"。在军事上,他善于用兵。武帝且多才艺,《梁书·武帝纪下》称他:"六艺备闲,棋登逸品,阴阳纬候,卜筮占决,并悉称善。"

武帝最著名的,是他极力提倡佛教,近于痴迷,几乎把佛教变为国教,史评这点是武帝统治时期的最大弊政。

梁从公元502年开国,在577年被灭,仅有56年的时间,而武帝一人即统治了48年,所以梁几乎是萧衍一个人的国家。由于武帝是一个虔诚狂热的佛教信徒,并且还四次舍身出家,可以说武帝是与佛教缘分最深的一位皇帝。关于梁武帝与佛教有过几次大的事件。

一、舍道归佛。萧衍一家世代信奉天师道,他即位的第三年即正式宣布舍道归佛,亲制《舍道事佛文》发愿信奉佛教,说:"公卿百家,侯王宗族,宜反伪就真,舍邪入正。"又在《广弘明集》中说:"原使未来世中,童男出家,广弘经教,化度含识,同共成佛。宁在正法之中,长沦恶道,不乐依老子教,暂得生灭。"

二、舍身出家。为竭力抬高佛教的地位,强化信仰佛教的社会效果,武帝令人啼笑皆非的四次舍身同泰寺为奴。其结果是每次舍身,群臣皆以巨额钱财将他赎回。据《梁书·本纪》载,梁武帝舍身第一次是大通元年(527),时年64岁;第二次是中大通元年(529);第三次是太清元年(547)。这三次舍身,在佛寺第一次是四天,第二次是十六天,第三次是三十七天,时间越来越长。群臣奏表上书,称萧衍为"皇帝菩萨",并且由"公卿以下以钱一亿万奉赎"。武帝这样故作惊人的表演,既扩大了佛教的声势,并借机把国库的钱财归到佛寺。

三、禁断酒肉。佛教的戒律是不准饮酒,但食肉并不禁止。《十诵律》就允许出家人食"三净肉"(即没有看见,没有听见,没有怀疑杀生的三种肉),梁武帝却勒令僧尼一律素食。他一共写过四篇《断酒肉文》,反复地多方面的阐明断禁肉食的必要性和重要性。由于武帝的提倡,改变了我国汉代以来僧徒食三净肉的习惯,这对后来佛教徒的生活影响颇大。

再有,梁武帝大事营造寺院佛像,亲自敕建同泰、大爱敬、大智度、法王、仙窟和开善等寺院。这些寺院规模宏大,殿宇巍峨,雄伟壮观。唐朝诗人杜牧描写南朝佛教中心京都建康(今江苏南京)佛寺之盛有著名《江南春绝句》:"南朝四百八十寺,多少楼台烟雨中。"为求功德,武帝执迷做斋戒法会,还多次在同泰寺高升法座,为僧俗讲《大般若涅槃经》、《摩诃般若波罗蜜经》和《金字三慧经》等。武帝不仅讲说佛经,也还注解佛经阐述经义。《南史·梁武帝纪》说他"制《涅槃》、《大品》、《净名》、《三慧》诸经义记数百卷"。此外他组织译经,天监五年(506)僧伽婆罗被召至建康译经,武帝还"笔受其文"。至天监十七年,译出《大育王经》、《解脱》、《道论》等。

梁武帝的崇佛倡佛,引来了南天竺国(今南印度)西天第二十八禅宗祖师的菩提达摩至建康,达摩的到来,创立了中国禅宗,而禅学对画家是颇有影响的。虽然达摩最终定居河南嵩山少林寺,但与武帝的一段对话却是广流至今的。当武帝见到菩提达摩时即问:"如何是圣谛第一义?"达摩回答:"廓然无圣。"梁武帝再问:"对朕者谁?"达摩妙答:"不识。"武帝又问:"朕自九五(帝王之位)以来,度人造寺,写经造像,有何功德?"达摩否定说:"没有功德"武帝不解地问:"为什么没有功德?"达摩解释:"净智妙圆,体自空寂。如是功德,不以世求。"武帝默无语,达摩知再无法交流,便在那年十月十九日一苇渡江,来到北魏,息影在少室山五乳峰石洞里,最后并把壁观安心的"二入四行"之法,传给了慧可。

此后,中国在文学诗歌、美术等方面,无一不受禅学的影响,甚至到了以谈禅为风流逸事,以交禅为雅荣洁耀的地步。对于书画家,禅学改变着他们的创作思维,使他们对"色"、"空"有了非常深刻的认识,并形成了东方美学的一种流派,极其丰富了书画家的思想。

梁武帝"六艺备闲",(见图1、图2)有次他与萧子云讨论书法时说:"近来看到王献之书法,白而不飞;而你的书法,又飞而不白。现在你可以考虑考虑,不妨在这个上面来个折衷。"结果萧子云就用篆文写成恰到好处的飞白书。梁武帝看后大为高兴。"梁武帝是个懂行的皇帝,以皇帝的身份指导臣下进行书法创作上的探索和实践,那对于书法事业的推动,其意义就非同小可了。"(洪丕谟《点击中国书法》2004年1月,上海人民美术出版社出版)

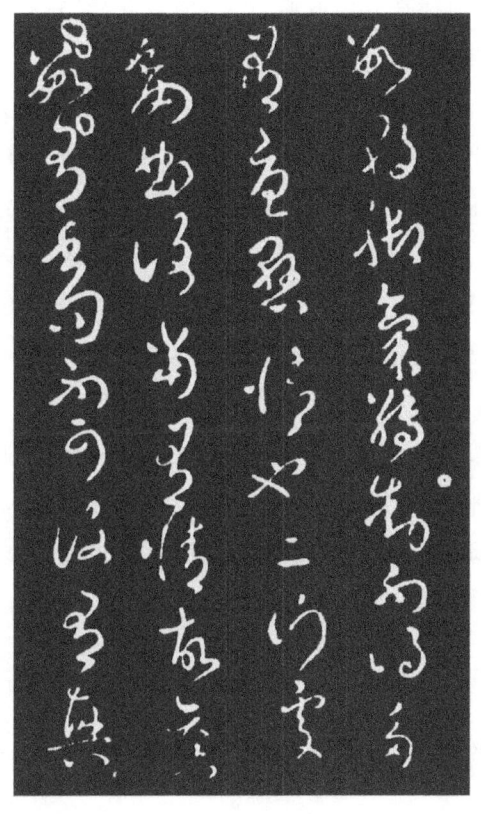

图1

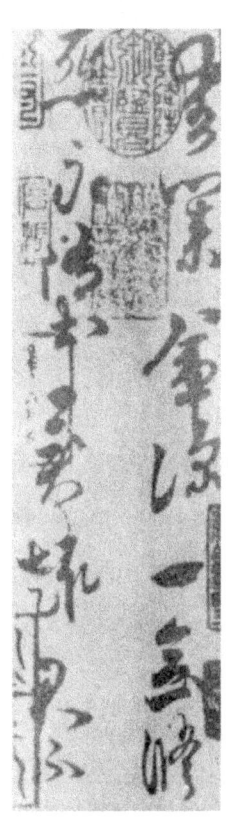

图2

梁元帝萧绎(552—555)是武帝的第七个儿子,起先封湘东王,太清六年(552)即位。在绘画上,萧绎擅长人物、走兽,兼擅书法。他的大儿子萧方等,字实相,也擅长人物画。据说萧方等面对坐上宴客,只稍随意点染,使人物形象一时突现出来。拿画去向认识宴客的孩童,孩子们都不假思索就能指出这是某某人,那是某某人,可见画技之绝。

由于帝王热衷书画,梁朝虽然仅有短短的56年时间,但有载的佛门书画家却有六位。

咸公 里籍无考。居建康(今江苏南京)定林寺。雅好绘画,下笔之妙,颇为京洛(今河南洛阳)人士知闻。《历代名画记》、《续画品》有载。

道鉴 俗姓冯。吴郡(今江苏苏州)人。居历下灵岩山寺,踪迹神异,颇不可测。寂年78岁。梁天监三年(504)吴郡研石山置寺,十五年(516)道鉴自画像于殿壁后,有梵僧见之云:"智积菩萨何缘在此?"叹嗟弥久,而自此号"智积应身"。《宋高僧传》、《中国美术家人名辞典》有载。

僧若 (451—520)吴郡(今江苏苏州)人。俗姓朱。年15落发于苏州虎丘东山精舍。事师孝,通内外,工草隶,常诵《法华经》。出都住冶城寺,寻还虎丘。梁天监(502—520)中敕为吴郡僧正。叔僧璩,兄僧令,俱以硕学知名。《续高僧传》、《释氏六帖》、《六学僧传》有载。

慧生 里籍无考。初住湘州,后入龙光寺。依僧旻学,深明数论。美风姿,善草隶。布衣疏食,终身不改。《梁高僧传》、《中国佛教人名大辞典》有载。

慧超 (475—526)阳平(今山东东莘县)人。俗姓廉。8岁从临菑(今山东淄博)建安寺惠通出家。广采经部,尽其深义。住南涧寺。戒德内外,威仪外洁。梁武帝(502—550)时为僧正。善俳谐,工草隶。《续高僧传》、《释氏六帖》有载。

摩罗菩提 西域人。善画佛像,善仿天竺安达罗笔法,与华戎殊体,无以定其差品。《续画品》、《历代名画纪》有载。

第四节 南朝陈的佛教及佛门书画家

《陈书·高祖纪》载:"(陈武帝)诏出佛牙于杜姥宅,集四部设无遮法会,高祖亲出阙前礼拜。"这是武帝陈霸先(557—560)在即帝位五天后,便诏礼佛牙,足征陈武帝也崇信佛教。据说这颗佛牙是南齐法献在乌缠国所得,后置于定林上寺。

陈武帝曾步过梁武帝的后尘,也舍身遁入佛寺,但只一天,次日"群臣表请还宫",(《陈书·高祖纪》)赎皇帝返俗出寺,群臣是花了本钱的。《广弘明集》有记:"舍如干钱,如干物,仰儭三宝大众,奉赎皇帝及诸王所舍,悉还本位。"与梁武帝还有相同之处,陈武帝也曾讲经说法,就在他舍身的同年十月,他在庄严寺讲《金光明经》。

接下来的陈文帝(560—567)也推重佛教,于陈天嘉四年(563)四月,"设无碍大会,舍身于太极前殿",(《南史·陈文帝纪》)并撰写《无碍会舍身忏文》。

南朝陈最末的一位皇帝后主陈叔宝(582—587)于太建十四年(582)正月十三日即帝位,三十日就设无碍大会于太极前殿。至九月,又"设无碍大会于太极殿,舍身及乘舆御服"。(《陈书·后主纪》)至陈朝快灭亡时,因"异象屡现",陈后主还"自卖于佛寺为奴以禳之,于郭内大皇佛寺起七层塔"。(《南史·后主纪》)

陈朝诸王中,鄱阳王伯山、豫章王叔英、衡阳王伯信、桂阳王伯谋、义阳王叔达、新蔡王叔齐,并"崇奉释门,研精妙理,书经造像,受戒持斋"。(《辨正论·十代奉佛篇》)

有帝王的崇信佛教,陈朝的佛教文化也极繁盛。陈朝是南朝的最后一个朝代,虽然只有短短的33年时间,但却是成了南朝佛教繁盛的鲁殿灵光。

南朝陈有载的佛门书画家有二位。

宝琼 里籍无考。博通经旨,深明教义。屡入重云殿讲道。陈宣帝(569—590)命为僧统。工画。时海东十二国,闻琼道德,遣使奉金帛,求琼画像。《佛祖历代通载》、《中国佛教人名大辞典》有载。

洪偃 (504—564)俗姓谢。会稽山阴(今浙江绍兴)人。依龙光寺绰和尚受业,研尽幽奥,开筵聚众,阐扬《成实》。能诗善书,草、隶皆精妙。文采洒落,时称其貌、义、诗、书为四绝。梁简文帝(550—552)令其还俗,引为学士,不从。回归若耶云门寺。陈天嘉(560—566)初,出都讲经于宣武寺,学徒大集。善草书,见称时俗,纤过芝叶,媚极银钩。著有《成论疏》数十卷,功未就而寂,另有《文集》二十卷。《续高僧传》、《中国美术家人名辞典》有载。

第五节　北朝北魏的佛教及佛门书画家

北魏是鲜卑拓跋部族由蒙古南下,在中原建立的王朝。当拓跋部族还在漠北的时候,与佛教并无关系。至道武帝拓跋珪(386—409)与后燕攻战中,看到过佛寺和僧人。《魏书》卷114《释老志》有载:"(道武帝)所经郡国佛寺,见诸沙门、道士,皆致精敬,禁军旅无有所犯。"道武帝本人"好黄老,颇览佛经"。道武帝刚迁都大同,就认为应当尊重盛行于中原的佛教,准其流传,不仅把佛教作为国家公认的宗教,而且还大兴佛寺。尝下诏说:"夫佛法之兴,其来远矣。济益之功,冥及存没,神踪遗轨,信可依凭。其敕有司,于京城建饰容范,修整宫舍,令信向之徒,有所居止。"(《魏书·释老志》)道武帝还敬僧,曾遣使去泰山,向高僧僧朗致书献礼。又召赵郡沙门法果至平城讲经说法。法果尝说:"太祖明叡好道,即是当今如来,沙门宜应尽礼。"(《魏书·释老志》)并说"我非礼拜天子,乃是礼佛耳"。

明元帝拓跋嗣在位(409—424)期间,也崇佛法,还授予沙门法果"辅国、宜城子、忠信侯、安城公之号",法果固辞不受。至法果寂后,还追赠"老寿将军、赵胡灵公"之号。

北魏的第三个皇帝太武帝拓跋焘(424—452)即位之初,亦是崇信佛教的,"每引高德沙门与谈论"。太延五年(439)平凉州后,其舅杜超就请玄高一同返平城。玄高"既达平城,大流禅化",并为太子拓跋晃师。此时太武帝已信奉寇谦之的天师道,于太平真君三年(442)"亲至道坛,受符箓"。(《魏书·释老志》)太武帝时的宰相崔浩(381—450)当权,他与寇谦之勾结起来,常在太武帝前诋毁佛教。太武帝见凉州沙门人数大增,便诏令年50以下的沙门还俗。并于太平真君五年(444)正月诏令王公以下至于百姓不得私养沙门、师巫等,有者"皆遣诣官曹,不得容匿,限今年二月十五日,过期不出,师巫、沙门身死,主人门诛"。(《魏书·世祖纪下》)又于同年九月,杀害太子的老师沙门玄高及凉州僧慧崇。太平真君七年(446)太武帝按照崔浩的建议讨伐盖吴,一进长安城被城内寺院的沙门胡作非为所激怒,于是采纳崔浩灭绝佛教的进言,下诏废佛,沙门被杀死,佛像经卷皆被烧毁。所幸因当时太子拓跋晃监国,延缓宣布诏书,佛教和沙门才未遭灭顶之灾。《魏书·释老志》有载:"远近皆豫闻知,得各为计。四方沙门,多亡匿获免,在京邑者,亦蒙全济。金银宝像及诸经论,大得秘藏。而土木宫塔,声教所及,莫不毕毁矣。"

太武帝的带头灭佛,致使整个北魏坚决地展开了激烈的废佛运动。《梁传》卷十一《昙始传》记载:"以伪太平七年遂毁灭佛法,分遣军兵烧掠寺舍,统内僧尼悉令罢道,其有窜逸者皆遣人追捕,得则必枭斩,一境之内无复沙门。"对于如此废佛灭佛,连一开始主张废佛的寇谦之也表示反对,"苦与浩争,浩不肯"。

崔浩煽动太武帝灭佛,达到了他的目的。他企图将自己编纂的魏国史刻石表功,哪知编写的内容有蔑视胡族的言辞,激怒了胡族出身的太武帝,在发布废佛令的第四年即太平真君十一年(450),崔浩全族及其僚属以下128人被诛杀。正平二年(452),太武帝被宗爱等人虐杀了,灭佛活动也随之结束。

崇尚佛教的太子晃之子高宗文成帝(452—466)即位之后,改年号为兴安。即位后就下诏恢复佛教,把太武帝灭佛说成是"有司失旨,一切禁断",接下来便是狂热的兴佛运动。据《魏书·释老志》载:"制诸州郡县,于众居之所,各建佛图一区,任其财用,不制会限。其好乐道法,欲为沙门,不问长幼,出于良家,性行素笃,无诸嫌秽,乡里所明者,听其出家。率大州五十、小州四十人,其郡遥远,台者十人。"今存的大同云冈石窟,也是文成帝时开凿的。

虽然献文帝(466—471)亦好老、庄玄言,但仍是崇信佛教,"每引诸沙门及能谈玄之士与论理要"。至传位与孝文帝后,遂多与禅僧为伴。

孝文帝(471—500)在北魏诸帝中最崇信佛教,度僧建寺无数,于承明元年(476)八月,在永宁寺剃度僧尼百余人,"帝为剃发,施以僧服"。还为西域沙门跋陀(即佛陀禅师)在少室山建少林寺。

宣武帝(500—516)也崇信佛教,他亲自在宫廷中给僧侣和朝臣宣讲《维摩经》。在景明(500—504)初下诏在洛阳南面的龙门建造石窟,这就是如今有名的龙门石窟。

北魏自文成帝冯皇后(即文明太后)信佛后,后妃多有信者。冯皇后之兄冯熙的二个女儿先后为孝文帝皇后,小女被废后,即在瑶光寺为练行尼,大女儿也曾返家为尼,后又重返宫中为皇后。武泰元年(528)尔朱荣带兵渡河,灵太后(孝明帝尊为皇太后)便与孝明帝后宫嫔妃落发为尼。北魏后妃为尼的还有宣武高皇后,孝明胡皇后,皆为瑶光寺尼。

永熙三年(534)七月,北魏孝武帝(532—534)为躲避高欢的权势奔赴长安,依靠宇文泰建立东魏。同年十月高欢拥立孝静帝,改年号为太平元年,迁都于邺,建立东魏。至此,洛阳已丧失了帝都的地位,那里的佛寺也就荒废起来了。

从佛教历史讲到书法史上,这个北魏时期,由于人们酷信佛法,广造石窟,于是在繁荣佛教文化的同时,使得书法中为造像而题记的楷书获得了令人瞩目的成就。

龙门石窟是名闻中外的石窟艺术群,在这群石刻艺术中,除了造像艺术之外,这里又是一座书法艺术的宏伟宝库。后来的不算,其中单就北魏时期的书刻的楷书造像题记,就不少于 2 000 块。而从这 2 000 块中选出 20 块,就是现称的"龙门二十品",尤为驰名中外。"龙门二十品"的时代特色在于:"笔法方便而有棱角,笔画起始和结尾的地方往往笔锋崭露,并且有的还在横画的末端稍许的挑起那么一点,带有较多隶书'燕尾'的遗意;字体结构则有的朴素,有的野逸,有的高古,有的诡奇,显示了我国早期楷书较少规矩的束缚,犹多天真的流露。"(《点击中国书法》,洪丕谟著,2004 年 1 月 上海人民美术出版社)当年,康有为曾把魏碑的书法艺术分为三个大类:一是"龙门造像",这是方笔的最高准则;二是"云峰石刻",这是圆笔的不二法门;三是"冈山、尖山、铁山(葛山)摩崖",这是"通隶楷,备方圆"的擘窠书(径尺大字)的古今典范。

北魏楷书瑰宝,还有一块《张猛龙碑》,全碑笔法挺朗,笔致流美,在峻整中奇寓变化,于逸宕中跃出朗爽,从而把原始质朴的北魏碑刻,推进到了一个奇正相成的纯美境界,并与当时刚健中正的《高贞碑》等,同启初唐欧、褚诸家的先声。

再有,被康有为誉为"质峻偏宕之宗"的《张玄墓志铭》,集质朴高远、骏利圆折、疏朗静密、清远淡雅于一炉,为北碑中一笔绚丽的姿彩。

以上北魏楷书洪流,并由此而足以与后起之秀的唐碑分庭抗礼,成为我国楷书发展史上两个重大的里程碑。

北魏为佛教的弘宣时代,图画佛像为弘道的第一方便,帝王将相盛兴建塔造像,这自然于绘画上有较大的影响。

由于书法造像题记多不留书家之名,尽管北魏书法名迹辈出,但有载名姓的书画家不是很多,佛门书画家仅从资料中查出三位:

杨乞德　里籍无考。封新乡侯。皈心佛门,施身入寺。善画佛像。《历代名画记》《中国美术家人名辞典》有载。

灵询　渔阳(今北京密云)人。俗姓傅。少年入道,综贯群经,并及世典。能文,工书画。初为国都,后为并州僧统。北齐(550—577)初寂于晋阳,寿 69 岁。著有《成实论注释》《维摩经疏记》等。《续高僧传》《释氏六帖》《六学僧传》有载。

摩罗　一作昙摩罗。西域乌阳国人。好学不倦,聪慧利根,能通三藏。至中国未久即通汉语,复能隶书,凡所见所闻,无不通解。洛阳法云寺为其所立。《洛阳伽蓝记》、《中国美术家人名辞典》有载。

第六节 北朝北齐的佛教及佛门书画家

北齐的开国皇帝文宣帝(550—560)很崇信佛教,史称:"有齐宣帝,盛弘释典。"(《续高僧传·释灵裕传》)文宣帝还召诸沙门法常为国师,让他讲解《涅槃经》。他还尊重昙延,让他当昭玄统,召诸僧稠在邺都建云门寺,颁令禁止屠杀生灵,教百姓"月六年三,敕民斋戒,官园私菜,荤辛悉除"。(《续高僧传·释灵裕传》)"月六年三"就是每月六次(小斋)每年三次(大斋)进行斋戒。文宣帝还将国费分为三分,国用、己用和佛教各占一分。

在位仅有两年的齐孝昭帝(560—561)也崇信佛教。"情寄玄门",为先皇写经一十二藏,合三万八千四十七卷。接下来的武成帝(561—565)也"广济群生,应游佛刹……层台别观,并树伽蓝……躬自顶礼,每行经事"。(《辨正论·十代奉佛篇》)齐后主高纬(565—577)有译经的功德,也是心向佛教的。

高齐后妃也多崇信佛教,也有皇后被废后为尼的。王公大臣中崇信佛教的也不在少数。由于高齐统治者崇信佛教,史称有"高齐之盛,佛教大兴。都下大寺,略计四千;见住僧尼,仅将八万;讲席相距,二百有余,在众常听,出过一万。故寓内英杰,咸归厥邦。"(《续高僧传·释灵裕传》)

在北朝北齐的书法中,《泰山经石峪金刚经》,笔圆字大,可谓占尽风光,为历来书家所广泛称道。用笔藏头护尾,丰裕圆润,与此同时代的《唐邕写经碑》、《无量寿经》、《水牛山文殊般若经》等碑刻的用笔意趣,也大多如此,显示了北齐书法的时代风貌,为后世颜真卿的横空出世,作了先导性的探索与实践,并与北魏的拙朴雄强、质峻偏宕拉开了差距。

北齐佛画家受外来佛教画像的影响,尤其印度佛教艺术的影响,佛画家曹仲达就曾妙尽梵迹,当时皆为众画家推崇而成范本。北齐画家队伍中,曾做过直阁将军的杨子华名声极大,张彦远在《历代名画记》中评为:"自像人以来,曲尽其妙,简易标美,多不可减,少不可逾,其唯子华乎。"另外还有田僧亮等,也颇驰名。

北朝北齐虽然仅存在不到三十年(550—577)的时间,有载的佛门书画家却有六位之多。

仙 文宣帝(550—560)时沙门。工书法,天保六年(555)尝书摩崖《报德碑》。《金石表》有载。

珍 里籍无考。《贞观公私画史》及《太清目》均作蘧珍师,《续画品》作蘧僧珍,或误作珍憨(盖珍为蘧道憨之甥)。盛年出家,净持佛戒,隐居林泉,时讲《般若》。善画人物,笔法神妙,自创一格,名闻当世。有《姜源像》、《豫章王像》及《康居人马图》等传于世。《历代名画记》、《续画品》有载。

珍蘧 里籍无考。善画人物,见重于时。《历代名画记》、《中国佛教人名大辞典》有载。

惠觉 里籍无考。南朝·齐(550—577)僧。《续画品》名作僧觉,《图绘宝鉴》名作觉。姚昙度子。弱年渐渍,亲承训勖,丹青之用,继父之美。善画人物,有《殷洪像》及白马寺宝台样行于世。《续画品》、《历代名画记》有载。

释仙 里籍无考。文宣帝(550—560)时僧人。天宝六年(555)书摩崖《报德碑》。《佩文斋书画谱》、《中国佛教人名大辞典》有载。

道常 里籍无考。武成帝(561—565)时僧人。工书。河清元年(562)尝书《北齐关亮造像记》。《金石录》、《佩文斋书画谱》有载。

第七节　北朝北周的佛教及佛门书画家

历史上的灭佛,史称"三武一宗"(北魏太武帝、北周武帝、唐武宗、后周世宗),第二次灭佛运动就发生在北周武帝(561—579)统治时代。

周武帝宇文邕在即位之初,也是敬重佛教的。尝造释迦像,又在"京下造宁国、会昌、永宁三寺"。(《辨正论·十代佛篇》)武帝是历史上励精图治的帝王,治国崇重儒学,"弃奢淫,去浮伪,施一德,步公道,屏重内之膳,躬大布之衣,始自六宫,被于九服,令行禁止,内外肃然"。(《全隋文》卷十六卢思道《后周兴亡论》)当时的佛教广修寺院,耗费资财;僧尼又不事生产,不向国家纳赋服役;又加上道士张宾的怂恿及僧人卫元嵩之上书,周武帝遂有限制佛教之意。

天和四年(569)二月,武帝行幸于大德殿,召集百官、道士和沙门对佛道两教进行了讨论。此时武帝心向儒教,不拘佛道两教的优劣,逐渐加紧推行优待儒教的政策。建德二年(573)宣布三教中儒教为首位,并决心废除佛道两教。次年五月十七日开始废除佛道两教,毁坏佛经、佛像,令沙门、道士还俗,禁止种种淫祀。废佛时将八州的四万所寺庙为贵族的宅第,烧毁经典,令三百万僧侣还俗。

周武帝从天和四年正式讨论,至建德三年废除佛道两教,共历时六年,辩论多次。从手段上看,较之北魏太武帝的灭佛显得温和得多。在建德六年(577)灭齐后,周武帝还曾在邺城召集齐国五百名僧,征求废佛之意。沙门慧远起而激争:"陛下今恃王力自在,破灭三宝,是邪见。入阿鼻地狱,不拣贵贱,陛下何得不怖!"武帝还以牙:"但令百姓得乐,朕亦不辞地狱诸苦!"尽管武帝大怒,但也未伤害慧远,只废除了齐地的佛教。

在北朝书法艺术中,北周书家赵文渊书写的《西岳华山庙碑》是一块介于隶书和楷书之间的名碑,亦隶亦楷,犹如古松怪石般奇趣百出。在北朝北魏质朴雄强,北齐丰裕圆润之外,另外开创了一个亦隶亦楷,奇姿异态的新面目。

关于北周画家,曾经做过散骑常待兼礼部侍郎的冯提伽,淡泊处世,在朝野极有画名。北周灭亡(581)后,他在并、汾(今山西省)一带卖画为生,做起了一个面向市场的职业画家。他画风缜密,动若神契,尤擅人物、车马。从商业角度看,冯提伽可以说是我国较早进入市场的一位,对于后世绘画市场化,具有启蒙意义。

北朝北周虽然有大师级的书画家产生,但有载的佛门书画家仅区区的一位,并且还是一位尼师。

天英 里籍无考。出家为尼。善书,孝闵帝二年(558)写《大集经》和《楞严经》各一部,现存为麻纸,共469行,发现于敦煌石室中。用笔沉稳,端庄而不呆滞,散发有文化气息。署款:"为七世师宗父母,法界众生,三途八难,速令解脱,一时成佛。"原迹现藏甘肃省博物馆。《尼姑谭》有载。

第五章
完成期的隋朝佛教及佛门书画家

隋建国于公元581年,589年灭陈,完成统一。到619年被唐所灭,仅有四十年。

北朝北周的周武帝的废佛比较温和,到了隋代佛教便又迅速的复兴起来。隋代虽然仅有四十年的历史,却为后期佛教的黄金时代——唐朝佛教——奠定了坚实的基础。

隋开国的当年,首位皇帝隋文帝(581—605)杨坚敕令在五岳各建一座佛寺。开皇三年(583)下诏京城及各州官立寺院于正月、五月、九月的八至十五日行道,行道日禁止杀害生物。同年又下令修复因北周废佛而荒芜的寺院,并且规定每年国忌日设斋行道。开皇九年(589)灭陈,统一天下的霸业完成后,进一步推行治国的政策,次年剃度僧侣五十余万名。

隋文帝的深信佛教,大概与他生于尼庵之中,并由尼师智仙抚养长大,在庵中度过13年有关。《隋书》有载:"皇妣吕氏,以大统七年六月癸丑夜,生高祖于冯翊(今陕西大荔县)般若寺。有尼来自河东,谓皇妣曰:'此儿所从来甚异,不可于俗间处之。'尼将高祖舍于别馆,躬自抚养。"由于隋文帝自小受佛教环境的影响,所以他对佛教推崇倍至。佛教由北周的废灭,至隋文帝由衰转盛,并使佛教又走向繁荣。

隋文帝的大兴佛教,主要有五个方面,即广建寺塔、广度僧尼、大写佛经、广交僧侣、大作佛事。仁寿年间(601—605),文帝三次下诏,在全国113个州,共建舍利塔113座。从开皇元年(581)至仁寿之末,二十四年时间所度僧尼23万人(而当时国家的人口也只有几千万人),建造寺院3 792所,抄经46藏132 086卷,整理经典3 853部,造石像106 580尊,修复旧像1 508 940尊。

用弑父屠兄残忍手段夺得皇位的隋代第二位皇帝炀帝杨广(605—617),是历史上少有的昏荒暴君,但他竟也推崇佛教,实乃佛教幸甚之事。杨广称帝后,钦令大兴佛教,造寺、治经、铸像、度僧,从这点上看不出他是昏荒暴戾的皇帝。

《广弘明集》卷28《启禅篇》有隋炀帝下的《行道、度僧天下敕》,说到:

> 菩萨戒弟子、皇帝总持,稽首和南十方一切诸佛,十方一切尊法,十方一切贤圣……谨于率土之内,建立胜缘,州别请僧七日行道,仍度一千人出家。以此功德,并为一切:上及有顶,下至无闻,蠢飞蠕动,预禀识性,无始恶业,今生罪垢,藉此善缘,皆得清净。三涂地狱,六趣怨亲,同至菩提,一时作佛。

他俨然一副虔诚慈悲的佛徒模样。

隋炀帝与有名的天台宗大师智　有密切的关系。在杨广还是晋王任扬州总管的时候,他将智　召至扬州,设"千僧斋",受菩萨戒,并撰《受菩萨戒文》,被智　恭维为"总持菩萨",杨广则赐智　以"智者大师"之号。

隋代第三个皇帝(最后一个)恭帝杨侑仅在位一年,隋便被李渊灭掉,隋王朝覆灭。

由于隋文帝、隋炀帝共同施行了振兴佛教的政策,使隋代佛教空间繁荣,同时也带动了佛教艺术的又一次腾飞。无论是石窟艺术或是书法、绘画艺术,都有了进一步的发展与提高。

尽管隋代佛教昌盛,但由于享国年份不长,所以这一时期的书法享誉天下的,就只有智永、智果、房彦谦和丁道护等少数几位,让人欣喜的是,屈指可数的几位书法家中,最著名的竟是在方外的智永和智果。

此外,隋代还有几块著名的碑石:《龙藏寺碑》、《启法寺碑》和《董美人墓志》等。《龙藏寺碑》上集六朝以来风度安静端凝,笔致瘦劲挺秀等优秀传统,下开初唐四家峻整瘦硬风气,故而非但是称隋碑第一,并且还有承上启下的作用。

隋代绘事仍以佛教画为主,尤其是壁画更为显著。许多的画坛名流都直接参予了壁画的创作与绘制。如展子虔就曾参与了上都的定永寺、崇圣寺、海觉寺,东都的龙兴寺、海觉寺,汝州的白雀寺,江陵的终圣寺,洛阳的光严寺壁画的绘制。郑氏一家齐上阵,李雅、尉迟乙僧、孙尚予、释玄畅(一作元畅)、释迦佛陀、昙摩拙叉等,数不胜数。

  而这一时期的绘画,其势足以与之前的南北朝之盛况相媲美。又因隋文帝雅好收藏,灭陈之后,即命元帅记室参军裴矩、高颖,收陈内府所得800余卷,并在洛阳文观殿后面建二台,东面命名"妙楷",尽藏古今书法;西面命名"宝迹",尽藏自昔名画。炀帝嗣位后,对书画的收藏更为偏爱。帝王所好,下必所趋,也就造就了一批佛教艺术名家如展子虔、郑法士、田僧亮、杨契丹、董伯仁、尉迟乙僧等。而短短不到四十年的隋王朝有载的佛门书画家竟有十几位之多。

  元畅 一作玄畅。金城(今甘肃兰州)人。住锡四川成都大石寺。工画,曾手绘金刚密迹等十六神像,极传神。《神僧传》、《中国美术家人名辞典》有载。

  述 里籍无考。工书法。与僧持、僧果并师僧智永。述书因于肥钝,特伤于瘦怯。《书断》、《中国美术家人名辞典》有载。

  昙摩拙叉 天竺(今印度)人。隋炀帝(581—605)时来华,遍礼中夏阿育王塔。至四川成都雒县大石寺,见空中十二神形,便一一貌之,及刻木为十二神形于寺塔下。亦善画。《历代名画记》、《中国美术家人名辞典》有载。

  知苑 幽州(今北京市大兴)僧人。精练有学识。隋大业(605—617)时于西山凿岩为石室,摩崖四壁其为写经。又取方石别更摩写,藏诸室内,所造石经满七室。唐贞观(627—650)中圆寂。《中国美术家人名辞典》、《佩文斋书画录》有载。

  迦佛陀 天竺(今印度)人。(按《续画品》作外国僧迦陀,无佛字)西魏(535—556)时至河南洛阳。学行精严,灵感极多,魏帝重之。入隋(581—618),隋帝于河南嵩山起少林寺,房门上有画,即是迦佛陀之迹。另有莆林园壁画,人叹为观止。《历代名画记》、《中国佛教人名大辞典》有载。

  特 里籍无考。善书法,僧智永弟子,与僧智果、僧述为师兄弟。特伤于瘦怯,述过于肥钝。《书断》、《中国美术家人名辞典》有载。

  敬脱 (555—617)汲县(今河南卫辉)人。以孝行清直知名。美仪容。好学博通,善声韵。工正书,善用大笔,写方丈字。人有求者,唯止二字。天然遒劲,不加修饰。大都门额,多为题书,时人目为"僧杰"。隋炀帝(605—617)征居慧日道场,甚见宠异。于东都鸿胪寺圆寂。《书小史》、《续高僧传》、《释氏六帖》有载。

跋摩 天竺(今印度)人。住长安(今陕西西安)增敬寺。颇通经论,善绘佛像。尝于增敬寺宝月殿北壁画罗汉像及《如来因行变》,像成之后,每夕放光,久之乃歇。《神僧传》、《中国美术家人名辞典》有载。

智永 名法极。俗姓王,王羲之七世孙。会稽(今浙江绍兴)人。与兄孝宾同舍俗出家,居吴兴(今浙江湖州)永欣寺。不问世事,刻苦习书,寒暑不辍,在阁楼一练就是三十年,业成方下。所退笔头,置大竹簏,簏受一石余,五簏皆满。于阁上写《真草千字文》八百余本,浙东诸寺各施一本(见图3)。人蜂拥而来求智永的书法和题写匾额,所居户限为穿穴,乃用铁皮裹之,谓为"铁门限",又取笔头瘗之,号为"退笔塚"。苏东坡评智永书法云:"永禅师书骨气深稳,体兼众妙,精能之至,反造疏淡。如观陶彭泽(渊明)之诗,初若散缓不及,反覆不已,乃识其奇趣。"又说:"永禅师欲存王氏典型,以为百家法祖,故举用旧法,非不能出新意求变态也。然其意已逸于绳墨之处矣!"由于智永恪守王羲之家法,不肯越雷池半步,所以唐朝李嗣真《书后品》评

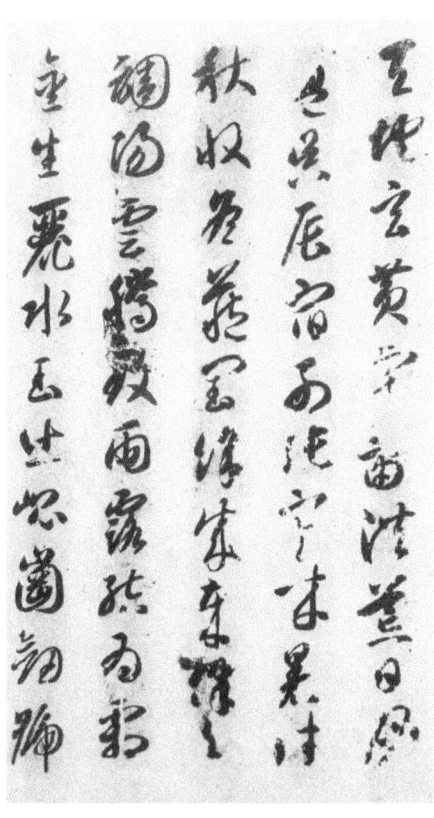

图3

其书:"精熟过人,惜无奇态。"在书法技法上,智永除了熟悉家法,还把从古所传"永"字八法,来了一次发其旨趣的改革,所以影响很大。其传世作品《真草千字文》墨迹一种,现存日本。启功鉴定为智永真迹:"日本藏《真草千字文》墨迹一本,乃唐时传去者,纤毫可见……此直是永禅师手迹,毋庸置疑。多见六朝遗墨,自知其真实不虚。"《书断》、《法书要录》、《古今100高僧》、《中国美术家人名辞典》有载。

智果 会稽(今浙江绍兴)人,吴兴(今浙江湖州)永兴寺僧。工书法,爱文学。

与法论、法琳等同师智。隋炀帝(605—617)为晋王时,召令写书,果不从,被囚于江都(今江苏扬州)。及为太子出巡扬、越,果上《太子东巡颂》,得释,召居慧日寺。炀帝尝谓果书:"和尚(指智永)得右军(王羲之)肉,果得右军骨。"隶、行、草皆入能品。其妙处不减古人,然时有僧气。《书断》、《续高僧传》、《释氏六帖》有载。

智楷 会稽(今浙江绍兴)人。智永兄。工草书。《书断》、《中国美术家人名辞典》有载。

释述 里籍无考。善书,与释特并师智永,然述困于肥钝。《佩文斋书画谱》、《中国佛教人名大辞典》有载。

释特 里籍无考。善书。与释述同师智永。《佩文斋书画谱》有载。

第六章
昌盛期的唐朝佛教及佛门书画家

公元618年,李渊父子利用农民起义的力量,建立起新的统一的唐王朝。在哀帝天祐四年(907)唐王朝灭亡,一共存在289年。唐朝开国之初,采取了一系列发展生产,稳定民生,巩固社会秩序的政策,出现了"贞观之治"和"开元盛世",进入中国封建社会的全盛时期。

佛教文化作为唐朝意识形态的一个重要组成部分,诸帝对于佛教的态度,出于真正信仰者较少,普遍地是从政治上考虑,并且集中表现在对于儒、释、道三教关系的安排上。

在唐初,便有了佛、道之争。从唐武德四年(621)一直争论到唐太宗即位(627)之后的贞观十一年(637),太宗李世民表态:"殊俗之典,郁为众妙之先;诸夏之教,翻居一乘之后。"谓这种现象是不能容忍的,下诏宣称:"朕之本系,起自柱下。鼎祚克昌,既凭上德之庆;天下大定,亦赖无为之功……道士、女冠,可在僧尼之前。"(《唐大诏令集》卷113)争论的结果,导致最后决定对佛教亦仅是加以抑制。尽管有太宗李世民率军围击洛阳王世充得到过少林寺僧众的相助和高祖李渊在马邑(山西朔县)沙门中募兵2千余,但也有禅僧在江南与叛军乱民混杂在一起的情况,唐王朝要巩固自己的政权,也不想打击,也不想扶植佛教。

唐初重道抑佛的一个重要原因是,唐朝李氏出身不是望族,为了抬高出身门第,给新王朝增添尊贵色彩,攀附道教李耳作祖先。武德八年(625)高祖诏叙儒、释、道三教先后曰:"老教、孔教,此土之基;释教后兴,宜崇客礼。今可老先,次

孔,末后释宗。"(《集古今佛道论衡》)

"贞观之治"时期,太宗基于去印度留学的玄奘在印度赢得崇高威望,利用玄奘的纽带作用,中印两国历史上第一次建立了正式的友好关系。之后玄奘的译经、讲经事业,直接受到太宗的赞助,为法相唯识一宗的建立,创造了政治和经济条件。

唐太宗晚年转向信仰佛教,贞观二十二年(649)他的眼疾近日见好,他认为是"福善所感而致此休征",据此要求"京城及天下诸州寺宜各度五人,弘福寺宜度五十人",成为初唐以来最大的度僧活动。太宗卒前,还向玄奘问过因果报应,深为信纳。至此,唐初的先道后佛政策,实际上有了变化。

太宗以后,高宗李治、中宗李显(又名李哲)、睿宗李旦都提倡和利用佛教,但把佛教推向一个新的发展高度的则是女皇武则天。

武则天直接面对的政敌是唐李家族。为了夺取和巩固自己的皇权,她需要举佛抑道,以贬黜李氏的宗系,因此她一即位便宣布"释教开革命之阶,升于道教之上"。(《资治通鉴》卷204)在武则天统治期间,佛教备受推重,使佛教达于极盛。"铸浮屠,立庙塔,役无虚岁"。(《新唐书》卷125)

高宗自显庆(656—661)以后,苦于风疾,百官表奏,皆由则天详决,实质上掌握了唐朝政权。垂拱四年(688),武则天两次伪造瑞石,文曰:"圣母临人,永昌帝业","三六年少唱唐唐,次第还唱武媚娘","化佛从空来,摩顶为授记"等,暗示武氏当作天子乃佛的意志。载初元年(689),沙门表上《大云经》,并造《经疏》,称经中所说"即以女身当王国土"者,应在当今的武则天。于是,武则天"敕两京、诸州各置大云寺一区,藏《大云经》"。(《资治通鉴》卷204)并于当年正式称帝。长寿二年(693)印度僧人菩提流志等又译《宝雨经》,上武则天。该经是梁曼陀罗仙所译《宝雨经》的重译,但新添了佛授记"日月光天子"于"摩诃支那国","故现女身为自在主"的内容,正中武则天之意,译者因此大受赏赐。

作为佛教信仰,武则天推重华严宗。武则天差人去于阗取回梵本《华严经》80卷,历经四载将这部佛典译出,女皇亲受笔削,并制序文。长安(701—704)年间,武则天将知名禅僧请至京师。神秀"肩舆上殿",女皇"亲加跪礼,内道场丰其供施,时时问道"。(《宋高僧传·神秀传》)武则天还遣人邀禅宗六祖慧能进京,未遑,竟将慧能的"得法袈裟"弄到京城供养于宫中道场。长安四年(704)四月,武则天决定在洛阳北邙山造特大佛像,并向僧尼摊派,让全国的僧尼每人每天出一文钱。至冬日,大像铸成,女皇帝"率百僚礼祀"。(《佛祖历代通载》卷12)

唐玄宗(712—756)李隆基是有名道教君主,在位前期对佛教有所限制,后有所变。开元年间出现"贞观之风,一朝复振"的太平盛世,可称唐代的黄金季节。开元二十四年(736)玄宗亲自为《金刚经》作注,并颁布天下。印度僧善无畏、金刚智,不空相继来华,玄宗极给厚礼,为密宗正式成宗奠定了基础。

宪宗(806—821)更是推崇佛教,迎佛骨舍利便是突出的表现。《唐书》及《资治通鉴》均有载:"王公,士庶,竞相舍施,惟恐弗及!百姓有破产充施者,有烧顶、灼臂而求供养者。"反佛的文学家韩愈因为《谏迎佛骨表》,而受到流放处分。

宪宗后期朝政腐败,朋党斗争,国势日衰。之后的穆宗、敬宗、文宗照例提倡佛教,僧尼之数继续上升,寺院经济持续发展,加重了国家的负担。到了武宗(841—847)统治时期,决定废除佛教。《旧唐书·武宗本纪》载:"洎于九州山原,两京城阙,僧徒日广,佛寺日崇。劳人力于土木之功,夺人利于金宝之饰;遗君亲于师资之际,违配偶于戒律之间。坏法害人,无逾此道。且一夫不田,有受其饥者;一妇不蚕,有受其寒。今天下僧尼不可胜数,皆待农而食。待蚕而衣。寺宇招提,莫知纪极,皆云构藻饰,僭拟宫居。晋、宋、梁、齐,物力调瘵,风俗浇诈,莫不由是而致也。"

会昌二年(842)开始灭佛,到会昌五年灭佛运动达到高潮。会昌五年三月,敕令不许天下寺院建置庄园,勘验寺院、僧尼、奴婢及其财产之数。四月,在全国范围内实施全面灭佛措施,八月,宣布灭佛结果。《入唐求法巡礼行记》有载:"天下所拆寺4 600余所,还俗僧尼260 500人,收充两税户;拆招提、若兰4万余所,收膏腴上田数千万顷,收奴婢为两税户15万人。"

"会昌灭佛"给佛教以沉重打击,极大消弱了佛教的势力和影响,使中国佛教从隆盛走入衰弱时期。

唐朝是佛教诸宗形成和成熟的时期。除上述提及的唯识、华严、密宗诸宗外,律宗、净土宗也很兴盛,尤以净土信仰的流布最为广泛,而最具有中国文化特征的禅宗的形成意义更为重大。

禅宗的建立和形成,是整个佛教史上的大事。禅宗把佛学从囿于繁杂教义的轨道上拉出来,引上捷径,并把佛教的贵族化倾向转到庶族平民阶层当中。禅宗大胆地摆脱经典教条和宗教仪式的束缚，主张不立文字，教外别传，采取直指人心的通俗说教，来宣扬佛教的根本精神。

禅宗的祖谱是：菩提达摩为初祖，"立雪断臂"得法达摩的慧可为二祖，接下来三祖僧璨、四祖道信、五祖弘忍，但弘忍之后的六祖后人则集中在神秀和慧能二人身上，被后世称为"南能北秀"。神秀以"渐悟"得禅法，慧能以"顿悟"得禅法。"渐"主张"凝心入定，住心看净，起心外照，摄心内证"。《坛经》把矛头直指神秀，并将神秀的禅法归纳一偈："身是菩提树，心如明镜台，时时勤拂拭，莫使有尘埃。"而典型的所谓得悟偈是出自慧能之口："菩提本无树，明镜亦非台，本来无一物，何处惹尘埃。"慧能有名言"诸佛妙理，非关文字"，是与他的偈语相惬合的。

神秀、慧能之后，禅宗派别林立，南北争辩不止，形成禅宗的"五家七宗"。著名的五家是沩仰、临济、曹洞、法眼、云门，上述五家加上黄龙宗、杨岐宗，佛教禅宗史通称"五家七宗"。

唐朝是中国历史上最强盛、最发达的时期，由于大部分皇帝崇佛，促进了佛教艺术的开展。

武则天利用了佛教，同时也发展了佛教。她造白马坂的大铜佛像，对洛阳龙门石窟、敦煌莫高窟等原有的石窟继续营造，雕造了举世闻名的龙门奉先寺大佛，为佛教艺术的绝伦杰作。莫高窟自晋初开凿创建，至唐朝进入到了十分成熟的全盛时期。唐代的画家、雕塑家及工匠，在此创造了数目繁多的佛、菩萨、金刚力士、供养人等像，并绘制了许多精美的壁画，为世人所叹绝。

以佛教题材为内容的壁画创作，在唐代已发展到全盛时期，勿论寺院还是石窟，随处可见十分精美的佛教壁画作品。绘画大师阎立本、吴道子、韩幹、周昉、王维等皆有佛教壁画作品传世。

帧画在唐代佛教画中，占有非常重要的位置，这种画可以悬挂在墙壁上或架子上，以作供奉之用。帧画的画面主要是佛像，唐代许多专业画家精于此道。

唐朝还出现了一种佛教美术形式——版画。手绘佛像既复杂又费工，而以模板印制佛号或佛像，大大地方便了信徒们做佛事。

在帝王贵族中间，十分盛行以佛像、佛经书法为蓝本做刺绣工艺。当时绣观世音菩萨有赞曰："集万缕兮积千针，动十指兮虔一心。"

唐朝雕塑艺术发展迅速，涌现出了许多雕塑高手及著名雕塑艺术家。雕塑艺人中比较有影响的有张爱儿、王耐儿，是以捏塑，雕刻出名。李岫、刘九郎、张阿才等各怀绝技。而杨惠之最出类拔萃，人称"道子画、惠之塑，夺得钟繇神笔路"。

唐朝画苑是人物画的黄金时期，一时画家辈出，成就卓著。画佛教题材传世的有吴道子的《宝积宾伽罗佛像》，僧人画家贯休则有《十六罗汉图》、《释迦十弟子》等名迹令人啧啧称奇。

唐朝书苑更是空前繁荣。唐朝开科取士，首先注重身材仪表、言语谈吐、书法楷式、判语判词等四个方面，叫做"身、言、书、判"。所以唐朝应考的读书人都要在书法上下番苦功夫。在这种历史背景下，也就产生许多优秀的书法家。诸如初唐欧阳询、虞世南、褚遂良、薛稷、陆柬之、孙过庭等；盛中唐的李邕、颜真卿、柳公权、徐浩、李阳冰等人才辈出。草书大家张旭、怀素人称"颠张狂素"，是开草书浪漫主义风气的大师。文学家和诗人也大都能写得一手好字，比如贺知章、李白等等，一时佳作如林，异彩纷呈。

唐朝有无名的以抄写佛经为生的"经生"，书法无意佳而佳，在书苑宝库中也是占有一席之地的。

有载的唐朝佛门书画家不在少数，并且有极享盛名的，如皎然、不空、怀素、高闲等。

广利 里籍无考。工草书。尝学草书三十年，千变万化称奇绝。亦能诗，吴融有赠广利大师歌。《书史会要》、《中国美术家人名辞典》有载。

义全 里籍无考。德宗（780—805）时僧人。尚书韦公作镇于蜀，四方之士云集。义全善丹青，尤工写真，诸公博雅好事，皆使图画之。《中国美术家人名辞典》有载。

义道 婺州（今浙江金华）人。俗姓陈。居婺州观音寺。善书法，唐贞元十年（796）尝书《法华经》，未终而寂。其妹陈燕子丁续书而成。清乾隆（1736—1796）时，乾隆帝爱义道书法秀润，命工勾勒上石。江苏高邮善因寺藏有御赐拓本。《金华志》、《中国美术家人名辞典》有载。

大雅 里籍无考。明皇（712—756）时兴福寺僧。工书法，开元九年（721），尝集王羲之书为唐镇军将军吴文墓志。明万历（1573—1620）末浚西安城濠得之,俗谓之"半截碑"。《金石文字记》有载。

开秘 里籍无考。工书。尝书河中府《开元寺汾阳王像殿碑》。《金石略》《中国美术家人名辞典》有载。

元雅 里籍无考。好古喜学,于蝌蚪小篆,各为千文,以隶书识其侧。其蝌蚪小篆,笔意淳古,而隶书则洒然出尘,亦不谬用心之勤。《宣和书谱》有载。

元鼎 里籍无考。怀素律师再传弟子。工书法,尝书《唐怀素律师塔铭》。《墨池编》有载。

无可 范阳(今河北涿州)人。贾岛弟。工诗,善楷书。唐开成五年(841)段成式所撰《寂照和尚碑》为其所书。《金石表》、《全唐诗话》有载。

云轲 江西人。工书。尝书《东林临坛大德塔铭》,在九江州(今江西九江)。《金石录》、《中国美术家人名辞典》有载。

云崄 广西人。唐末时僧人。住桂州(今广西桂林)。善草书,学王羲之。《金壶记》、《中国美术家人名辞典》有载。

云皋 里籍无考,俗姓谢。读书为文,将就乡赋举进士,遇明师悟寂灭之学,因削发就学,遂出家于东林寺。工正书。李邕于唐开元十五年(727)作《东林寺碑》手笔一轴,藏于寺中,云皋乃模而刻于碑。太和九年(835)白居易所撰,东林寺白氏文集记,亦云皋所书。《金石录》、《文苑英华》、《中国美术家人名辞典》有载。

云章 里籍无考。穆宗(821—825)时僧人。工书。长庆三年(823)李渤所撰《东林寺影堂碑》阴,为其所书。《金石录》、《中国美术家人名辞典》有载。

不空 (705—774)梵名阿目法跋折罗,汉译不空金刚,略云不空。师子国(今斯里兰卡)人。幼丧父,随叔父来居东海。年15岁,师事金刚智三藏,受五部灌顶。唐开元八年(720)随至京师(今陕西西安),敕居慈恩寺,同译密法。二十年,金刚智圆寂,奉遗旨往五天竺及师子国广求密藏。唐天宝五年(746)还京,入内立坛,为帝灌顶。赐号智藏。天宝八年归国,至南海郡,奉敕再留。十五年,诏还京,住大兴善寺。安史之乱,密表起居。代宗永泰元年(765)制授特进试鸿胪卿,加号大广智三藏。大历九年(774)疾,敕使劳问,加开府仪同三司,封肃国公,食邑三千户。一再辞让不果。赠司空,寂谥大辩正广智三藏。自天宝(742)至大历(766—780)译出密部经轨七十七部,百二十余卷。密教之盛,此时称最。工书,开元(712—742)中尝奉诏书《唐无碍大悲心经陀罗尼幢》。《宋高僧传》、《释氏疑年录》有载。

仁基 里籍无考。高宗(650—683)时人。工正书,上元三面(672)尝书《唐平原寺舍利塔铭》。《金石录》有载。

介然 字守端。广东南海人。住庐山佛手岩。为人高洁,持律甚严。工书,博究书史,高榷古今,动有典据。喜工诗,务以雅实。《中国佛教人名大辞典》有载。

从环 里籍无考。唐(618—907)末鄞县(今浙江宁波鄞州区)开元寺僧,光法嗣,得其师墨诀,工书善画,有声于时。《鄞县志》、《四明书画家传》有载。

从谦 里籍无考。工书,尝书《沐涧魏太夫人庙碑》。《墨池编》、《中国美术家人名辞典》有载。

文楚 里籍无考。喜作草书,学智永法。摆脱旧习,有自得之趣。在唐元和(806—820)间所书《千字文》,落笔清逸,无一点俗气。唐五僧善书,刘泾尝作书话,以怀素比玉, 光比珠,高闲比金,贯休比玻璃,亚栖比水晶。牟子才云:"惜泾未见文楚,故未有定。"《宣和书谱》、《中国美术家人名辞典》有载。

少纪 里籍无考。工书,尝书《唐紫极宫钟铭》。《墨池编》有载。

玄悟 里籍无考。工八分真行,吕总称谓:"骨气无双,迥出时辈。"《书史会要》有载。

玄逵 俗姓胡。润州江宁(今江苏南京)人。博玩文什,草隶尤精。《大唐西域求法高僧传》有载。

玄续 俗姓桑。四川成都人。出家成都宝园寺。常讲《法华》,导引众生。通达外书,工草隶,时吐篇什,继美前修。唐贞观(625—650)中圆寂。《蜀中高僧传》、《中国美术家人名辞典》有载。

亚栖 河南洛阳人。善书法,得张旭笔意。唐昭宗光化(898—900)中对殿廷草书,两赐紫袍。自谓吾书不大不小,得其中道,若飞鸟出林,惊蛇入草。尝书开元寺壁,笔势浓郁,古帖有之,亦是晚唐奇迹,一时荣之。《宣和书谱》、《中国美术家人名辞典》有载。

有邻 文宗(826—841)时僧人。里籍无考。善八分书,太和五年(831)刘禹锡所撰《天平军节度使厅记》,为其所书。《金石录》有载。

师奴 里籍无考。画僧。善画佛天尊像,两京寺壁,多出其手。《中国佛教人名大辞典》、《历代名画记》有载。

贞庆 里籍无考。明皇(712—756)时僧人。工书,开元十七年(729)撰并书《唐太武皇帝驻马碑》。《金石录》、《历代名画记》有载。

回上人 里籍无考。工书翰。《书史会要》有载。

行敦 里籍无考。天宝(742—756)间安国寺僧。以书法名于世。善行书,意近王羲之笔法。《宣和书谱》有载。

行满 里籍无考。武后(684—705)时僧人。工书法,劲健有法度。载初元年(689)苗仲容所撰《周乙速孤府君碑》,为其所书。《金石录》、《石墨锦华》有载。

齐己 (？—933)俗姓胡,自号衡岳沙门。湖南益阳人。初于大沩山寺落发,学习律仪。谒德山得法。后经江陵(今江苏扬州)龙兴寺。性耽吟咏,气调清淡,时与郑谷酬唱,积以成编,曰《白莲集》。为唐朝诗僧之首。不以书称,留心书翰,传布四方,人以其诗并传。笔迹洒落,得行字法。尝书《唐长生粥疏》在洪州。年73岁后寂。《金石略》、《宋高僧传》、《宣和书谱》有载。

齐操 里籍无考。文宗(826—840)时僧人。工书,乡贡进士姚谟所撰《唐大泉寺新三门记》为其所书,开成三年(838)立。《玄牍记》、《中国美术家人名辞典》有载。

江僧 里籍无考。僖宗(873—888)时僧人,居京师。善画松,颇负盛名。尝于传经院壁画松,郑谷为之题诗。《云台编》、《佩文斋书画谱》有载。

如展 里籍无考。宪宗(806—821)时僧人。工笔札,亦善诗,与元稹(779—831)时相唱和。《中国美术家人名辞典》有载。

好直 (784—839)浙江诸暨人。俗姓丁。不喜俗事,酒肉荤茹,天然不食。幼投杭坞山藏和尚落发。唐元和(806—821)初年,受具足戒于浙江杭州天竺寺。凡百经律论疏钞,嗜其腴润。从洪州之门,洞达玄旨。住上都大安寺。能诗,工篆书,大和八年(834)尝为越州龙泉寺碑篆额,碑在浙江余姚。奄然而寂,葬于崇山之南,华严寺起塔。《会稽志》、《宋高僧传》有载。

戒成 里籍无考。善书,唐天竺寺新钟及楼记为其所书。《墨池编》、《中国美术家人名辞典》有载。

杨洁成 四川人。自言能画,尝绘先天菩萨,画样十五卷,崔宁之甥分三卷住上都流行。时魏奉古为长史进之,后因四月八日赐高力士。《图画见闻志》、《京洛寺塔记》有载。

旷 里籍无考。中宗(705—710)时僧人。工正书,神龙元年(705)史秦所撰《唐益州学馆庙堂记》为其所书。《金石录》、《中国佛教人名大辞典》有载。

怀仁 陕西人。太宗(627—649)时僧。住长安(今陕西西安)弘福寺。工书。唐文皇制《圣教序》时,都城诸释委怀仁集右军(王羲之)真迹,花了大约二十年的时间,把王羲之的行书字迹,进行钩摹拼移,集成《圣教序》一碑,流传至今。著有《释门自镜录》。《古今法书苑》、《古今书法名作鉴赏大成》、《中国美术家人名辞典》有载。

怀悻 里籍无考。唐天宝(742—756)间僧。工书,草书似怀素(737—799)。《书史会要》、《中国美术家人名辞典》有载。

怀素 (725—785,一作737—799)字藏真。湖南长沙人。俗姓钱。幼年家贫,削发为僧。禅余醉心笔翰,弃不下心爱的书法。因无钱买纸练字,就在他住的周围广种芭蕉,达一万株。此后他把蕉叶当作纸张,天天挥写。因芭蕉绿荫映衬,故而取名"绿天庵"。蕉叶练习之外,怀素又自制漆盘漆板,随写随擦,日久盘板为之磨穿。为了远睹前人书法妙迹,开拓眼界,怀素担笈杖锡,西游长安(今陕西西安)、河南洛阳,遍谒当代名公,看到了许多价值连城、别处看不到的遗编绝简、书法名作,由此顿时眼界大开,豁然心胸,略无凝滞。怀素禀性疏狂,不拘小节,嗜酒,常一日九醉,时人谓"醉僧书"。酒酣兴发,寺壁里墙,衣裳器皿,靡不书之。自言"饮酒以养性,草书以畅志"。多年下来,被他写坏的弃笔,竟越积越多,渐至堆积成一座小山,瘗之成坟,名为"笔冢"。书法相传,以得法于张芝、颜真卿为多,又变法出新,继张旭狂草之后,另有发展,人称"以狂继颠(张旭)",又称"颠张狂素"。一时名人如李白、戴叔伦、贯休、韩翃等,纷纷作诗赞美其草书。李白的《草书歌行》七言古诗头几句称怀素云:"少年上人号怀素,草书天下称独步。墨池飞出北溟鱼,笔锋杀尽中山兔。"诗中更称"王逸少、张伯英,古来几许浪得名"。连张芝(字伯英)、王羲之(字逸少)和怀素比起来,也成了"浪得名"的俗师了。唐德宗贞元十五年(799)草书《千字文》,狂草狂怪处无一不合规范,纵横变化,发乎毫端,奥妙绝伦。传世草书还有《自叙帖》、《菩萨帖》、《论书帖》、《食鱼帖》、《圣世帖》等,皆为草书瑰宝。(见图4-1、图4-2)《湖南通志》、《佩文斋书画谱》、《古今100高僧》、《古今书法名作鉴赏大成》、《中国佛教人名大辞典》有载。

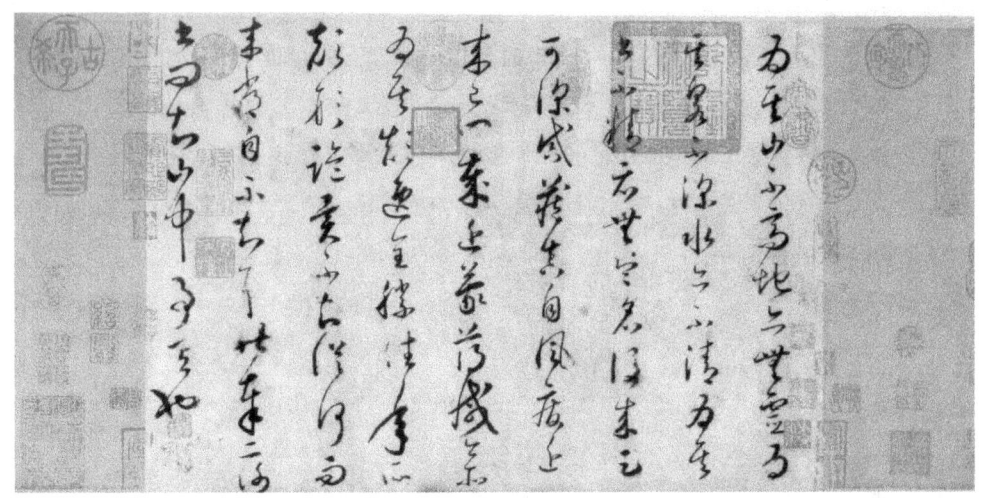

图4-1

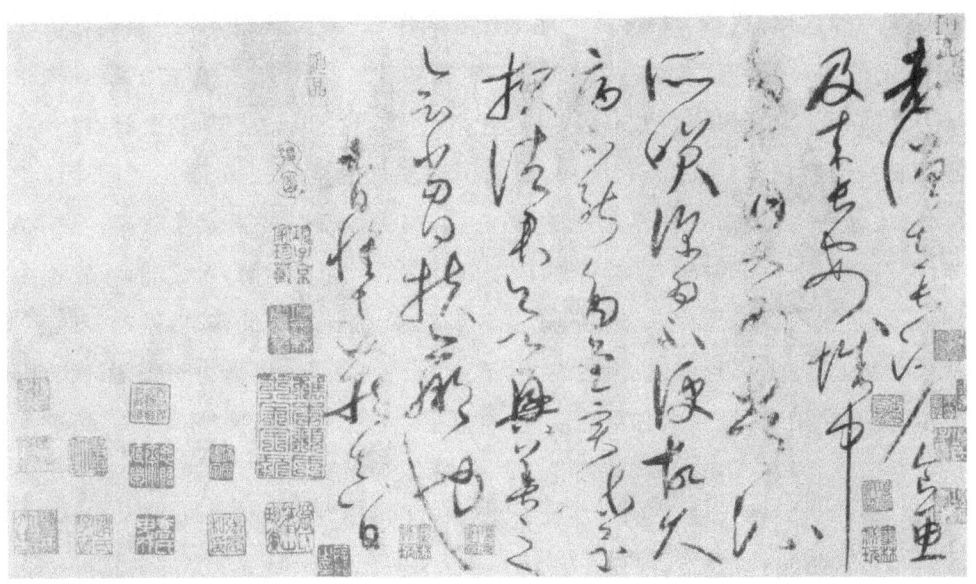

图4-2

怀浚 曹学佺《蜀中高僧记》作怀璿。湖北秭归人。通术数之学,辄有验。唐乾宁(894—898)初至巴东,巴东刺史于某,患其惑众,系浚于狱诘之,乃以诗献,章句华丽,州将异而释之。后为人所害,身手异处,刺史为其茶毗。爱草书,笔法天然。或经、或释、或老,至于歌诗,鄙琐之言,靡不集其笔端,与之语即阿唯而已,里人以神圣待之。《宋高僧传》、《北梦琐言》、《中国美术家人名辞典》有载。

灵迅 里籍无考。工书,尝书《唐同光禅师碑》。《墨池编》、《中国美术家人名辞典》有载。

灵该 里籍无考。武宗(841—847)时僧,以八分书称著于时。《宣和书谱》、《中国美术家人名辞典》有载。

苾刍道宏 俗姓靳。汴州雍丘(今河南杞县)人。工书,尤善草隶。《大唐西域求法高僧传》、《中国美术家人名辞典》有载。

昙林 里籍无考。工书,作小楷下笔有力,一点一画不妄作。修整自持,类经生品格。《宣和书谱》、《中国美术家人名辞典》有载。

明解 俗姓姚。里籍无考。京师普光寺僧。有才学,琴、诗、书、画,京邑有声。唐龙朔(661—664)中策试三教,有才艺者擢用,明解试及第,返俗,不久抑郁而逝。《续高僧传》、《中国美术家人名辞典》有载。

知至 号初上禅师。俗姓彭。里籍无考。明皇(712—756)时僧人。性笃孝,究易、老、庄、太一之旨。善正书,得钟繇、王羲之风气。其点画婉秀,毫缕必见,如折槁荷,磨文石,筋理洒飒,因非人力之所致也。《中国美术家人名辞典》有载。

知常 里籍无考。昭宗(889—904)时僧人。工书,景福元年(892)南叙述记唐悯忠寺重藏舍利记,为其所书。《金石文字记》、《中国美术家人名辞典》有载。

金刚三藏 狮子国(今斯里兰卡)人。善画西域佛像,运笔持重,非常画可拟。东京光福寺木塔下素像皆三藏起样。《历代名画记》、《中国美术家人名辞典》有载。

法成 俗姓杨。山西永济人。明皇(712—756)时僧人。开元(713—742)中居京师。安史之乱,失其所在。善画佛像。有《先天菩萨画像样本》十五卷传于世,后人多宗之。《佩文斋书画谱》、《中国佛教人名大辞典》有载。

法行 里籍无考。居京师总持寺。道念坚贞,精进苦行,凡见塔庙,必加修治。能画,京师寺院诸殿,有未画者皆为图绘之。饥岁,与徒普应和尚接济来投缁素甚众。《续高僧传》、《中国佛教人名大辞典》有载。

法明 同州(今陕西大荔)人。工写照,开元(713—741)时受敕独写丽正殿诸学士张说等十七人貌,藏其本于画院。《历代名画记》、《中国美术家人名辞典》有载。

法昭 德宗(780—805)时僧人。工行书,唐贞元八年(792)尝书《唐观无量寿经》,在《遗教经》。《金石录》、《中国美术家人名辞典》有载。

法慎 (666—748)江都(今江苏扬州)人。俗姓郭。孩抱之岁,誓入空门,志不可夺。从瑶台成律师受具足戒。依太原寺东塔怀素(625—698)学律,体解律义,绝其所疑,时贤推服,声震京师。回江都,住龙兴寺,为淮南东塔宗大师。声誉远闻,故再至京国,受到朝廷重臣和僧众的礼敬。寂于龙兴寺别院,望哭者千族,会葬者万人,建灵塔于芜城西蜀冈之原。吏部员外郎李华撰《扬州龙兴寺经律院和尚碑》,大理司张从申书,李阳冰篆额。法慎佛教儒行,合而为一,以文字度人,故工于翰墨。《宋高僧传》、《中国佛教人名大辞典》有载。

法愿 (601—663)俗姓萧。兰陵(今江苏常州)人。梁武帝萧衍第六代孙女,唐朝故司空宋国公瑀三女,少爱好文史,善书能画,工写卫夫人体,龙飞凤舞,超妙入神。削发于济度寺,蔬食粗衣,戒行与松柏齐贞,慧解共冰泉等彻。深居修梵,攻读《法华经》、《维摩经》、《大般若经》、《摄大乘论》等。晚年登坛讲经,广弘法要。寂葬少陵原边上,有无名氏为她撰写墓志铭,备加推重。《中国名尼》有载。

宗师 法号怀仁。俗姓郭。山西太原人。迁于淮。德宗(780—805)时僧人。工于翰墨,为时推重。《中国美术家人名辞典》有载。

宗亮 一作亮阇梨,亦作元亮、富亮,号月仙、月山、月庵、月僧。俗姓冯,浙江奉化人。开成(836—840)间鄞县(今浙江宁波鄞州区)开元寺僧。道行高洁,能文善谈,工画山水,人皆敬之。与僧贯霜、栖悟、不吟等交往,常为文会。曾撰《岳林寺碑》,并有诗集赞颂行于世。孙郃《四明郡才名志》称"宗亮为当时文士先达所敬仰"。寂年80岁。《鄞县志》、《四明书画家传》有载。

宗偃 俗姓徐,名表仁。吴兴(今浙江湖州)人。善画山水、树石,师法僧道芬。吴兴郡南堂有两壁树石,张彦远甚赏之,云:"观其潜蓄岚濑,遮藏洞泉,蛟根束麟,危干凌碧,重质委地,青岚满堂,盖得意深奇之作。"写明月峡尤妙,亦工画松。张祐有《招宗偃画松石》诗。《画史会要》、《佩文斋书画谱》有载。

契元 穆宗(821—825)时僧人。与白居易(772—846)同时,住江苏苏州重玄寺。工书法。唐太和三年(829)春,曾书《重玄寺法华院石壁经壁》。唐会昌二年(842)书陀罗经幢。《白氏长庆集》、《中国美术家人名辞典》有载。

省躬 睦州桐庐(今浙江桐乡)人。为童强识,志大言高,无厌樊笼。忽投圣德寺出家。后礼姑苏(今江苏苏州)开元寺道恒为师。晚居江苏扬州慧照寺,自号清冷山沙门。博综律乘,究竟古今之义,成《顺正记》。复高儒学,亦善书法,作碑颂颇多。《宋高僧传》、《中国佛教人名大辞典》有载。

思道 里籍无考。开元(713—741)时僧人。从吴道子学画,为弟子。得吴画精神,人号画僧。于安国寺画释梵八部,不施彩色。《京洛寺塔记》、《佩文斋书画谱》有载。

重闰 明皇(712—756)时僧人。里籍无考。工八分书,于儒卿撰《唐右庶子于府君碑》,为其所书。《金石录》、《中国美术家人名辞典》有载。

贾岛 (779—843)字阆仙,一作浪仙,自称碣石山人。范阳(今河北涿县)人。初落发为僧,法名无本,后还俗,屡举进士不第。59岁时任长江县主簿,人称贾长江。会昌(841—847)初官普州司仓,迁司户参军。师韩愈为文。诗最驰名,刻苦求工,注重词句锤炼,有"二句三年得,一吟双泪流"之句。相传他欲改"僧推月下门"的"推"为"敲",苦思时以手作推敲之势,闯入京兆尹韩愈的仪仗,韩愈为之商酌,决用"敲"字。"推敲"一词即由此而得。又善书法,得钟、张之奥。八分似韩择木。著有《贾长江集》。《书史会要》、《新唐诗》、《唐书》本传有载。

圆满 陕西人,善书,长安(今陕西西安)华严寺有其所书碑,雅有欧阳询、褚遂良笔法。《石墨镌华》、《中国美术家人名辞典》有载。

高闲 乌程(今浙江湖州)人。童年英才超绝,誓志苦学,未尝少惰。后入长安,住荐福、西明等寺,习经律,精演说。唐宣宗(847—859)重兴禅法,召对称旨,赐紫衣,号十望大德。老思归乡,寂于湖州开元寺。工书法(见图5),闲尝好以霅川白纻书真草,为

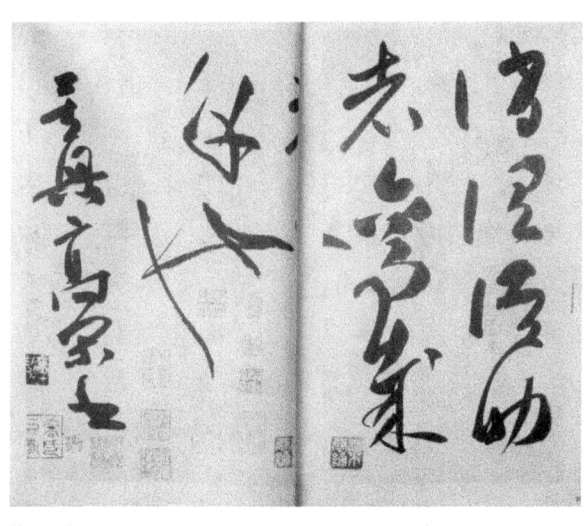

图5

世楷法。其书出于张旭,在唐得名甚显。尝草书《千字文》于楮纸上,又书令狐楚诗,真迹石本在湖州。《宋高僧传》、雍正版《浙江通志》有载。

海顺 (589—618)俗姓任。河东蒲坂(今山西永济)人。礼道悫和尚为师,住仁寿寺。刺血洒塵,供养舍利。善书,刺血和墨书《七佛戒经》。作《三不为》篇及集数卷。《续高僧传》、《释氏六帖》有载。

梦休 蜀(四川)人。僖宗(873—889)时僧人。工绘事,画竹疏放,其雪竹一幅,巨石倒影,下落叶散片浮水面,旁一枯木亦倒影。宋时蔡胜道有其画,六幅长丈余,大屋梁方可挂,森森如坐竹下。又有《雪竹双禽图》、《风竹图》、《笋竹图》、《丛竹图》传于世。《宣和画谱》、《佩文斋书画谱》有载。

梦龟 里籍无考。天复(901—904)中僧人,居东林寺。作颠草,奇怪百出,笔力遒劲,亦自是一门之学。僧可朋有《观梦龟草书》诗:"画壮倒松横洞壑,点粗飞石落空虚。兴来乱抹亦成字,只恐张颠(旭)颠不如。"《宣和画谱》、《中国美术家人名辞典》有载。

常达 (801—874)俗姓顾,字文举。江苏常熟人。削发于河阳大福山。游学江淮诸名胜,专讲《南山律钞》,兼治《涅槃》、《法华》等。并涉猎阴符老庄之学。工书善诗,书法二王,诗追元和。寂后颍川陈言撰塔铭。著有《青山履道歌》。《宋高僧传》、《六学僧传》有载。

崇简 里籍无考。工真、行书。吕總谓其临写逸少(王羲之),时有乱真。《书史会要》、《中国美术家人名辞典》有载。

皎然 字昼(一作清昼,或作僧昼)俗姓谢,灵运十世孙。长城(今浙江长兴)人。幼负异才,性与道合,初脱羁绊,渐加削发为僧。受戒于浙江杭州灵隐寺,为守直律师法嗣弟子。善属文,工吟咏,文章隽丽,当时号为释门伟器。后遍访名山,法席罕不登听者。佛典外,子史经书,各臻其极。凡所游历,京师则公相敦重,诸郡则士夫所钦。及中年,谒诸禅祖,了心地法门,与武丘山元浩、会稽灵澈为道交。唐贞元(785—805)初,居于东溪草堂,欲屏息诗道文章,非禅莫论。尝曰:"我疲尔役,尔困我愚,数十年间了无所得。况汝是外物,何累于人哉?住既无心,去亦无我,将放汝各归本性,使物自物,不关于予,岂不乐乎?"唐贞元五年(780)御史中丞李洪为湖州太守,览皎然诗,叹曰:"早年曾见沈约《品藻》、慧休《翰林》、庾信《诗笺》,三子所论殊不及也。"把皎然所著《诗式》及诸文,收集十卷,相国于公頔作序,呈于朝廷,德宗(780—805)诏藏秘阁,天下崇之。皎然法净其志,高迈其心,浮名薄利,唯事林泉,与道者游,故终身无堕色。晚年屏息笔砚,很少作诗。与陆鸿渐为莫逆之交,于公頔、颜鲁公(真卿)、韦应物皆敬之。寂于寺。亦工画,尝以此道非禅者之意,故匿而不传。著有《皎然集》(即《抒山集》)十卷,以及诗论著作《诗式》、《诗议》、《诗译》等多种。《宋高僧传》、《中国美术家人名辞典》、《古今100高僧》有载。

惟则 里籍无考。工书翰。《书史会要》、《中国美术家人名辞典》有载。

惟嵩 里籍无考。工书翰。《书史会要》、《中国美术家人名辞典》有载。

惠通 浙江人。明皇(712—756)时僧人。工八分书。开元二十年(732)尝书《陈章甫谒禹庙序》。《会稽志》、《中国美术家人名辞典》有载。

惠顾 里籍无考。工书翰。《书史会要》、《中国美术家人名辞典》有载。

惠融 湖南长沙人,俗姓钱,怀素伯祖。学欧阳询书,世莫能辨,及怀素以草圣名,乡中呼为大钱师、小钱师。《怀素别传》、《佩文斋书画谱》、《中国美术家人名辞典》有载。

翘微 《玄牍记》作翘微。里籍无考。中宗(705—710)时僧人。工正书,景龙二年(708)张景毓所撰《唐句容令岑公德政碑》为其所书。《金石录》、《中国美术家人名辞典》有载。

景云 里籍无考。幼通经论,性识超悟,工诗画,善草书,初师张旭,久之精熟。《全唐诗话》有其画松诗:"画松一似真松树,且待寻思记得无。曾在天台山上见,石桥南畔第三株。"《宣和书谱》、《全唐诗》有载。

遗则 俗姓长孙。长安(今陕西西安)人。从张怀瑾(唐开元[713—741]中翰林院供奉)学习草书,独尽笔妙。《高僧传》、《中国美术家人名辞典》有载。

智周 (556—622)字圆朗。下邳(今江苏睢宁)人。俗姓赵。少出家,师事滔师。后从大庄严寺嚼师受学。傍观图史,尤工草隶。行迹马鞍山慧聚寺。识悟淹通,善讲《涅槃》、《大品》。寂于南武州。《续高僧传》、《释氏六帖》、《中国佛教人名大辞典》有载。

智详 玄宗(712—756)时人。里籍无考。工书,法褚遂良。唐开元二十五年(737)楷书《进法师塔铭》。《金石表》、《中国美术家人名辞典》有载。

智俨 里籍无考。善画,河南开封大相国寺画《三乘因果入道位次图》,称为一绝。《图画见闻志》、《中国美术家人名辞典》有载。

智谦 里籍无考。玄宗(712—756)时僧人。工行书。天宝五年(746)尝书《唐故一切导师碑》。《金石录》、《中国美术家人名辞典》有载。

智瑰 里籍无考,善画山水、鬼神,气韵洒落。《佩文斋书画谱》、《历代名画记》有载。

智辨 里籍无考。太宗(627—650)时僧人。工正书,贞观十九年(645)尝书《秦州都督姜确碑》。《金石录》、《中国美术家人名辞典》有载。

脩然 ,俗姓裴。开元(713—741)时僧人。里籍无考。楚州刺史裴思训子。为人诙谐好学,不成一名。好诗酒,能丝竹,善丹青,尤工山水。隐于黄冠以终,年39岁。《唐诗纪事》、《历代名画记》有载。

道芬 会稽(今浙江绍兴)人。善山水,格颇高。顾况有《稽山道芬上人画山水歌》云:"镜中真僧曰道芬,不服朱审李将军。"《历代名画记》、《中国美术家人名辞典》有载。

道希 梵名室利提婆,意译吉祥天。齐州历城(今山东济南)人。少怀贞操。戒行高洁。善草隶,在大觉寺造碑一石。《求法高僧传》、《中国佛教人名大辞典》有载。

道秀 德宗(780—805)时僧人。工正书,唐建中三年(782)尝书《唐观无量寿佛经》。《金石录》、《中国美术家人名辞典》有载。

道玠 会稽(今浙江绍兴)人。善山水,曲尽其能,格调颇高。《唐朝名画录》、《佩文斋书画谱》有载。

道松 江苏人。善画。江苏江阴观音大士木塔下有草书心经满壁,笔力遒劲,末题云:"孟冬月比丘道松书。"不记年岁,或云李唐僧书。《江阴新志》、《中国美术家人名辞典》有载。

道钦 (715—793)一作法钦。俗姓朱。江苏昆山人。祖考皆达玄儒,而傲睨林薮不仕。钦立性温柔,雅好高尚,服勤经史,便从乡举。年28,赴京师,路过丹徒(今江苏镇江),因遇鹤林玄素禅师,师云:"观子神府温粹,几乎生知。若能出家,必会如来知见。"钦开悟,遂削发礼素禅师出家。后至杭州径山,法席大盛。唐代宗大历三年(768)召至京。帝见钦,郑重询问法要,供施勤至。帝累赐以缣缯,陈设御馔,皆拒而不受。帝闻之更加仰重,谓南阳忠禅师曰:"欲锡钦一名。"

手诏赐号国一。圆寂后,德宗(780—805)赐谥号大觉。世称径山禅师。工书翰。《书史会要》《宋高僧传》《五灯会元》有载。

道宪 里籍无考。住江州大云寺。有戒行,法侣称之。能画。时刺史元某欲画观世音七轴,以师练行委之,师斋戒运笔即成。《观音持验》《中国佛教人名大辞典》有载。

湛然 (711—782)俗姓戚。江苏常州人,世居晋陵荆溪(今江苏宜兴)。本业儒、墨,有迈俗之志。年20余,礼左溪,为入室弟子。首游浙东,留心至道。于浙江东阳、金华遇方岩示以台教,授《止观》等。继求学于左溪玄朗。自惟识昧,凡所见闻,记于纸墨。初于吴郡(今江苏苏州)开元寺敷讲,学者悦随。继往常州妙乐、天台国清诸刹。唐天宝、大历(742—779)间三诏皆辞疾不赴。当大兵大饥之际,忍苦率众修习,学徒益繁。湛然对此,一概"慈以接之,谨以守之,大布而衣,一床而居,以身诲之,耆艾不息",从而使天台宗的威望有蒸蒸日上之势。寂于佛陇道场,门人奉全身起塔,随葬在智者大师茔兆的西南方。宋太祖开宝(968—976)年间,吴越国王钱氏追重而谏之,号为圆通尊者。书法师法钟繇,工真、行,比见《衡岳碑》亦无愧色。著有《法华玄义释签》二十卷、《法华文句记》三十卷、《摩诃止观辅行传诀》四十卷、《法华五百问论》三卷、《维摩经略疏》十卷等近二十种。《宋高僧传》《书史会要》《古今100高僧》有载。

楚安 蜀州什邡(今四川什邡)人。俗姓句,幼于什邡开元寺出家,学通内外,能诗善画,工人物楼台,有《明皇幸华清宫避暑图》《吴王宴姑苏台图》,此二图画于墙壁和团扇之上,大小悬殊,功夫并无减者,奇巧如此。当时公侯相重,皆称妙手。《益州书画录》《图绘宝鉴》《成都古今记》有载。

光 字登封。永嘉(今浙江温州)人。俗姓吴。唐史官左庶子兢之裔孙。幼落发于陶山寺。居必介然,不与常人交往。多做古调诗,长于草隶。闻陆希声谪官于豫章,往谒之,苦求之草法,而授光五指拨镫诀。光书法愈见遒健,转腕回笔,非常所知。乃西上,昭宗(889—904)诏对御榻前书,赐紫方袍。后谒华帅韩建,荐号曰广利。自华下归故里,谒武肃王钱氏,以客礼延之。而性狷举,弗慊王情,乃归甬(宁波)东寂。有文集刊世。《宋高僧传》《浙江通志》《宣和书谱》有载。

勤□ 里籍无考。工行书,唐少林寺《灵运禅师塔铭》,唐天宝九年(750)崔琪撰,为勤□所书。(见图6)《金石文字记》、《中国美术家人名辞典》有载。

鉴真 (688—763)广陵江阳(今江苏江阳)人。俗姓淳于。幼聪慧,器度宏博。随父入大云寺,见佛像,感动夙心,因求父出家。父奇其志,许之。年14,于大云寺依智满禅师落发,学天台教观。景龙元年(707)至长安(今陕西西安),二年于实际寺依荆州恒景律师受具足戒。由是观光两京,遍究三藏,旋回广陵(今江苏扬州)主大明寺,以戒化导,成为一方宗主。时日本国沙门荣叡、普照等东来募法,于开元(713—742)年中至广陵,爰请鉴真前往日

图6

本弘法,真嘉其诚,欣然应允。乃于天宝二年(743)与法进等数十人,携经律登船启行。遇风未成,后又四次遇难阻挠。经十二年,双目失明,其志不渝。至天宝十二年(753)第六次出行,终达日本国。日本孝谦女帝及圣武上皇率百官迎之于奈良东大寺,帝后以下受戒者四百余人,后创唐人风格的招提寺,孝谦曾下赐敕额,并书"唐招提寺"四字。被立日本律宗始祖。鉴真能书法,其67岁的手书《请经帖》,有右军(王羲之)的遗韵。无疾坐寂,身不倾坏。僧思托著《东征传》、详述鉴真弘法利生一生。《宋高僧传》、《中国佛教人名大辞典》、《扬州历代书法考评》有载。

僧凤 (562—638)梁武帝族孙。隋开皇(581—605)中从僧粲出家。性聪慧,能文翰,粲授以真乘。隋大业(605—617)中,敕僧道拜王,凤时主崇敬寺,乃援引经论上谏,终回帝心。唐贞观(627—650)中,诏居晋集寺,寻迁定水寺,末住岐州龙宫寺。著有《法华经疏》及遗文百余篇。《续高僧传》、《释氏六帖》有载。

僧徽 广东人。善画龙,僧齐己有《谢徽上人惠二龙障子诗》。《广州府志》、

《中国佛教人名大辞典》有载。

慧诠 里籍无考,俗姓萧。武德(618—627)初住庄严寺。广听经论,而以《摄论》为心要,能草隶。《释氏六帖》、《中国佛教人名大辞典》有载。

慧思 (588—642)汾州介休(今属山西)人,俗姓郭。少业儒,能文善书,有声乡里。年25岁,听道晔弘讲大乘,因而出家。后遍寻圣教,备尝宏旨,因结众箕山,六时笃课,不坠清猷。《续高僧传》、《中国佛教人名大辞典》有载。

慧颐 (580—636)江陵(今湖北荆州)人。俗姓李。9岁从江陵隐出家。隋开皇(581—601)中往江陵寺。年12岁,会大兴法席,众请为法主。后住清禅寺。洽闻博达,能诗文,善书画,精鉴赏,朝中士大夫多乐与游。著有《般若灯论》、《咏集》。《续高僧传》、《释氏六帖》有载。

慧龄 俗姓萧。父仕隋为梁公,祖即梁明帝,姑即隋炀帝之后。自幼及长,恒在宫中。年及冠,娶秦孝王女为妻,非所愿也。妻终,即落发。唐武德(618—627)初,住京师庄严寺。广听诸部,而以《摄论》为心。能文善画,经题寺额,威推仰之。兄钧,任东宫中舍,文才并茂。弟智证,欣怀道业,出家同住。以家业信奉,偏宏《法华》,同族尊卑,咸能成诵。《续高僧传》、《六学僧传》有载。

潜瑾 里籍无考。宪宗(805—820)时僧。工书,尝书《唐李晟为国修寺碑》,碑在凤翔府。《金石略》、《中国美术家人名辞典》有载。

潭镜 浙江人。文宗(826—841)时僧。工八分书,唐太和五年(831)尝用八分书书《宁赉禅师塔铭》额。《会稽志》、《中国美术家人名辞典》有载。

辩才 俗姓袁。陈郡阳夏(今河南汝南)人。梁司空昂玄孙,智永禅师弟子。博学工文,琴、棋、书、画皆得其妙。每临智永禅师之书,皆可逼真。尝于所寝方丈梁上,凿其暗楄,珍藏王羲之《兰亭序》真迹。唐贞观(627—649)中太宗降敕追师入内道场,后放归越中。年80余,每日于窗下临学《兰亭序》数遍,笃如如此。王羲之《兰亭序》辩才所藏一本最佳,太宗命萧翼赚去,后殉昭陵。会稽(今浙江绍兴)古迹有辩才香阁,即其藏《兰亭序》处。按《唐宋画家人名辞典》收其生卒年作(723—778)年56。唐时僧有两辩才,盖所引《释氏疑年录》据《宋高僧传》以为襄阳李氏。误。《越画见闻》、《何延之兰亭记》、《中国美术家人名辞典》有载。

辩才弟子 佚其名。里籍无考。工草书,尝书草书《千字文》,滕元发以为是智永禅师所书。米芾阅其前空两"才"字,全不书,固以疑之,后复空"永"字,遂定为辩才弟子所书,故特阙其祖、师二名。《宝章待访录》、《中国美术家人名大辞典》有载。

澹交 里籍无考。工诗画,善写真。其写真诗有句云:"水花凝幻质,墨彩聚空尘。"《全唐诗话》、《中国美术家人名辞典》有载。

藏知 里籍无考。工篆书,尝篆《唐无畏三藏碑》。《墨池编》、《中国美术家人名辞典》有载。

徽 广东南海人。善画龙。齐己有《谢徽上人惠二龙幛子诗》,云:"近有五羊徽上人,闲工小笔得新意。画龙不夸头角及鬣鳞,只求筋骨与精神。"《白莲集》、《中国美术家人名辞典》有载。

瓌师 亦称瓌公。河南人。汴梁(今河南开封)大相国寺僧。善画梵相,尝于大相国寺九门下画《梵王帝相》,及东廊障日内画《法华经二十八品功德变相》,庄严神表,称为一绝。《图画见闻志》、《佩文斋书画谱》有载。

第七章
转折期的五代十国佛教及佛门书画家

　　五代十国（907—960）历时只有半个世纪多一点。这个时期中国又形成了南北分裂的局面。北方五代更迭，形成后梁、后唐、后晋、后汉、后周五代政权，而势力只能向南推至淮河流域。江淮以南群雄割据，形成了前蜀、后蜀、吴越、吴、南汉、北汉、南平、楚、闽、南唐十个小朝廷。

　　北国不停的战乱，也使佛教迎来了很大的转折期。一是从印度、西域传入的经典几乎消失；二是由于历次法难废佛使诸宗章疏典籍散失殆尽；三是中国式禅宗的发展。

　　由于连年征战，造成赋役沉重。因此，北方诸朝对佛教普遍采取限制赏赐名僧和度僧人数的政策。后梁（907—923）对佛教的基本态度是不得辄造寺院，衷私剃度。后唐（923—936）、后晋（936—947）亦基本是这样。至后汉（947—950），乾祐二年（949），司勋员外郎李钦明上疏，更请沙汰僧尼；国子司业樊伦上疏，请禁僧尼剃度。后周（951—960）的世宗（954—959）对佛教进行过整顿，而不是毁灭佛教。整顿的结果，寺院总数比会昌灭佛时的 44 600 所要少一万余所。但唐武宗令行全国，周世宗只能实施于中原一带，可见唐末五代以来，中原的佛教不仅没有削弱，反而在继续发展。

　　南方十国的佛教，以吴越、闽、南唐诸国为代表。吴越诸王以杭州为中心，大力提倡佛教，使这一地区逐渐成为佛教的一大中心。

　　吴越武肃王钱镠青年时代信奉道教，后转而并奉佛、道，晚年则深信佛教。

吴越诸王中奉佛最热忱的是忠懿王钱俶。兴建大型寺院数百,重建著名的浙江杭州灵隐寺,招揽当时全国的佛教精英。

吴越佛教对以后佛教影响最大的是关于三教合一的提倡。钱俶在为延寿《宗镜录》所写序文中说:"详天域中之教者三。正君臣、亲父子、厚人伦,儒,吾之师也……道,儒之师也……释,道之宗也。唯此三教,并自心修。"

南方热衷佛教的国家还有闽。闽以福建的福州为国都,对福建的开发和中外海上交通的开辟,作用良多,经济和文化都相当发展。闽国(909—946)太祖王审知待禅僧义存以师礼,四方之僧趋法席者不可胜数,使福州地区成为禅宗活动的重要场所。

南唐君臣大都酷爱佛教,史籍也有所载。

中国画史上,五代时期发生的最重要的一件事,就是西蜀于明德二年(935)首先创立了"翰林图画院",为宫廷画院的首创。画院定有"按月议疑"制度,讨论研究与绘画有关的学术问题。当时画院有影响的画家有黄筌、赵忠义、蒲师训、李文才、阮智海、徐德昌等。

蜀王信奉佛教,对佛教绘画艺术也十分重视,对历朝名家所绘制佛教壁画倍加爱护,并令在蜀的名画家继续绘壁画。蜀帝王衍更是推重蜀高僧画家贯休,赐紫金袈裟,封为禅月大师。

南唐中主李璟也是位崇信佛教酷爱绘画的君主。他得知西蜀建立了宫廷画院,也在南唐宫廷建立了"翰林图画院",并吸引著名画家周文矩、顾闳中、高太冲、朱澄、曹仲玄、王齐翰、董源等入院。

五代时期对莫高窟的开凿与兴建,一直没有停止。与此同时,敦煌也建立了画院,招募大批画家,为石窟绘制壁画或雕塑佛像。再者,罗汉画又再兴盛。五代时人们十分尊崇罗汉,由于罗汉的形象千姿百态,富有变化,故此许多画家都十分乐于描绘其形象,这就使罗汉画在五代时期非常风行,并且出现了像释贯休这样的大师级画罗汉高手。

五代时期,中国本土出现了一个名叫契此、号长汀子的和尚,身背一个大布袋,人称"布袋和尚"。后梁贞明三年三月他在浙江奉化岳林寺端坐示偈,"弥勒真弥勒,分身千百亿,时时示世人,世人自不识"。据此此后人们奉他为弥勒菩萨化身,多被供奉天王殿内。又因为布袋和尚笑口常开,肚大身肥,人们又亲切地称他"大肚弥勒"。由于世人的偏爱，成为了画家、雕塑家塑造的佛教人物。

五代十国时期虽然存世时间不长，但有朝廷建立宫廷画院，帝王对绘画很是重视，所以产生不少知名的画家，方外的书画家也不在少数。

大空 梁开平（907—912）间人。里籍无考。工书法。万年寺钟铭为其所书。《佩文斋书画谱》有载。

义英 福建晋江人。俗姓陈。闽僧人。年十五削发于福建泉州开元寺。十八岁以试经得度。闽王审知造金银二《藏经》，闻义英善笔札，征之缮写，厚施以奖其劳。义英买田三十亩归粥院，闻者割田供粥。民国版《福建高僧传》、《中国佛教人名大辞典》有载。

无作 字不用，自号逍遥子。俗姓司马，姑苏（今江苏苏州）人。涉猎孔老、博通玄学，善草隶，笔致遒健、人多摹写。钱武肃王召居明州，辞归。梁开平（907—912）中寂，年五十六岁。米芾云："唐末学欧书尤多，四名僧无作学真字八九分，行字肥弱，用笔宽。又有七八字不逮此僧。"《米芾书史》、《释氏疑年录》、《中国美术家人名辞典》有载。

从允 （？—937）福建泉州人。工画佛像。后唐长兴三年（932）省询禅师来泉州，从允参谒，一言而契。后晋天福二年（937）五月取笔写伽佗像而寂。《十国春秋》、《中国美术家人名辞典》有载。

令宗 广汉（今四川广汉）人。后蜀僧人。《图绘宝鉴》作丘文播异姓弟，暇日录子瞻（苏轼）云：丘文播弟子。工画佛像人物及山水。相传兴国寺浴室院有其画达摩西来人物图，妙绝。成都大圣慈寺三学院并揭谛堂有其画壁。又广政六年（943）与丘文晓合手描画净众寺延寿禅院画壁二十余堵。其山川、草木、毛羽、衣盂诸物，画工能知之，至于人有怀道之容，投机接物，目击而百体从之者，未易为俗人言也。按《历代画史绘传》云：《图画宝鉴》载五代时令宗，《图画见闻志》载宋令宗是为一人。《益州书画录》、《佩文斋书画谱》有载。

贞辩 中山（今河北定州人）。后唐僧人，少知出尘，长誓修学。暇则刺血书经，又针血尽立观世音像、慈氏像等。为庄宗（923—926）所慕，迎入宫中供奉。终因学法修行为怀，不乐久居宫中，乃还中山。著有《弥勒上生经钞》，时称《辩钞》。《宋高僧传》、《中国佛教人名大辞典》有载。

师试 里籍无考。后周世宗(954—959)时僧人。能书,显德三年(956)为《龙泉禅院记》篆额。《金石表》、《佩文斋书画谱》有载。

应之 闽(今福建)人。俗姓王。能文章,初举进士,一黜于有司,遂为僧。昇元、保大(937—957)间为内供奉,授文章应制大德,得赐紫衣。中主喜《楞严经》,敕应之书,镂版既成,上之,中主曰:"是深得(柳)公权之法者也。吾闻公权尝笔谏,穆宗为之改容,今效其法尚可想见其风采。"应之书名益振。迁右街僧录。中主、后主书体与之相类,当时碑刻多其写者。唯江宁(今江苏南京)府保宁寺四注《金刚经》兼备众体,尤为精绝。尝作行书以文绢写进士沈崧曲直不相入赋,颇有气骨。《福建高僧传》、《宣和书谱》、《中国佛教人名大辞典》有载。

昙域 蜀(今四川)人。居江苏扬州。贯休弟子。通内外,戒学辖微,篆文雄健,师李阳冰。又善草书,得张颠(旭)笔意,与僧晓峦并称。中年后居蜀,尝重集许慎《说文》行于蜀。《宋史·艺文志》著录其《龙华集》十卷,已佚。《全唐诗》收录其诗三首。《书史会要》、《中国佛教人名大辞典》有载。

贯休 (832—912)俗姓姜,名休,字德隐,一字德远。婺州兰溪(今浙江兰溪)人(《益州书画录》作婺州金溪(今浙江开化)人)。前蜀僧人。7岁,父母雅爱之,投本县和安寺圆贞禅师出家为童侍。日诵《法华经》一千字,所暂闻不忘于心。与处默同削发,临院而居,每隔篱论诗,互吟寻偶对,僧有见之,皆为惊异。受具足戒后,诗名耸动于时。乃往豫章,传《法华经》、《起信论》,皆精奥义,讲训且勤。本郡太守王慥弥相笃重。次太守蒋环开洗忏戒坛,命休为监坛。唐昭宗乾宁(894—898)初,浪迹江南,欲谒吴越武肃王钱镠,呈诗七言律诗一首曰:

> 贵逼身来不自由,几年勤苦蹈林丘。
> 满堂花醉三千客,一剑霜寒十四州。
> 莱子衣裳宫锦窄,谢公篇咏绮霞羞。
> 他年名上凌烟阁,岂羡当时万户侯。

钱镠见呈诗,得意之余,犹感不足,于时传令贯休将呈诗"十四州"改为"四十州",

以符合自己囊括四海的庞大胃口。贯休对钱镠的傲慢甚反感,便宣言:"州亦难添,诗亦难改,闲云野鹤,何天不可飞耶?"说罢拂袖而去。遂游黔歙,与唐安寺兰阇梨道合。后登南岳衡山,比谒荆帅成汭,初甚礼敬,于龙兴寺安置。乾宁三年(896),时内翰吴融谪官相遇,往来论道论诗,融为休作集序。寻被诬潜于荆帅,黜休于功安,郁悒中题砚子曰:"入匣始身安。"弟子劝师入蜀,先主王建将图僭伪,邀四方贤士,得休甚喜,盛被礼遇,赐赏隆洽,署号禅月大师。诗名高节,宇内咸知。尝有诗云:"一瓶一钵垂垂老,万水千山得得来。"时称"得得来和尚"。诗讽刺微隐,存于教化,体调不下二李、白、贺。兼善书法,在正草隶篆四体中,最擅长草书、行书和篆书。因为他俗姓姜,所以人称"姜体"。《宣和书谱》评其书法:"作字尤奇崛,至草书益胜,崭峻之状,可以想见其人。喜书《千文》,世多传其本。虽不可比迹智永,要是不凡。"当时徽宗御府,就藏有他的草书《千字文》六件,《常诗帧》一件,行书《梦游仙诗》一件。善画道释,师阎立本。尝画罗汉十六帧(见图7),庞眉大目、朵颐隆鼻者,倚松石者、坐山水者,胡貌梵相,曲尽其态,在我国古来画苑大放奇姿异彩。有问之,云:"休自梦中所观耳。"即谓"应梦罗汉",就是把

图7

梦中所见罗汉的相貌,用生花妙笔画将下来。由于当时西域僧人来中土的很多,贯休看在眼里,记在心里,思之想之,便就入于梦里,激发出创作激情。绘画作品,史书记载主要有《十六罗汉图》、《维摩诘像》、《须菩提像》、《应真高僧像》、《十二高僧像》、《临水图》、《雪中柳鹭图》等。著有《西岳集》三十卷。《宋高僧传》、《宣和画谱》、《古今100高僧》有载。

彦修 梁乾化(913—914)时僧人。里籍无考。能草书(见图8),与亚栖、光齐名。评者谓其书如淮阴恶少年,风狂跳浪俱非本色。所书草字诗,李丕绪刻之石,笔力遒劲,得张旭法。按《宋元明清书画家年表》载彦修,嘉祐三年(1058)书裴说诗,张旭帖,恐为一人。《书史会要》、《佩文斋书画谱》有载。

姜道隐 汉州绵竹(今四川绵竹)人。前蜀僧人。《野人闲话》作张道隐。年才龆,整日不归,父母寻之,多于神佛庙中有画处。及长,不务农桑,唯画是好。不畜妻孥,孑然一身。常戴一竹笠,随身布衣、草履、笔墨而已。虽父母兄弟亦罕测其行止,人皆呼为猱头(蜀语谓其鬓发蓬松)。蜀相赵国公昊闻

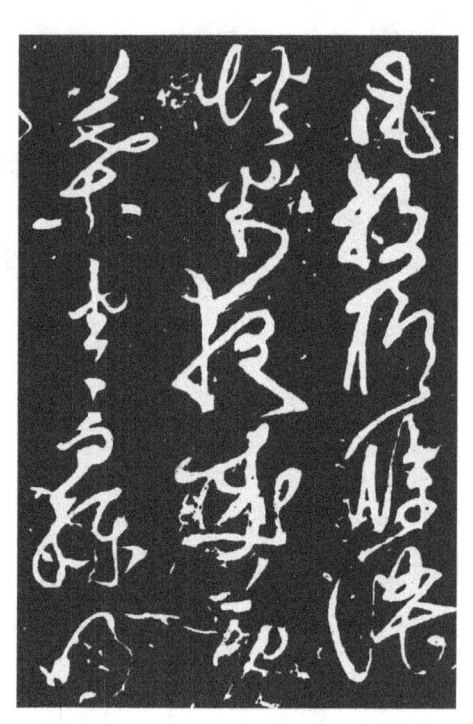

图8

之,使画屏风。因问姓名,则蜀语对云:"姜姓无名。"相国曰:"既无名,是以道隐也。"自此名为道隐。宋王赵公庭隐于净众寺创一禅院,请道隐于方丈画山水松石数堵。王与诸侍从观其运笔。道隐未尝回顾,旁若无人。画毕,王赠之十缣,置僧堂前,拂衣而去。绵竹诸山寺观,多其画壁。《益州名画录》、《图绘宝鉴》有载。

晓峦 一名楚峦 里籍无考。前蜀僧人。善草书,学张芝等。能得张旭笔意,与昙域并称。亦有比之怀素。《书史会要》、《中国美术家人名辞典》有载。

梦归 蜀(四川)人。后蜀(934—965)时僧人。居四川成都。工草书。匡山处士景焕,与翰林学士欧阳炯,联骑游成都应天寺,睹孙位画左壁天王,景焕遂画右壁天王以对之。梦归后至,因请书于廊壁,书画歌行一日而就,成都人号为"应天三绝"。《图画见闻志》、《佩文斋书画谱》有载。

惠坚 蜀(今四川)人。后蜀广政(938—965)中为三学院僧。好图画,大圣慈寺有《吴王宴姑苏台图》为其手笔。《益州名画录》、《佩文斋书画谱》有载。

智佺 (876—958)俗姓张。永济(今山东冠县)人,后周(951—960)时僧人。9岁于邺都临清王舍城寺落发,并受具足戒。恒诵诸经,三天三夜,礼佛无间。迁往滑台,抵明福寺,就晖师习教,为同学冠。过东京遇信士舍宅为百岁百法院,佺讲法于此,前后饭僧30万。敏利之性天资,讲《百喻论》,登法座,多不临文,悬述辩给。三览《大藏经》,以辅见知。魏帅陈君思让笃志归依。80岁后,克意于书,学欧阳询、王羲之书体,仅能入妙。或问之,曰:"吾习来生字耳。"《宋高僧传》、《中国佛教人名大辞典》有载。

智晖 (873—956)咸秦(今陕西咸阳)人。俗姓高。后唐僧人。幼不狎童游,萌离俗之心。遇圭峰温禅师,虚心体道,谓晖曰:"子实材器多能之士也。"遂依其出家,20岁受戒。风骨纵拔,好尚且奇。心无旁骛,唯钩索藏教,禅律亘通,日诵百千言,义味随嚼。颇精吟咏,得《离骚》、《尔雅》之体。工翰墨,小笔尤嘉,粉壁兴酬,云山在掌。尝言:"吾慕僧珍道,芬之六法,恨不与同时。对壁连图,各成物像之生动也。"或振锡而游,纵观山水,或蹑屩而至,历览市朝。意住则留,兴尽而去。行迹至江西庐山、湖南衡山,悟宗旨于曹溪。此外采药于山谷,救病于旅僧,惟切利他,心无别务。时杨凝式侍郎致政佯狂,号杨风子,而笃重智晖,为作碑颂德。《宋高僧传》、《五灯会元》、《中国美术家人名辞典》有载。

智蕴 洛州(今河南洛阳)人。后周僧人,工画佛像人物,学曹体。周武时进《舞钟馗图》,赐紫衣。雒中天宫寺讲堂有《毗卢像》,广爱寺有《定光佛》,福先寺有《三灾变相》数壁。《图画见闻志》、《中国佛教人名大辞典》有载。

福感寺僧 蜀(今四川)人。后蜀僧人,在四川福感寺削发为僧。能画,广政中,摹写展子虔《狮子图》于壁上。蒲延昌见之曰:"但得其样,未得其笔。"《益州名画录》、《中国美术家人名辞典》有载。

蕴能 《牛戬画详》作运能。浙江人,一作吴(江苏苏州)人。吴越僧人。工杂画,善画佛像,亦善山水、花草。《图绘宝鉴》、《五代名画评》、《越中历代画人传》有载。

德符 洛州(今河南洛阳)人。住汴州(今河南开封)相国寺。后周僧人。善画松柏,气韵潇洒,曾于相国寺灌顶院厅壁画一松一柏,观者如市,贤士大夫留题凡百余篇,其为时推重如此。《图画见闻志》、《中国佛教人名大辞典》有载。

第八章
稳定发展的宋朝佛教及佛门书画家

宋朝是秦汉统一后历代王朝中维持时间最长的一个朝代,共320年。

开国皇帝宋太祖(960—976)赵匡胤有鉴于历史上灭佛教影响了安定,于是下令禁毁佛教,并在建隆元年(960)首先度童行8 000人。在唐朝,奴婢不许出家,宋朝则废除了这条禁令。

宋太祖统治时期优待外来僧侣,到仁宗(1023—1064)景祐二年(1034),仅由天竺来汴京供奉梵经的僧侣即有80人,此土西去取经得还者138人。很明显,宋初的数十年朝廷力图把佛教当作扩大对外联系的重要纽带。

也就是在这数十年中,朝廷特别重视佛教典籍的整理刻印。太祖开宝四年(971),敕令高品、张从信到益州开雕中国有史以来的第一部汉文木版印刷《大藏经》,总计653帙,6 620卷。这一行动影响民间,影响辽金和西夏,刻经之风由此盛行起来。

关于度僧,宋朝有三种方式:试经、特恩和进纳。试经度僧是官府测验童行的经业,及格者发给祠部牒,批准为僧尼。特恩度僧是于天子诞辰、帝后皇族忌辰等大典日施行,不经考试而发给度牒。进纳度僧是纳财授以度牒。

仁宗皇帝有《发愿文》云:"天下最贵者莫如舍俗出家,若得出家,便受人天供养。"宋朝有一牒难求之势,所以在神宗(1068—1086)时发生了度牒买卖。神宗以后,为了补充国库的财源,竟开始发行未记明法名的所谓空名度牒,买得这种空名度牒的人,便成为形式上的出家,拥有免除徭役特权,允许他们用这种虚名来隐藏财产。更有甚者,朝廷为了挽救财政困难,不仅卖牒,连紫衣、师号也出卖了。到了南宋(1127—1279),此风愈演愈烈,以致教团内部趋于瓦解。

徽宗(1101—1126)崇奉道教,自号"教主道君皇帝"。宣和元年(1119)诏称:"佛教属于'胡教',虽不可废,而犹为中国礼义之害,故不可不革。"强制僧尼改称道教名号,改僧尼寺院为道教宫观,改佛菩萨称谓为道教名号。这是宋朝佛教唯一遭受的一次打击。但不久徽宗下台被俘,波及不大。

南宋第一个皇帝高宗(1127—1163)对佛教采取折中态度,既不压制,也不崇信,而是"不使其大盛耳"。隆祐太后奉"摩利支天母",以为大宋能够安居杭州,实出于天母的冥护。孝宗(1163—1190)乾道四年(1168)诏上竺寺若讷法师入内观堂行"护国金光明三昧",淳熙二年(1175),更诏建"护国金光明道场",僧人高唱"保国护圣,国清万年"。

中国佛教四大名山之山西五台山、四川峨眉山,尤其是浙江普陀山,也都是在宋王朝的直接经营下,愈益受到民众的崇奉。

宋朝还是禅宗的成熟与定型期。禅宗所特有的"机锋"、"棒喝"、"公案"、"参话头"、"默照禅"等禅宗修行仪规,在宋初得到了比较充分的发展,并通过宋朝的《语录》、《灯录》记载了下来,又通过"代别"、"颂古"、"评唱"等形成的"文字禅"发挥阐述,使之流传光大。

再有,禅僧同官府及士大夫的结交日密,大大推动了禅风的变化,一改"不立文字"、"直指人心"的老传统,转变成了以阐扬禅机为核心,"不离文字"的"文字禅"。

禅宗一家独盛,参禅、斗机锋为士大夫所热衷,故以禅入诗,以诗写禅之风更胜于唐代。如著名诗人王安石、苏轼、黄庭坚、陆游、杨万里等,皆与名僧有交往。

在佛教雕塑、绘画艺术方面,彩塑如麦积山石窟,石刻如杭州灵隐寺飞来峰诸刻,四川大足宝顶摩崖像,俱细致精巧,栩栩如生。绘画发挥了以写实见长,所画观音、罗汉、高僧像,画笔细腻,形态逼真。出现了李公麟、梁楷、武宗元、燕文贵、苏汉臣、刘松年、李嵩等人物画家。

风俗、市井人物画家张择端与他创作的《清明上河图》更是脍炙人口。

宋朝书法以宋四家苏东坡、黄庭坚、米芾、蔡襄最为书坛称颂。先秦以前的大篆书,秦王朝精致规整的小篆书,两汉奇彩斑斓的隶书,魏晋南北朝恣逸质峻的楷书和秀丽潇洒的行书,唐王朝法度森严的楷书,等等,在艺术上已达到炉火纯青,十分完美的境地。由于禅宗在宋朝文人中的空前影响,因此真正代表宋朝书法风的,不是那些篆、隶、楷等正统书体,而是以水流花发、雨歇云行,最容易表现士大夫闲情逸致的行书,蔚为大观。

两宋320年的统治,文人、书画家辈出,自然佛门书画家也层出不穷。

一长老 秀州(今浙江嘉兴)人。本觉寺僧。少为进士出身。自文字语言悟入,以笔墨作佛事,善书法,与游者皆一时文人。能谈未来事,一日指塔,语近寺王住曰:烦为守此。越两日,塔自摧坏。有夏和者,敝服垢面,长老见辄握手笑谈,后坐化于塔。雍正《浙江通志》有载。

了元 (1032—1098)俗姓林,字觉老。浮梁(今江西景德镇)人,幼岁出家于宝积寺,师事日用。拜谒开先、善暹得法。学通内外,工书善诗。元丰(1078—1086)中主润州(今江苏镇江)金山、焦山,江西大仰、云居等刹,九坐道场,四众倾向,名动朝野。苏东坡、黄庭坚、李公麟皆与之游。神宗(1078—1086)赐高丽磨衲、金钵,号佛印禅师。苏东坡过润州,留玉带永镇山门。高丽王子为僧者,来观光上国,了元具威仪接之。有《语录》行世。《五灯会元》、《指月录》有载。

了宗 吴郡(今江苏苏州)人。工画山水。尝为谢伋写《药园图》,以淡墨作云林、室庐、人物、草木、鸟兽,笔致甚可喜,颇为士林所重。《赤城集》有载。

了性 余杭(今浙江杭州)人。工书法,善草书。亦精于医。《书史会要》有载。

士珪 (1083—1146)俗姓史,字竹庵,号老禅。四川成都人。初依大慈宗雅出家,醉心《楞严》。继参龙门佛眼、清远得旨。后历主龙翔、褒禅、东林诸刹。绍兴(1131—1163)初奉诏开山雁荡能仁。又共宗杲于云门撰《颂古百则》,为世所珍。后入闽(福建)主持鼓山。通外学,工书牍,善书法。有《语录》传世。《五灯会元》、《明高僧传》有载。

子温 俗姓温,僧字仲言,号日观,又号知非子、知归子。华亭(今上海松江)人。幼年出家,宋末元初,住石门寂照寺、杭州玛瑙寺。善草书,作水墨葡萄自成一家,枝叶皆作草书法,世称"温葡萄"。至元二十七年(1291)作《葡萄图》,至大二年(1309)作《折枝葡萄图》。时贵赘金求之,一笔不与。逢佳士挥洒无吝。《图绘宝鉴》、嘉庆《松江府志》、《佩文斋书画谱》有载。

子猷 (1121—1189)俗姓陈,字修仲,晚号笑云老人。山阴(今浙江绍兴)人。七岁师大善寺晏如,十二岁祝发受戒。从广福择交、慧因、师会尽《华严》之旨。还住城东妙相院,讲道不辍。明天台、慈恩、少林之说。通百家旨。课余诗画,才高一时。后遁梅山上方,学子追踪,挽回妙相。又迁姜山。《补续高僧传》有载。

王逸民 名绍祖,字逸民。永康导江(今四川灌县)人。初为僧。平生颇负节气。宣合(1119—1126)间改称德士,尝曰:我生不背佛。工诗、画,俱效周忘机而气韵尤绝。草书学黄庭坚。《历代画史汇传》有载。

元霭 四川人。幼至京师(今河南开封),落发于大相国寺,旋受具足戒。通古今相法,遂能写真。太宗(976—997)闻之召元霭传写。时幸后苑赏春方还,乌巾插花,天资和畅,元霭一挥而就,略无凝滞。太宗优赐之,亦尝画本寺西经藏院后大悲菩萨。霭尝写先帝侧座御容,恩赐甚厚。尝禁中供奉,一日在御书院中写粉本,中官皆来观看。每成染颜色毕,怀中别出一小石研磨所色,盖覆肉色之上,然后遂如真。众工所以不及者,正为此特高。其日用石讫,忽见一小黄门怀之而去。喧呼索之,方置旧处。又以非语凌辱,然后奔走而去。因遍寻中官同列,无肯言其姓名。画其颜貌,求谒李都知神福,哀诉以窃石毁辱之事。李曰:"不知姓名,谁当其责?"元霭因怀中探出头子,言此可以验之。李一见大笑曰:"此杨怀吉也。何仓促间图写笔法如是精妙?"因延坐嗟赏。召杨责让伏罪致谢而退。自此传神身价蔚为独步,自上而下,至公夫士,闻于时者皆写之。太宗命曰:"若能自写乎?"曰:"能。"既成,观曰:"善。"柳开见之为作赞曰:"他人写真,能写他人,霭公自写,如他人也。"元霭并工写竹,按《圣(宋)朝名画评》云:"写墨竹于古无传,自沙门元霭及唐希雅、董羽辈,始为之倡。"《画史》、《中国美术家人名辞典》有载。

无染 里籍无考。四明(今浙江宁波)僧人。妙于画龙。传古大弟子。《画史会要》、《图绘宝鉴》有载。

无准 里籍无考。牧溪师。工画人物。《君台观左右帐记》、《中国美术家人名辞典》有载。

云胜 里籍无考。太宗(976—997)时僧人。工书。宋译《三藏圣教序》、《三藏太宗序》,为其所书。《石墨镌华》、《中国美术家人名大辞典》有载。

太虚 江西人。工画，善绘墨竹。学郓王赵楷。用笔洒脱，极具禅意，为世所重。《画史会要》、《佩文斋书画谱》有载。

仁仙 （1058—1119）俗姓万。泰和（今属江西）人。受具足戒后遍游四方，依东林玉润。晚入仰山，锐志攻学书法，佛印呵之。辞依大沩慕喆为嗣。住锡潭州东明院，后迁岳麓山。《续传灯录》、《五灯会元》有载。

仁钦 里籍无考。徽宗（1101—1119）时灵岩寺住持。工篆书。大观三年（1109）尝于本寺石刻篆书心经。《金石文字记》有载。

仁济 俗姓童，字泽翁（一作择翁）。若芬外甥。里籍无考。工书画，书学苏轼，画竹学俞子清，画梅学杨补之，自谓用心四十年作花圈少圆耳。日本君台观藏有其所画梅竹。亦善山水。《佩文斋书画谱》有载。

月蓬 里籍无考。不知何方僧人，亦不知止宿何地。貌古怪，居无定止。善绘佛像、观音、罗汉、天王，得古人体韵。其画不妄与人，人罕有之。日本君观台有其所画佛像、观音、罗汉、天王。《图绘宝鉴》、《君观台左右帐记》有载。

从密 字世疏，湖南长沙人。工草书，以草书为世所称。《书史会要》、《中国美术家人名辞典》有载。

从登 号蒲庵。福建怀安人。善属文，工草隶。尝居浙江石门，林艾轩、刘著作皆与友善。晚年寓福建清源寂。《福建通志》、《中国美术家人名辞典》有载。

正蒙 里籍无考。工书法，得柳公权笔法。《中国美术家人名辞典》有载。

巨然 江宁（今江苏南京）人。南唐时金陵开元寺僧。南唐灭亡后，随亡国之君李煜（937—978）到开封，住开封开宝寺。他曾为北宋学士院画过《烟岚晓景》壁画，当时称誉。据《翰苑群书》记载，巨然受命为学士院作壁画，是苏易简任翰林学士时的事。苏任翰林学士是雍熙二年至淳化四年（985—993），而南唐灭亡于975年，可见，巨然入宋后至少活了10年。巨然以山水画著名，师承董源，皆臻妙理。山水以造化为师，多写江南真山，加之融汇水墨，创长披麻皴法，看去有一股逸野之趣。（见图9）《南田论画》有云："巨然行笔如龙，若于尺幅中雷轰电激，其势从半空掷笔而下，无迹可寻，但觉神气森然洞目，不知其所以然也。"米芾亦称："行笔取势渐入阔远，以阔远通其沉厚，故巨公不为师法所掩，而定后世之余。"米芾更赞"平淡天真多，唐无此品"。巨然山水长披麻皴取胜，把山峦画得更为雄浑和厚重，气势非凡。再有点苔方法，山峦上的小灌木、杂草丛，或是石荫部分生长的片片苔藓,远远望去,星罗棋布,密密疏疏。巨然首创破笔集墨点苔,大大的丰富了用笔的表现手法,更富有笔墨的情趣和生命的律动,并为米氏父子开创的"米家云山"的侧笔横点奠定了基础。山头的卵石,杂以枯笔苔点,神奇幻化,夺人眼目,几乎成为巨然作品的象征。元代名家赵孟頫继续推广发扬董、巨画派,赵氏的观点又深刻地影响了"元四家"。董其昌在他的《画旨》中概括指出:"黄、王、倪、吴四大家,皆以董、巨起家成名。"巨然流传重要画幅有《万壑松风图》轴、《秋山问道图》轴、《层岩丛树图》轴、《萧翼赚兰亭图》轴等。《宣和画谱》、《圣(宋)朝名画录》、《海岳画史》、《古今100高僧》有载。

处严 (1059—1112)字伯威,号潜涧。俗姓贾。乐清(今浙江乐清)人。削发于乐清明庆院。旋入钱塘(今浙江杭州)南屏。宋元祐(1086—1094)间还永嘉(今浙江温州),居净光、大云、开元诸寺。郡守张平授以僧正,请主禅席,皆辞不应。

图9

博学能文,诗词典雅,且工书法。书法有晋、唐法。尝书《法华》、《光明》二经,以报母德。又书《华严经》八十卷,首末不懈,字法益工。与苏东坡等友善。晚绝人事,精修净土。寂后王十朋为撰塔铭。著有《潜涧集》。《补续高僧传》、《中国美术家人名辞典》有载。

处良 （1127—作1123—1187)字遂翁。山阴(今浙江绍兴)人。俗姓刘。9岁得度,13岁游方。初为妙喜侍者,继作万庵书记。历住秀州法喜,会稽紫蕖,昆山荐严、资福诸寺。英迈玉立,能文辞,善笔札。寂后陆游为撰塔铭。《补续高僧传》、《中国美术家人名辞典》有载。

许迪 毗陵(今江苏常州)人。工花卉草虫,师僧居宁。作黄花紫菜,妙臻神品。《画史会要》、《毗陵志》有载。

老悟 宋淳溪(1174—1189)时僧人。里籍无考。曾供奉内庭,后不知所终。工画,山水不减巨然。《佩文斋书画谱》有载。

至叶 里籍无考。师事吴兴(今浙江湖州)梵隆。工画,善水墨观音。《艺林盛事》、《中国佛教人名大辞典》有载。

因师 里籍无考。善画。陈造(1133—1203)有题因师《蒲桃图》诗。《佩文斋书画谱》有载。

传古 四明(今浙江宁波)人,天资聪悟,画龙独妙。建隆(960—962)间名重一时,垂老笔力益壮,简易高古,非世俗之画所能达到,然龙不是人眼所能看到,似乎容易画得好,而有三停九似(三停:自首至膊,膊至腰,腰至尾。九似:角似鹿,头似驼,眼似鬼,项似蛇,腹似蜃,鳞似鱼,爪似鹰,掌似虎,耳似牛。),蜿蜒升降的形状以及湖海风涛的气势,所以画龙得名的很少,传古独专画龙,宜为名家。皇建院有所画屏风,当时号为绝笔。品在吴怀之上,但评者谓"传古龙如蜈蚣,董羽龙如鱼云"。《宣和画谱》、《图绘宝鉴》、《佩文斋书画谱》有载。

仲仁 号华光长老、华光道人。会稽(今浙江绍兴)人。黄庭坚(1045—1105)同时代人。住衡州花光山。平生酷爱梅花,方丈植梅数本,每花时移床其下,吟咏终日。偶月夜见窗间疏影横斜,萧然可爱,遂以笔规其状。因此好写。得其三昧。黄庭坚见而美之曰:"嫩寒清晓行孤村篱落间,但欠香耳。"每画梅,必焚香禅定,意适则一扫而成,及其临老,纵心笔墨,愈作愈高。初见黄庭坚出秦观、苏轼诗卷,且为作梅数枝,及烟外远山。庭坚感而作诗记于卷尾云:"雅闻华光能墨梅,更乞一枝洗烦恼。写尽南枝与北枝,更作千峰倚晴见。"尝作《平沙远景图》,庭坚题曰:"此超凡入圣法也,每率此为之,当冠四海而名后世。"著有《华光道人梅谱》。《画继》、《山谷集》、《画史会要》有载。

仲殊 号太平闲人。里籍无考。工书法,绍兴(1131—1162)时画家林彦祥所绘《卢鸿草堂图》十志诗,其九为仲殊所书。《云烟过眼录》有载。

行上座 里籍无考。往来京、洛间。善绘佛像人物。有《维摩示疾图》传于世。《佩文斋书画谱》、《声画集》有载。

行霆 里籍无考。能书法,尝从浙江吴兴(今湖州)宋杞(字子和,于篆书极精)学篆书。《书史会要》有载。

志严 俗姓许。寿春(今安徽寿县)人,落发于东京(今河南开封)景德寺,事清璘和尚为师。常诵《法华经》,因以言法华为名。又居开宝寺。读《云门录》契悟。时以佯狂暗中利人。丞相吕许公问佛法大意,师曰:"本来无一物,一味却成真。"集仙王质问:"如何是祖师西来意?"师曰:"青山影里泼蓝起,宝塔高吟撼晓风。"又曰:"请法华烧香。"师曰:"未从斋戒觅,不向佛边求。"寂后仁宗(1023—1056)谥号显化禅师。工书,书纸挥翰其疾,字体遒壮,不可晓。《五灯会元》、《中国美术家人名辞典》有载。

志坚 四川人。依石霜楚圆受法,住杭州净慈寺。工山水。《佩文斋书画谱》、《图绘宝鉴补遗》有载。

克文 (1025—1102)俗姓郑,号云庵。阆乡(今河南灵宝西北)人。年二十五于复州北塔出家。参黄龙慧南于积翠,密契玄旨。住洞山、圣寿二刹。东游三吴,至金陵,舒王就请问法要,舍宅为保宁寺,迎请开山。神宗(1068—1086)赐号直净禅师。复住庐山归宗,泐潭宝峰。晚年息影云庵。工书法,学颜鲁公(真卿)字尤工,当时归南公者无不学之,然无出克文之右者。著有《语录》六卷。《石门文字禅》、《五灯会元》有载。

克勤 (1063—1135)俗姓骆,字无著。彭州(今四川彭县)人。幼于妙寂寺依自省祝发,得敏行授《楞严》。参真觉胜、金銮信、东林度、五祖演、蒙演点化有省。崇宁(1102—1107)中开法四川成都昭觉寺。政和(1111—1118)初,住夹山灵泉院。移湖南长沙道林寺。枢密邓子常奏赐紫衣并佛果号。诏住金陵蒋山,补汴京天宁寺。寻转高邮乾明寺。建炎(1127—1131)初,迁镇江金山,一夕领悟十八人,遂题所居曰大彻堂。高宗践祚南京,诏入对,赐号圆悟。(见图10)奔走淮泗劝富豪捐输,以解国难。皇帝至江东,卖师号、鬻度牒,税香水钱,师切谏不纳,即入庐山不出。迁江西云居真如寺,晚归成都昭觉寺。寂后谥真觉禅师。有《碧岩集》百卷、《语录》二十一卷。《中国佛教人名大辞典》、《中国书法鉴赏大辞典》有载。

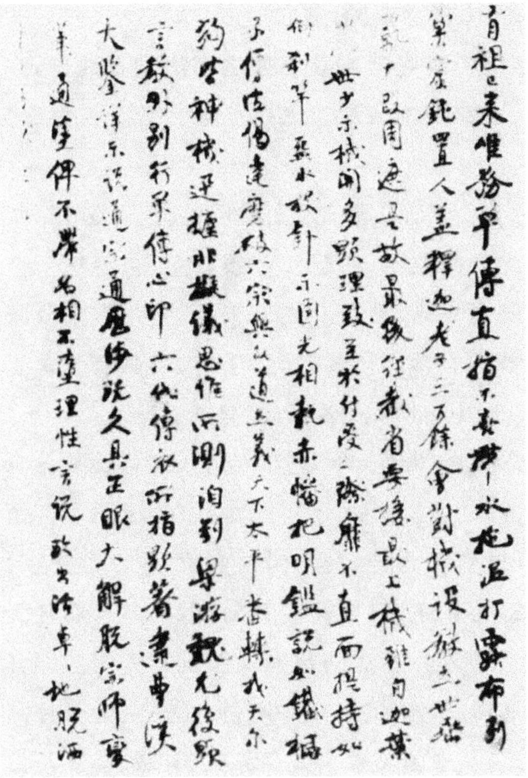

李时泽 《图绘宝鉴》作时择。四川遂宁人。初为僧,受业于四川成都金地院。熟游中原,多观古壁,偶睹武洞清所画罗汉,豁然晓解,得其笔法。兵乱归蜀,即以画名。尝画昭觉寺大殿十六罗汉,及文殊、普贤、药师佛等佛菩萨圣像,名重当世。《画继》、《图绘宝鉴》有载。

图10

杨淑芳 钱塘(今浙江杭州)人。本樵家女。理宗(1225—1265)选妃日,贾似道匿为己妾。贾卒,遁迹五云山下九溪坞庵削发为尼。通翰墨,工词阕。《续比丘尼传》、《中国佛教人名大辞典》有载。

希白 字宝月,号慧照大师。潭州(今湖南长沙)人。善书,填本刻石,不甚失真。庆历(1041—1048)中,尝以《淳化阁帖》模刻于潭之郡斋。亦工白描花卉。《书史会要》、《画史会要》有载。

希赐 英州僧人。工书,英州郡守何智甫叠石为桥,苏轼作四言诗一首,石刻不存。后洪迈所见石刻,乃希赐和尚所书。《容斋三笔》、《中国美术家人名辞典》有载。

言法华 里籍无考。工书法。苏轼尝云:"仆书作意便仿佛似蔡君谟(襄),

得意便似杨风子,更放则似言法华矣。"《书史会要》有载。

怀则 里籍无考。工书,尝书《摄山栖霞寺碑》,集王羲之书法勒石成碑,亦《圣教序》遗法也。结体极婉润逼真。《弇州山人稿》、《中国美术家人名辞典》有载。

怀贤 (1015—1082)字潜道。永嘉(今浙江温州)人。俗姓何。天禧二年(1018)受具足戒,时才三岁。初住润之甘露龙游,后隐江苏镇江金山,得法于金山昙颖。江西九江刘守,以江西庐山圆通虚席,召贤补之。未几,明州雪窦复致贤,已而仍还金山。节度使李公奏赐圆通大师。多才艺,工于诗,书画有法。著诗颂文集《椁耆典记》。《五灯全书》、《中国美术家人名辞典》有载。

怀深 (1077—1132)字慈受(一作号)。寿春(今安徽寿县)人。俗姓夏。少从文殊院行坚出家。崇宁(1102—1107)初,往嘉禾(今浙江嘉兴)依净照于资圣寺。出住江苏仪征资福寺。后以朝廷改资福为神霄宫,因往金陵(今江苏南京)蒋山。未几住江苏镇江焦山。越四载,诏住东京(今河南开封)慧林。已而迁天台石桥,再徙江苏苏州灵岩,退洞庭包山,复为浙江湖州思溪圆觉第一祖。即其地劝缘刻藏,世称《思溪大藏经》。工书画,笔意圆熟,动中有静。著有《慈受怀深禅师广录》四卷。《潜溪集》、《五灯会元》、《中国美术家人名辞典》有载。

妙云 字慈室(一作慈宝)。四明(今浙江宁波)人。俗姓杨,从学于清修久,通达教观。复谒参大慧得悟。绍兴十九年(1149),继主清修法席。迁浙江慈溪永明,晚居宁波延庆寺。日事讲经,学者如市。其诗颂、翰墨妙绝一时,人称南湖名宿。著有《圆觉直解》。《鄞县志》、《佛祖统记》有载。

妙应 俗姓童。淳熙(1174—1189)时居龙兴寺。妙于刻石,亦能画。尝模庐山王瀚须菩提像于寺中,其阴作天台五百尊者,笔法奇古。又于虎丘作石观音像亦佳。《苏州府志》、《中国美术家人名辞典》有载。

妙园 里籍无考。五祖师戒禅师法嗣。住瑞州洞山。以善画墨竹著名,颇具法度。《续传灯录》、《图绘宝鉴》有载。

妙高 里籍无考。善画梅。张栻(1133—1180)有诗题之。《题画诗类》、《中国美术家人名辞典》有载。

妙善 一作妙喜。四川人。住锡鼎州永安寺,大沩慕喆法嗣。善画人物。尝写御容,获赐丰盛。苏轼(1036—1101)有诗赠之,备极推重。《图绘宝鉴》、《佩文斋书画谱》有载。

表祥 四川成都人。俗姓苏。哲宗(1086—1110)时僧人。善写真,尝于浙江奉化妙高台壁间写苏东坡像。东坡自题云:"目若新生之犊,心如不系之舟。要问平生功业,黄州惠州崖州。"《历代画史汇传》、《佩文斋书画谱》有载。

若芬 俗姓曹,字仲石,号玉涧。婺州(今浙江金华)人。钱塘(今浙江杭州)上竺寺僧。工诗,善山水。摹写云山以寓意。求者渐众,因谓世间宜假不宜真。如钱塘八月潮,西湖雪后诸峰,极天下伟观,二三子当面蹉过,却求玩道人数点残墨何邪。归老家山,古涧侧流苍壁间,占胜作亭,匾曰玉涧,因以为号。又建阁对芙蓉峰,号芙蓉峰主。又喜画竹,尝自题曰:"不是老僧亲写,晓来谁报平安。"《书史会要》、《宋诗纪事》、《佩文斋书画谱》有载。

若逵 里籍无考。神宗(1068—1086)时僧人。工书,苏轼书若逵所书经后云:"若逵所书二经,经为几品,品为几偈,偈为几句,句为几字,字为几画,其数无量,而此字画平等若一,无有高下轻重大小。"《东坡集》、《中国美术家人名辞典》有载。

苑基 浙东人。工书,善颜楷,多写碑石印板,皆不下前辈。《皇宋事实类苑》、《中国美术家人名辞典》有载。

画僧法 里籍无考。雪庵禅师从瑾弟子。善画。《中国美术家人名辞典》有载。

择仁 一作释仁。浙江人。居浙江永嘉(今浙江温州)。善画松,其初遍求诸家画松。采其所长而临学。有善画松身者,松皮者,布枝柯者、根石者,择仁尽得其意。一夕梦吞数百条龙,自是遂臻于神妙。嗜酒,每醉挥墨于粉堵绢之上,醒乃添补之。千形万状,极于奇怪。曾饮酒永嘉市肆,醉甚,顾新泥壁取拭盘布濡墨洒其上,来日少增修为狂根枯枝,善画者皆伏其神。《皇(宋)朝事实类苑》、《佩文斋书画谱》有载。

昙华 (1102—1163)字应庵。湖北黄梅人。俗姓江。年17出家于邑之东禅。首依水南,遂后待虎丘绍隆,顿明大事。历住衢之明果,蕲之德章,饶之报恩、荐福,婺之宝林、报恩,建康蒋山,平江万寿。晚居明州(今浙江宁波)天童寺。机辩明妙,宗杲极称之。善书画,与宗杲齐名,人称两甘露门。《五灯会元》、《中国佛教人名大辞典》有载。

昙素 江苏江阴人。嘉祐(1056—1064)间广福寺僧。工画道释人物。广福寺西庑殿后壁,有嘉祐间惠大师昙素画《梁武帝召张僧繇写东公变相图》。笔力遒劲,神气欲生,见者惊叹。《江阴新志》、《佩文斋书画谱》有载。

明川 里籍无考。工山水。《佩文斋书画谱》、《图绘宝鉴》有载。

和公 里籍无考。徽宗(1100—1125)时僧人。工书,《曹溪大鉴禅师碑》,元和中柳宗元撰文,绍圣中苏定武书,前长老辨公立石。徽宗崇宁(1102—1107)初毁去。长老和公重书而刻之。《中国美术家人名辞典》有载。

岳阇黎 里籍无考。四明(今浙江宁波)僧传古弟子。善画龙,授学于师,其品次之。《图画见闻志》、《中国美术家人名辞典》有载。

周纯 字忘机。四川华阳人。后依解潜,久留荆楚,故亦自称楚人。幼为僧,弱冠游京师。以诗、画为佛事,都下知名,士大夫多与之游。而王寀(宋徽宗(1101—1125)时画家)最与相善。寀会朝士,大尹盛章在焉,谓之曰:"子能为我作梅图,状遥知不是雪,为有暗香来之意乎?"纯曰:"此临川(王安石)诗,须公自有此句,我始为之。"盛章恨甚。未几寀败,而盛章犹为京尹,故周纯被祸独酷。坐累编管惠州,不许生还。适郡建神霄宫,本路宪旧知其人,乃请朝廷赦能画人周纯来作绘事。于是凭借得以自如。其山水师李思训,衣冠师顾恺之,佛像师李公麟,又能作花鸟、松竹、牛马之属,变态多端,一一清绝。画家于人物必九朽一罢,谓先以土笔扑取形似,数次修改,故曰九朽,继以淡墨一描而成,故曰一罢,罢者毕也。纯独不假乎此,落笔便成,而气韵生动。每谓人曰:"书、画同一关捩,善画者又岂先朽而后书邪?"有《石鼎联句图》传于世。《画继》、《中国美术家人名辞典》有载。

净师 里籍无考。居浙江临平广严院。善草书,圆熟有法。绍兴(1131—1163)初被召作草书。首书:"名花倾国两相欢",高宗(1127—1163)帝不悦,赐罢。钱塘(今浙江杭州)人家所收称王逸老合作者,皆其书也。《书史会要》有载。

净昙 里籍无考。工书法。临彦禅《卢鸿草堂图》中金碧潭为歌其所书。《云烟过眼录》、《中国美术家人名辞典》有载。

法舟 里籍无考。善书。洪舜俞帖有其书迹。《中国美术家人名辞典》有载。

法具 字圆复(一作元复)、吴江(今江苏苏州)人,一作吴兴(今浙江湖州)人。绍兴(1131—1163)初诗僧。住浙江安吉宝梵寺。有诗名,与韩子苍等为诗友。其"梅边逢腊破,草际识春多"之句,人皆传诵。亦能书,字体效王安石。圆寂于毗陵

(今江苏常州)马迹山。著有《化庵湖集》。《容斋三笔》、《宋高僧诗选》有载。

法晖 里籍无考。政和二年(1112)天宁节以细书经塔来上,作正书如半芝麻粒,写佛书十部。自塔顶起以至趺坐,层级鳞鳞不差毫末。作字时取窈密室,正当下笔处,容光一点,明而不曜。其字累数百万,不容脱落,始终如一。《宣和书谱》、《中国美术家人名辞典》有载。

法能 吴县(今江苏苏州)人。善画罗汉。尝作《五百罗汉图》。秦观(1049—1100)为之记曰:"昔戴逵常画佛像,人有所否臧,辄窃听而随改之,积年而就。法能研思,亦非率意而为之者。"《佩文斋书画谱》、民国版《吴县志》有载。

法常 号牧溪。蜀(今四川)人。从径山无准师范出家。成年后离蜀,沿江而下,后到杭州,从杭州径山寺住持无准和尚削发出家。50岁后为杭州六通寺住持。因造语伤贾似道,遭到追捕,遂逃离杭州,藏在绍兴姓丘的人家。之后,南宋太师贾似道败亡于南宋德祐元年(1275),法常又返回杭州。宋末元初庄肃的《画继补遗》书中有云:"僧法常,自号牧溪。善作龙虎、人物、卢雁、杂画、枯淡山野,诚非雅玩,仅可僧房道舍,以助清幽耳。"(见图11)元朝吴太素对法常的画评价则要高得多,云:"意思简当,不费妆缀;松竹梅兰,不具形似;荷芦鹭雁,俱有高致。"法常画迹多流于日本,相传系日本僧人圣一于理宗淳祐(1241—1253)初年带往日本,被视为日本国宝。日本文献著录有104幅之多。《画史会要》、《佩文斋书画谱》有载。

图11

宝觉 福建建阳人。与惠崇同

出于长沙。而妙于生动之情态,画翎毛芦雁不俗。尝画一鹤,人见以为薛稷画笔。《米芾画史》屡称其能。《历代画史汇传》、《佩文斋书画谱》有载。

宗杲 (1089—1163)字昙晦,号妙喜,自称妙喜庵主。宁国(今安徽宣州)人。俗姓奚。年十七出家于浙江金华天宁寺。登宝峰谒湛堂、文准,准指以入道要径。准寂,趋谒无尽居士求塔铭,无尽一见奇之,名其庵名曰妙喜。后往参圆悟克勤得法。右丞相吕舜奏赐紫衣及佛日之号。后于云居山创庵以居。久之,入闽(福建)结茅于长乐洋屿、小溪云门庵。绍兴十年(1140)应丞相张浚之命,往住径山。道法之盛,冠于一时。侍郎张九成亦从之游。因议朝政,被秦桧所忌,流于岭南(今广东一带)。桧死召还,翌年春复僧伽梨,奉命住育王山,筑涂田数百顷,以继众食。孝宗(1163—1190)即位,召对称旨,赐号大慧,御书妙喜庵三字赐之。寂后谥普觉。善书画,与天童寺僧昙华齐名,人称两甘露门。天童寺宏智老人画像由其行书赞语,书法流淳,笔势超逸。(见图12)著有《大慧语录》等、《联灯录》,《五灯会元》《四明书画家传》有载。

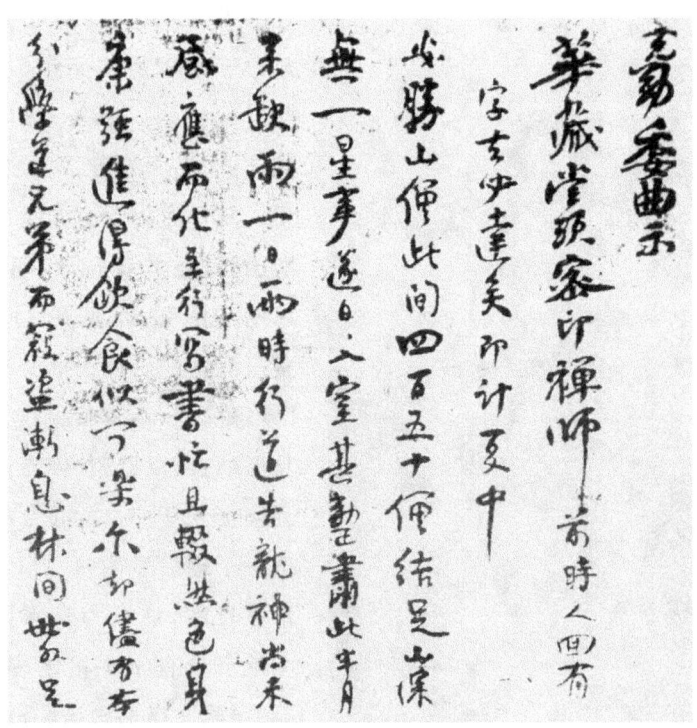

图12

宗相 里籍无考。善诗章,字学精博。《书史会要》、《中国美术家人名辞典》有载。

诚道元 号觉隐。里籍无考。善作狂草,所书吴江长桥歌一首,极雄宕可喜。亦工画。《六砚斋三笔》、《中国美术家人名辞典》有载。

居宁 毗陵(今江苏常州)人。初业儒,有至行,后为僧,修禅法。能行善画,工写草虫。醉后好为墨戏。善作草虫,不专于形似。每自题云:"居宁醉笔。"梅尧臣一见赏咏其超绝,因赠以诗,其略云:"草根有纤意,醉墨得已熟。"于是居宁之名更甚。画虽伤大而失真,然笔力劲俊,可谓稀奇。好事者得之遂为珍玩耳。《宣和画谱》、《佩文斋书画谱》有载。

南禅师 里籍无考。善书,手录《四十二章经》,笔法深稳庄重,得颜真卿笔意。《石门文字禅》、《中国美术家人名辞典》有载。

咸杰 (1118—1186)字密庵。福建福州人。俗姓郑。博通内外。出家后遍参善知识,谒应庵和尚于衢州明果庵。一日,应庵问:"如何是正眼法藏?"答云:"破沙盆。"应庵领之。迁蒋山华藏,未几奉旨主持径山及灵隐。晚移浙江宁波天童寺。禅侣萃集,恒逾千数。能文善书。著有《密庵咸杰禅师语录》。《五灯会元》、《明高僧传》有载。

政禅师 里籍无考。工书法。秦观(1049—1100)绝爱其书,问其笔法,政曰:"书心画也,作意则不妙耳。"喜求儿童字,观其纯气。观见其功臣山书,叹为非积学所至。《石门文字禅》、《中国美术家人名辞典》有载。

省言 里籍无考,能书。赵崡尝云:"得心经序于报恩寺壁间,唐南阳忠国师述,宋九华山省言书。书全出虞世南,几于乱真。"《石墨镌华》、《中国美术家人名辞典》有载。

省钦 里籍无考。善八分书。太宗(976—997)召于殿上,书数行,得赐紫衣。《小畜集》、《中国美术家人名辞典》有载。

省肇 一作德肇。庐山(今江西庐山)人。住睦州清溪。依随光、智门光祚得法。属南岳下第九世。工行书,庐山多有其所书碑刻。《书史会要》、《五灯全书》有载。

昭默 里籍无考。工书法。暮年书法更趋臻妙,自卧疾后,无他嗜好,以翰墨为能事。《石门文字禅》、《中国美术家人名辞典》有载。

思齐 字明义。钱塘(今浙江杭州)人。习教观于净慧善政。修身毗尼,融心圆觉。主教吴中,临坛接受赐紫。因《圭山疏钞》时遥多失,同武林希冲咨度众本,重刊行之。工书法,师柳公权,所书《放生池碑》在杭州。《书史会要》、《华严佛祖传》有载。

思净 (1068—1137)俗姓喻。钱塘(今浙江杭州)人。早侍德藏择英受《法华》,既悟厥旨,复潜净观,专志念佛,自号净土子。建妙行院,接待供养僧人。宣和(1119—1125)初,盗起清溪,犯钱塘,思净告盗首,愿以自身代城人命,盗为感动。善画佛像。侍郎杨杰赞为"喻弥陀"。又善雕塑,镌西湖多宝大岩为佛像,妙相庄严,叹为稀有。于浙江临安祥符寺圆寂。《佛祖统纪》、《净土圣贤录》有载。

思聪 字闻复。钱塘(今浙江杭州)人。7岁善琴,12岁学书,书既工,15岁学诗。诗有奇语,老师宿儒皆敬爱之,秦观(1049—1100)取楞严文殊语,字之曰"闻复"。后读《华严》诸经,乃潜志禅度,精进自持。讲经说法,学人云集。苏东坡知杭,令和参寥子昏字韵,大加赞赏。晚居钱塘法安寺,息心净土。预知时至而寂。《东坡集》、《净土圣贤录》有载。

修苑 润州(今江苏镇江)人。熙宁(1068—1078)以前以画扬名,善画湖石。《图绘宝鉴补遗》、《画继》有载。

彦深 里籍无考。通内外典,善诗词,工画佛像,尤精观音。《图绘宝鉴》、《佩文斋书画谱》有载。

闽师 里籍无考。真宗(998—1023)时僧人。尝为林逋写真。林逋有《闽师见写陋容诗》。《林和靖集》、《中国美术家人名辞典》有载。

觉心 字虚静(《历代画史汇传》作字虚联)。嘉州夹江(今四川夹江)人。家富,少好游猎,后纵鹰弃妻子削发出家。游中原,作《从犊图》诗,名动一时。孔南明、崔德符等极喜之,招至河南临汝。住河南叶县东禅及州之天宁、香山三大刹。寻以兵乱遭蜀,邵泽民、刘中远两侍郎请住毗卢,凡十八年。善画草虫,南僧称为"心草虫"。后因宣和侍诏一人,因事匿香山,觉心得山水诀,复精山水,又工诗。《画继》、《图绘宝鉴》、《历代画史汇传》有载。

觉称 西域人,自言酤兰左国人,姓刹帝利。大中祥符(1008—1016)初来中华,馆于兴国寺传法院。善画。尝于泽堂北壁画释迦牟尼佛,与中华画人所画绝异。《图画见闻志》、《中国美术家人名辞典》有载。

宣义 字梦英。里籍无考。住湖南潭州南岳寺。禅悟深彻,学通内外,尤工篆法。乾德五年(967)召至京师,陈希夷及当时宰相皆赠以诗。晚终老陕西西安终南山。有《梦英书法》。《新续高僧传》、《中国佛教人名大辞典》有载。

总持院老僧 里籍无考。年70岁,及从徐师川游,能书法,善鼓琴。《乾道庚寅奏事录》、《中国美术家人名辞典》有载。

祖绍 里籍无考。徽宗(1101—1125)时僧人。政和(1111—1118)间,朝廷改僧为德士,祖绍叹曰:"我生不背佛,而从外道耶?"取祠部牒焚之,冠巾返俗,斋戒终身。工诗善画,均仿周忘机,而气韵殊绝。《补续高僧传》、《中国美术家人名辞典》有载。

祖鉴 四川人。住四川成都不动尊院,师清凉僧智平。善绘观音像,大慈超悟院佛殿有十观音。又于邛州凤凰山画观音,一日忽现方圆相,直阁计敏功为作《瑞像记》。《画继》、《图绘宝鉴》有载。

莹玉润 一作玉润。里籍无考。住浙江杭州西湖净慈寺。绍定元年(1228)归乡。善山水,师惠崇。《画史会要》、《中国美术家人名辞典》有载。

真休 俗姓王。汉嘉(今四川雅安)人。幼年入释,独喜点染,川中佛寺古画,莫不亲临观摩。久之,遂能绘佛像人物,意境高远,名震一时。《中国美术家人名辞典》、《中国佛教人名大辞典》有载。

真惠 里籍无考。善画花果。《画史会要》、《图绘宝鉴》有载。

真慧 浙江杭州人。画山水、佛像,近世佳品。翎毛、林木,有江南气象。《佩文斋书画谱》、《画史会要》有载。

栖公 里籍无考。工书,书《大方广佛华严经》于册中,其轻妙可以一掌置。开编蠕蠕如行蚁,熟视之,其横斜曲直重交反仄,曲尽其妙,不啻如擘窠大书。《石门文字禅》、《中国美术家人名辞典》有载。

圆悟① 号肯庵。福建建宁人。居福建武夷山十余年,因听《牛歌》悟道。庆元(1195—1201)间住崇德开善寺。能诗善画。尝与福唐天目禅苑授儒学于晦庵朱熹(1130—1200)。与辛弃疾为同门友,因以黄檗延之。入寺,有行李数十石,辛闻之不乐。后遇都运黄瑰同访,曰:"有道之士,三衣外无长物,多多益办,不为道人累乎?"悟笑而不答,徐而尽揭笼箧示之,皆古德墨迹,紫阳书翰。民国版《福建高僧传》、《佩文斋书画谱》有载。

圆悟② 俗姓李，名时泽。四川遂宁人。住四川成都昭觉寺。善画，于大殿壁画十六罗汉及文殊、普贤、药师等尊像。《随蜀余闻》、《中国佛教人名大辞典》有载。

铁鉴 里籍无考。善墨竹。宋、元人多题咏。《畊砚田斋笔记》、《中国美术家人名辞典》有载。

称上人 里籍无考。善画，尝画《橘洲断岸平远图》。《石门文字禅》、《中国美术家人名辞典》有载。

徐德正 吴县（今江苏苏州）人。官平江教职，后弃去为僧，能画山水、人物，专师李公麟。《吴县志》、《中国美术家人名辞典》有载。

悦躬 仁宗（1023—1064）时僧人。善传神，梅尧臣（1002—1060）赠诗有云："子诚丹青妙，巧夺造化深。"《宛陵集》、《中国美术家人名辞典》有载。

继肇 吴（今江苏苏州）人。与僧巨然同时，亦善山水，大体相类，唯峰峦稍薄怯。《图画见闻志》、《佩文斋书画谱》有载。

梦贞 关右（今陕西）人。善柳公权书法。《皇（宋）朝事实类苑》、《中国美术家人名辞典》有载。

梦休 江南人。善作花竹禽鸟，学唐希雅，烟云风雪，尽物之态。盖亦生平讲习名画，学习有素，故所作自也不凡。《宣和画谱》、《佩文斋书画谱》有载。

梦英 一作瑛，号宣义。衡州（今湖南衡阳）人。住衡山南岳寺。太宗（976—998）曾召至京师，赐紫衣，赠号宣义大师。晚归寂陕西西安终南山。工书，正书第一、篆书次之（见图13），

图13

分、隶又次之。又效十八体书,尤工玉箸。楷法一本柳公权,然骨气意态皆弱,难以及之。当世名士如郭恕先、陈希夷之辈,皆以诗称述之。乾德三年(965)篆书《千字文》并古文题额。唐程浩撰《夫子庙堂记》,刊石在浙江湖州临安县,梦英重书。陶谷撰《妙高僧传序》,梦英书,郭忠恕篆额。咸平二年(999)篆书偏旁字源。《书林纪事》、《中国美术家人名辞典》、《中国佛教人名大辞典》有载。

梵隆 字茂宗,号无住。吴兴(今浙江湖州)人。善白描人物,山水亦佳,师李公麟(伯时)。高宗(1127—1163)极喜其画,每见辄加品题。然气韵笔法,皆不迨公麟。《图绘宝鉴》、《佩文斋书画谱》有载。

萝窗 浙江人。居浙江杭州西湖六通寺。善书画,与牧溪画意相侔。日本君台观藏有其画。《图绘宝鉴》、《佩文斋书画谱》有载。

奝然 (?—1016)日本国平安城藤氏。少入东大寺,勤梵学,习《三论》,禀密法。太宗八年(983)率徒六人抵宋,太宗(976—998)召对称旨,赐紫衣并赐法济大师号。居于太平兴国寺。后游山西五台山,参谒诸德,再回帝都,求得印本《大藏经》,复往汴都启理院命工模刻优填王第二栴檀像,于雍熙三年(986)载以归国,供奉于嵯峨清凉寺。善隶书,而不通华语,问其风土,但以书对。《宋史日本国传》、《中国美术家人名辞典》有载。

虚己 四川人。四川成都柏林院(一作柏龄院)僧。为清凉寺智平和尚弟子。善山水,尝与其师绘水陆院普贤阁壁画,有水石一堵传于世。白马寺僧慧琳藏有其《雪嶂》《山水》二图,观者叹为奇绝。《图绘宝鉴》、《佩文斋书画谱》有载。

崇化 里籍无考。开宝(968—976)时僧人,善属文,工书法。太庙街近城古观音寺有孙德元画西方净土,极奇古精妙,仅存半壁,崇化为之赞,书亦有法。《中国美术家人名辞典》有载。

敏传 吴门(今江苏苏州)人。戒行清严。工诗,善画,能书。笔楮不择精粗,飞翰如蚕食叶,俄顷千字,横斜布列,擘窠棋画。《石门文字禅》、《佩文斋书画谱》有载。

敏行 彭城(今江苏徐州)人。住浙江温州雁荡灵岩寺。博通内外,工绘佛像,亦能诗。入蜀于成都筑大悲阁,供旃檀观音像,苏轼为作《大悲阁记》。《图绘宝鉴补遗》、《中国美术家人名辞典》有载。

象微 江苏江阴人。景祐(1034—1038)初以善画水名于时,号象微水。尝于广福寺法堂楣间画山水甚工。《佩文斋书画谱》、《江阴新志》有载。

惟凤 号持正。青城（今四川都江堰市东南）人。工诗善画。为宋九僧之六。著有《风雅拾翠图》。《宋诗纪事》、《中国佛教人名大辞典》有载。

惟悟 眉阳人。景祐（1034—1038）时僧人，工正书，字法清秀遒劲，有欧阳询遗法。中书门下牒永兴军一通，为其所书上石。《墨林快事》、《中国美术家人名辞典》有载。

寂照 （962—1034）又作寂昭。日本京都人。俗姓大江定基，三河圣。世称文章博士。妻亡落发出家，师事八德山寂心。随睿山源学天台教，随醍醐寺仁海学密教。后游巡诸国。咸平五年（1003）渡海入宋，参谒真宗（998—1023），蒙赐紫衣，敕号圆通大师。又至天台山朝礼，送呈源信所托付之天台宗疑问二十七条。学通内外，持律严正，通俗归仰。习王羲之书，颇得其笔法，章草特妙，中土能书者亦鲜及。纸墨尤精。《释氏稽古略》、《中国美术家人名辞典》有载。

维真 嘉禾（今浙江嘉兴）人。俗姓李。工传写，尝被诏写仁宗（1023—1064）、英宗（1064—1068）御容，赏赐殊厚。论者谓为元霭之继。名公贵人，多召致为传写，尤以善写贵人得名。《图画见闻志》、《佩文斋书画谱》有载。

超师 北地（今四川雅安）人。宣和画院名手，工释道人物。《佩文斋书画谱》、《画史会要》有载。

超然 《君台观左右帐记》作号柯山，列入元代。会稽（今浙江绍兴）人。善绘山水。其峰峦矾头，酷似郭熙，至于屋宇、林石、坡滩、水口，笔法孱弱，与巨然殊不相类。今人多以巨然、超然连称，莫晓所谓。亦能画竹及人物。《图绘宝鉴》、《佩文斋书画谱》有载。

惠定 钱塘（今浙江杭州）人。善画山水、佛像，称为佳品。翎毛竹石有江南气象。《画继》、《中国佛教人名大辞典》有载。

惠洪 （？—1128）俗姓彭，字觉范。筠州（今江西高安）人。能画梅竹，每用皂子胶画梅于生绢扇上，灯月下映之，宛然影也。其笔力于枝梗尤遒健。按《图绘宝鉴》把惠洪、觉范作两人。《画继》、《图绘宝鉴》有载。

惠崇 建阳（今福建建阳）人。居江苏扬州。工诗，善王羲之书法，与赞宁、圆悟辈齐名。工画鹅雁鹭鸶，尤工小景，善为寒汀远渚，潇洒虚旷之象，人所难到。（见图14）王安石为惠崇的画作诗云："画史纷纷何足数，惠崇晚出吾最许。"

图 14

苏东坡为惠崇的《春江晚景》题过两首诗,其中一首为:"竹外桃花三两枝,春江水暖鸭先知。"成了描写融融春意脍炙人口的名句。黄庭坚写过数首赞美惠崇画的诗,其中《题惠崇画扇》云:"惠崇笔下开江面,万里晴波白落晖。梅影横斜人不见,鸳鸯相对浴红衣。"北宋大科学家沈括写过一首《图画歌》,将顾恺之以下的名画家都说到了,其中说到惠崇云:"小景惠崇烟漠漠。"丞相寇准(961—1023)曾延请过惠崇,也池亭上分题作诗,惠崇诗最末两句:"主人池上凤,见尔忆蓬瀛。"这些都表明,惠崇在当时是有一定的名望和地位的。关于"九僧",欧阳修在《六一诗话》中云:"国朝浮图以诗名于世者九人,故时有集,号《九僧诗》,今不复传矣。余少时闻人多称其一说惠崇,余八人者忘其名字也……"司马光在《温公续诗话》中指出九僧乃希昼、惟凤、简长、保暹、文兆、行肇、守昭、怀古、惠崇。惠崇耳有疾,和其同时的魏野有《赠惠崇上人》诗云:"张籍眼昏心不昧,惠师耳聩性还聪。"惠崇有《江南春》卷及《九鹿图》传世。王世贞、董其昌均极推许。《图画见闻志》、《佩文斋书画谱》、《图绘宝鉴》有载。

惠昙 里籍无考。宁宗(1195—1225)时僧人。工书法。庆元元年(1195)尝书《真空坛记》。《湘山事状》、《中国美术家人名辞典》有载。

隆师 里籍无考。善画,作山水笔墨略到,而远意有余。《北山集》、《中国美术家人名辞典》有载。

智什 里籍无考。善白描佛像人物。《画史会要》、《佩文斋书画谱》有载。

智平 四川人。住四川成都清凉寺。善画观音。南商毛大节得其画像以归,过海风浪大作,开展画像恳祈,光相忽见,如大月轮,良久之间,已数千里。水陆院普贤阁有观音像是其所画。《画继》、《佩文斋书画谱》有载。

智永 四川人。住四川成都天王院。工水景,长于传模,宛然乱真。售己所长,以为养亲。尝作《潇湘夜雨图》奉邵西山,西山为之题诗。《画继》、《图绘宝鉴》有载。

智源 字子丰。四川遂宁人。传法牛头山。工杂画,尤长于人物山水。所作《看云图》,画一高僧抱膝而坐石岸,昂首伫目,萧然有出尘之姿。《画继》、《中国美术家人名辞典》有载。

智愚 (1186—1270)字虚堂。四明(今浙江宁波人)。就浙江湖州道场山运庵普岩契悟得法。绍定二年(1229)出住浙江嘉兴兴圣寺。宝祐六年(1258),敕领育王山。旋诏住杭州净慈寺,纳子云集。咸淳三年(1267)迁径山。曾应高丽王请,于该国居住八年。明嘉靖(1522—1567)中,仍有传法后裔来中国为其扫塔。能行楷书书法,师法颜真卿书。(见图15)有《虚堂和尚语录》十卷。《中国

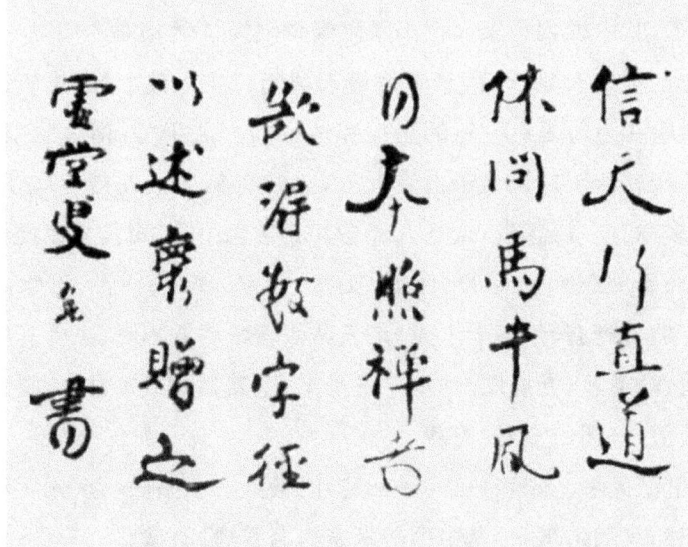

图 15

佛教人名大辞典》、《中国书法鉴赏大辞典》有载。

智融 （1114—1193）名沚，号草庵，自号老牛。汴京（今河南开封）人。俗姓邢。世居京师，以医入仕。南渡居临安（今浙江杭州）万松岭，号草庵邢郎中。官至成和郎，出入禁庭。年五十弃官，祝发入杭州西湖灵隐寺。出游径山、匡庐（今江西庐山）。闻雪窦寺（浙江奉化）之胜，遂投迹为终。工书，成就神异；作诗则语意清绝。嚼蔗折草蘸墨，以作坡岸岩石，尤为古劲。间作佛像，不过数笔，寂寥肃静，生意飞动。尤好作牛，自号老牛。书画皆无俗韵。亦能诗，所作不多，语意清绝。自云："若得为僧三十秋，瞑目无言万事休。"果符其言，有《牧牛图》现藏于日本。《佩文斋书画谱》、《历代名画跋》、《中国佛教人名大辞典》有载。

童益 字友贤。四川人。工绘佛道像及人物写真。其法出自天资，不由师训。《中国佛教人名大辞典》有载。

善荣 字行甫。四明（今浙江宁波）人。俗姓周。从月堂学教观，修长忏，阅藏经，金书《法华》、《楞严》、《净名》、《圆觉》、《光明》五经，造弥勒佛像。善画水墨观音，惠施无数。《佛祖统纪》、《中国佛教人名大辞典》有载。

善俊 里籍无考。真宗（998—1022）时僧人。工书，尝为普济禅院书碑，干待御永清始获之，极称赏，以为不减王羲之的《圣教序》。署款："习晋右将军王羲之书。"其年为大中祥符（1008—1017），书迹逊古，犹有唐风。《石墨镌华》、《中国佛教人名大辞典》有载。

道光 里籍无考。居蕲州（今河北蕲春南）永乐寺。以礼诵为佛事。能书法，尝血书《一切经》，横斜点画，匀如空中之雨。寂音和尚尝过其庵，称其为真比丘。《补续高僧传》、《中国佛教人名大辞典》有载。

道宏 四川峨眉人。俗姓杨。初受业于云顶山。相貌枯悴。善画山水、僧、佛，并工杂迹。晚年似有所遇，遂复还俗，改号龙岩隐者，寂迹旅店，每往人家画土神，其家必富，画猫则无鼠。言人心事，往往符合。后坐化店中，年80余。四川成都正法院法堂，有其所画《高僧图》。《画继》、《图绘宝鉴》有载。

道潜 （1043—1102）俗性何，号参寥。吴（今江苏苏州）人。出家后访名山。住杭州超果寺。以诗见称于时。尝自姑苏归湖上，经林平作诗一首云：风蒲猎猎弄轻柔，欲立蜻蜓不自由。五月临平山下路，藕花无数满汀洲。苏东坡一见如旧。及东坡移守东徐，潜往访之，馆于逍遥堂，士夫争欲识面，东坡当众乞诗，潜缓笔立就,一座皆惊,自是名闻海内。书法风格与东坡近,洒脱天真。(见图16)《中国佛教人名大辞典》、《吴郡法乘》、《中国书法鉴赏大辞典》有载。

道臻 里籍无考。嘉州(今四川乐山)石洞讲师。能绘画竹,黄庭坚(1045—1105)赠序云:"道臻克意尚行,自振于溷浊之波,故以墨竹自名。"《画继》、《图绘宝鉴》有载。

缘概 江西鄱阳人。仁宗(1022—1063)时僧人。工草书,宗伯英(张芝),颇肥美,有名于时。李觏有《答缘概师见示草书千字文诗》。《旴江集》、《中国美术家人名辞典》有载。

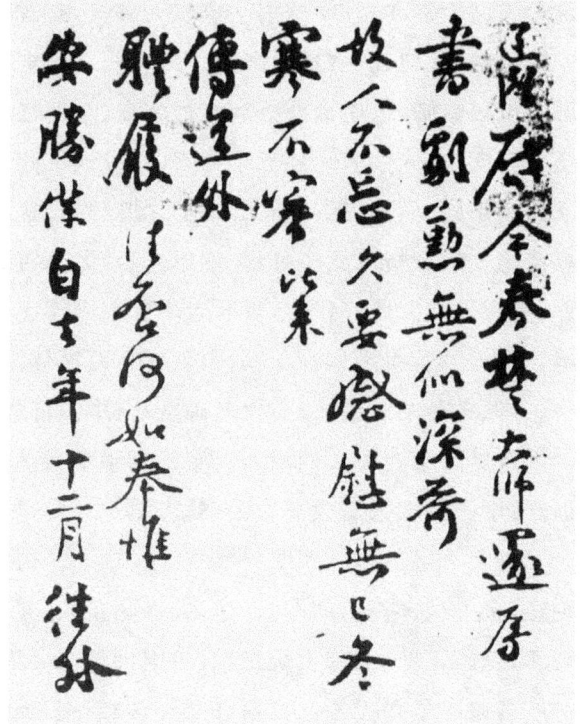

图16

瑛公 浙江人。风骨清瘦,与南州名士游,淡然无营,独杜门手写《华严经》,书法精妙简远,韵出颜真卿、柳公权。《石门文字禅》、《中国美术家人名辞典》有载。

蒙亨 华州(今陕西华县)人。初为僧。兵火后,遇其兄从军,遂置军中。屯锦州,学画其乡人宁涛。《画继》、《中国美术家人名辞典》有载。

鉴微 里籍无考。能诗善画,工山水花卉。所作大士像,精妙异常,为时所称。《圣宋高僧诗选》、《中国佛教人名大辞典》有载。

嗣端 里籍无考。真宗(998—1023)时僧人。工分隶书,深得唐人法。进士董储所记宋蓝田县《修夫子庙碑》,为嗣端所书。大中祥符四年(1011)立。《石墨镌华》、《中国美术家人名辞典》有载。

慈贤 里籍无考。住冷云庵。善书。杨伯嵓藏林彦祥《卢鸿草堂图》、《云锦淙歌》为其所书。《云烟过眼录》、《中国美术家人名辞典》有载。

颖德秀 里籍无考。与参寥同时。工书法。苏轼(1036—1101)与参寥一帖云:"颖书柳鬼传,遒婉而劲,文斌尤老成。"《中国美术家人名辞典》有载。

静万 里籍无考。工书。宋慈云寺、晋之玉兔寺,去应请之,张仲尹作诗,静万集右军(王羲之)书之。《石墨镌华》、《中国美术家人名辞典》有载。

静已 里籍无考。工书。尝书偈语碑在陕西西安府学,行草甚似其师英大师。《石墨镌华》、《中国美术家人名辞典》有载。

静宾 号白云。里籍无考。工草书,善画异松怪石,若龙腾虎踞。《画史会要》、《佩文斋书画谱》有载。

僧定 里籍无考。善画梅,赵子固(孟坚)《梅竹谱》云:"僧定花工枝则粗。"《珊瑚木难》、《中国美术家人名辞典》有载。

僧超 北地(今甘肃宁县)人。学通内外,善绘释道人物,为宣和(1119—1126)时画苑名手。《佩文斋书画谱》、《中国美术家人名辞典》有载。

慧 江西吉水人。南禅寺上座。工画,得画法于里之名手,留京师复得传神法于异人。画神像若干轴,四方游人谒慧,无画以归谓为徒行。争致馈,约隔岁取价,慧遂为例。独传神秘其术不轻与人。《文山集》、《中国美术家人名辞典》有载。

慧舟 号一山叟。浙江天台人。居浙江杭州西湖长庆寺。能诗,善画竹,尝作小丛竹或三二竿或百十成林,不见其重复冗杂,颇为时所称。《图绘宝鉴》、《佩文斋书画谱》有载。

德止 (1080—1135)号清谷。历阳(今安徽和县)人。俗姓徐。博闻强记,好参究,一夕忽悟,辞父出家,参宝峰惟照得法。未数载,名振京师。宣和三年(1121)徽宗赐号真际,俾居江州圆通寺。善属文,工书画,尤工正书。尝画庐山寻真观二壁,米熹题其上。《图绘宝鉴》、《书史会要》、《画史会要》有载。

德正 俗姓徐。信州(今江西上饶)人。为平江教官,后弃官为僧。尝师李公麟(1045—1106)画山水、松石、人物,并皆具妙。善音律,笛奏梵呗,超尘脱俗。居庐山叠石庵,闽、淮名山,意往无碍,凡登山临水,横笛自娱。《中国美术家人名辞典》、《佩文斋书画谱》有载。

德饶 四明(今浙江宁波)人。传古弟子。画龙亦臻其妙。《画史会要》、《图绘宝鉴》、《佩文斋书画谱》有载。

德源 江西人，一作闽（福建）人。工画人物，水墨观音尤臻其妙，一时名公争为题咏。尝画《三寿图》，周必大赠诗云："香山已写丹青像，洛诵仍凭副墨传。"《佩文斋书画谱》、《中国美术家人名辞典》有载。

镜潭 人称照藏主。天竺（今印度国）人。善画草虫，水墨出奇，便觉兰陵（今江苏常州）画手，风斯在下。当如伯乐相马，取其神骏，遗其牝牡玄黄。《中国美术家人名辞典》有载。

颢彬茂 江西庐山人。善王羲之书。《佩文斋书画谱》云："按《书史会要》误作颖彬、茂蒋分为二人，今正之。"《皇（宋）朝事实类苑》、《中国美术家人名辞典》有载。

第九章
辽、金、元佛教及佛门书画家

第一节 辽朝佛教及佛门书画家

五代时期,在契丹人中出了一个英雄耶律阿保机(太祖),自统一契丹诸部族建立辽国以来,保持了二百十九年。在其最盛时期,以中国东北地区为基础,还辖有河北及山西北部的土地;除建都上京临横府(今辽宁省巴林左旗东南的波罗城)外,设置了东京辽阳府(今辽宁省辽阳市)、中京大定府(今辽宁省宁城县)、南京析津府(今北京市丰台区)、西京大同府(今陕西省大同市)共五个京城,十分繁荣。这种繁荣景象一直到十二世纪初,北满一隅的满洲女真族崛起,推翻了契丹人的政权。

辽太祖即位前的唐天复二年(902),在潢河之南的龙华州(今内蒙古翁牛特旗以西)建立开教寺,这便是辽佛教的起源。辽神册三年(918),诏建孔子庙、佛寺、道观,神册四年,太祖(907—927)命皇后、皇太子分谒寺观,大搞宗教活动。神册六年,攻陷信奉佛教的女真渤海部,迁当地僧人崇文等50人,入当时都城西楼,特建天雄寺。皇帝贵族经常入寺举行祈愿、追荐、饭僧等宗教活动。之后,辽太宗(927—947)耶律德光攻入燕云十六州(今河北、山西北部),这一带是汉族佛教繁盛地区,契丹民族从此受到佛教更大的影响。

自太祖起,辽朝皇帝世代崇信佛教,对佛教采取支持、保护政策。道宗

(1055—1101)耶律洪基不仅推崇佛教,还是造诣高深的宗教学者。他精通梵文,对《华严经》深有研究,还能讲经,而且留下了大量注疏《华严经》的著作。

上有帝王所好,群臣必有所趋,王公贵族争相布施寺院,使辽地寺院经济迅速发展。

辽朝宗教制度重视培养僧才,建立了比较完善的考试制度,设经、律、论三门,以学业优者为法师。

汉地诸宗辽地皆有,以华严、密宗两宗最盛。

佛教文化的大事件,是《契丹藏》的雕刻和房山石经的续刻。辽朝亦继承了北方佛教开凿石窟的传统,开凿了内蒙古赤峰灵峰院千佛洞、辽宁朝阳千佛洞、后昭庙千佛洞,大同云岗也有辽朝石窟。

辽朝寺庙中保存着许多壁画及雕塑,尤其是大同华严寺内的雕塑艺术可称为登峰造极的佳作。对绘画也很重视,建立有"翰林院",翰林中善画者很多,著名者有胡瓌、耶律倍、陈升等。绘画中也多有与佛教有关者,其艺术表现手法多深受汉文化影响。

辽朝耶律氏(907—1125)虽然有二百多年的存世,但他的领地大部分是北方的荒漠,国民为游牧民族,文化教育大大落后于汉地,所以有载的佛门书画家仅查到两位。

真延 里籍无考。道宗(1055—1101)时僧人。工书法,尝撰并书《三教寺佛顶尊胜陀罗尼幢记》。《辽史·道宗纪》、《佩文斋书画谱》有载。

德麟 里籍无考。圣宗(982—1031)时僧人。工书,辽统合五年(987)蓟州军事判官李仲宣所撰《元祐唐寺碑》为其所书。一作德麟曾官蓟州军事判官。《佩文斋书画谱》、《中国佛教人名大辞典》有载。

第二节　金朝佛教及佛门书画家

1115年,女真完颜部于今黑龙江阿城县建立大金国。1125年,与宋联合灭辽;再过一年,攻占汴京(今河南开封),俘宋朝徽宗、钦宗,灭北宋,统治淮河以北汉族地区。1235年,被蒙古与南宋联合消灭。前后九世,历时一百二十年。

占据辽、宋领地后，全面吸收汉文化，其中包括佛教。金太祖（1115—1123）完颜旻为厚葬开国元勋宗雄，建佛寺一所。金太宗（1123—1135）完颜晟进一步将佛教引进王室，他曾迎旃檀像于燕京悯忠寺，每年设法会饭僧，并常于内廷供奉佛像。

贞元元年（1153），海陵王（1149—1161）完颜亮迁都燕京，志在灭宋。采取的政策，既轻视儒学，也限制佛教，佛教曾一度受到打击。到世宗（1161—1190）完颜雍，金朝进入全盛期，重又尊儒崇佛，建寺度僧。世宗即位之初，曾因军费缺乏，出售度牒、紫衣、师号、寺额，刺激了佛教的发展。章宗（1190—1209）完颜璟基本上继承了世宗的佛教政策。

与辽朝相比，金朝的佛教政策受宋王朝影响更深，思想上也更多地与宋地佛教接近。

金统治时期，又有一部重要刻本《大藏经》问世，这就是1933年在山西赵成县广胜寺发现的《赵城藏》。

金朝历代帝王虽都崇佛，对画事也十分重视，但大多有名的画家都偏重于世俗画的创作，对佛教绘画记载不多。金朝对佛教美术的贡献主要体现在佛塔建筑与寺院壁画上。如开原石塔寺塔等，壁画的山西繁峙县岩上寺内的壁画为代表，画的内容大多以佛传本生为主，已具有相当水平。

金由于灭宋建都汉地，受汉文化影响比辽朝要深，所以有载的佛门书画家也数辈于辽朝。

义中 里籍无考。卫绍王（1209—1213）时僧人。大安年间年（1209—1212），检校太师行鸿胪卿聪辨大师制《悯忠寺舍利函记》，为义中所书。《中国美术家人名辞典》、《佩文斋书画谱》有载。

归义 里籍无考。住燕京（今北京市）上方山。通内典，善山水。《图绘宝鉴》、《墨池编》有载。

玄悟 里籍无考。得大鉴不传之真印，寓意诗画。善墨竹，学完颜铸，兼工山水，善草书。按《历代画史汇传》误以为元僧溥光，因溥光赐号元悟大师。《图绘宝鉴》、《书史会要》有载。

祖昭 里籍无考。能画，元光二年（1223）绘河南登封少林寺达摩像。《语石》、《中国美术家人名辞典》有载。

善进 海陵（今江苏泰州）人。工书。正隆六年（1161）中都沙门知心所撰《香水寺头陀大师灵塔实行碑》，为其所书。《佩文斋书画谱》、《中国美术家人名辞典》有载。

德普 号胜静老人。武州（今山西五寨）人。能诗、工书画。《书史会要》、《佩文斋书画谱》有载。

第三节　元朝佛教及佛门书画家

蒙古孛儿只斤铁木真（成吉思汗）于1206建国，1271年忽必烈定都北京，国号为元，1279年灭南宋而统一天下。

从成吉思汗时起，蒙古统治者作为与西藏上层联系的纽带，崇尚藏传佛教。西藏归顺蒙古后，元世祖（1260—1295）忽必烈也崇尚藏传佛教，汉地佛教亦大受其惠。《元史》云："元兴，崇尚释氏，而帝师之盛，尤不可与古昔同语。"这之后的诸帝，皆一直恪守先朝的崇佛政策，广建寺院，刻印佛经，厚赐僧侣，创设僧官制度。

元朝建都燕京后，以八思巴国师、帝师，统领天下释教。从八思巴开端，历朝都以喇嘛为帝师，新帝在即位之前，必先就帝师受戒。帝师也是元中央的重要官员，领中央机构总制院事。总制院后改称宣政院，是中央管辖全国佛教和西藏地方行政事务机构。因此，帝师不只是喇嘛教和西藏地方的领袖，而且也是全国佛教的首脑。此外，中央又在南宋都旧杭州设置江南释教总统所，任命喇嘛僧统理，直接管理江南佛教，后并入宣政院。喇嘛教统治着全国佛教。

元朝汉地佛教以禅宗为主流。北方有万松行秀、雪庭福裕一系的曹洞宗和海云印简一系的临济宗；南方有云峰妙高、雪岩祖钦、高峰原妙、中峰明本、元叟行端等所传的临济宗。受宋朝佛教影响，天台宗在杭州、天台一带仍继续传播，华严宗主要传播于五台山。

元朝还出版了许多佛教史书，觉岸著《释氏稽古略》，东阳德辉编撰《敕修百丈清规》，省悟等编撰《律苑事规》，自庆编撰《增修教苑清规》，玉冈蒙润著《四教仪集注》，真觉国师文才著《惠灯集》等等。

元朝盛行藏传佛教，因此佛教艺术无论造像、绘画，大都以密宗形式来表现。最具代表性的是杭州飞来峰断崖上面的石刻佛像，所雕刻的佛像皆掺入密宗的成份。该峰最引人注目的大龛，内刻有一尊巨大的布袋和尚像，技艺高超，为元朝初期佛教艺术造像的杰出之作。

元朝还出现氂即兀该（欢喜佛）造像。欢喜佛是密宗的一种造像，是观世音菩萨三十三应身之变化。俗见很多，现录出《四部毗那夜迦法》以示诸众："观世音菩萨大悲薰心，以慈善根力，化为毗那夜迦女身，往欢喜王住所。于时彼王见此妇女，欲心炽盛，欲触毗那夜迦女，而抱其身，于时障女形不肯受之，彼王即忧作敬，于是毗女言：'我虽似障女，自昔以来，能忧佛教，得袈裟，汝若实欲触我身者，可随我教，即如我至尽未来世，能为护法不？又从我，护诸行人，莫作障碍不？又依我，已后莫作毒心不耶？汝受如是教者，为我亲友。'时彼那夜王言：'我依缘今值汝等，从今以后，随汝等语守护法。'于是毗那夜迦女含笑，而相抱时，彼作欢喜言：'善哉，善哉，我等今者依汝敕语，至于未来护持佛法，不作障碍而已。'仍可知，女天观自在菩萨也。"文中所举事例，实际是观世音菩萨为度化彼王而变化成那夜迦女之方便所为，目的还是为广度众生，弘扬佛法。

元朝绘画艺术并没有太大的发展与突破，基本上沿袭继承了宋朝的绘画艺术风格。书法上，元朝的书画大家赵孟頫创开元朝新书风。赵孟頫以古为新，影响到整个元朝书风，如今人们学习书法，依旧还经常取法他雍容流丽的"赵体"书法。

元朝书画家颇出了些有名望的，如赵孟頫、黄公望、何澄、刘贯道、王振鹏、张渥、唐棣、王绎、卫九鼎、鲜于枢、冯子振、虞集、揭傒斯、张雨、吴镇、柯九思、倪瓒、杨维桢、王蒙等等。佛门书画家也层出不穷，有近百位传载。

一宁　俗姓胡，号一山。宋淳祐间（1241—1252）生于台州（今浙江临海）。幼即出家为僧，住普陀山。元世祖（1260—1264）征日本，遣往劝降，被囚于伊豆修善寺。寻释之，留住主持西京南禅寺。善书能画，日本人颇尊崇之。卒赠国师，极享哀荣。《宋元名画录》有载。

一舟　名海，世称海师。长芦（今河北沧州）人。善画，尤工人物。《佩文斋书画谱》、《书画史》有载。

大䜣　俗姓陈，字笑隐。江州（江西九江）人。幼从郡之水陆院出家。初至庐山拜谒开先一山,复诣百丈参晦机熙。又迁杭州报国寺。天历元年(1328)文宗以金陵潜邸为龙翔集庆寺,敕令开山,为太中大夫,特赐三品文阶,号广智全悟禅师。天顺帝(1328—1328)待之益隆,后以老病退,优诏外台护视,安居终老。能诗、善画墨竹。博通经典。有《禅林清规》、《四会语录》、《蒲室集》等。《增集续传灯录》、《书画史》有载。

大智 字南溟。浙江天台人。工正书。《书史会要》有载。

子温 字仲言,号日观,通常称为温日观,又号知归子。华亭(今上海松江)人。削发于浙江杭州玛瑙寺,"放浪啸傲于西湖三竺间五十年",时以狂僧称之。不肯轻诣人,得钱出户即散施贫者。当时江南释教总统杨琏真伽,是元世祖忽必烈的亲信,在杭州一带极具威势,曾把南宋历朝皇帝的坟墓全部挖掉,子温见面就骂他"掘坟贼",因此几遭棰死,仍然不畏。在艺事,子温最擅长用草书笔法,画水墨葡萄。其画妙绝当代,称为"戏墨"。《农田舍余话》卷上评子温画葡萄云:"古人无画葡萄者,吴僧温日观夜于月下视萄影,有悟,出新意,以飞白书体为之,酒酣兴发,以手泼墨,然后挥墨,迅于行草,收拾散落,顷刻而就。如神,甚奇特也。"书法亦可观,《宋文宪公全集》第三卷有评子温的书法:"人知中言师(子温)以善画名世,而不知其结字清逸,有晋人之风。知其字之佳者,纵有其人,而又不知其超悟心宗,而有翛然出尘之趣。是以赵魏公(赵孟頫)、鲜于奉常(鲜于枢)虽服其用笔精绝,而师之忘去翰墨町畦,玩弄于人世间者,要未必能察之也……"书画之外,子温又工诗文,常在自己画上题诗。作为一个极有艺术造诣的佛门书画家,当时和后人,为他书画题诗作文的很多,其中王冕《竹斋诗集》第二卷有七言古诗,开头几句云:"日观大士道眼空,佯狂自唤温相公。浩然之气塞天地,书法悟入葡萄宫。有时泼墨动江浦,叱喝怒骂生风雨。草圣绝例张伯英(芝),春蚓秋蛇何足数……"另外清容居士有"醉里葡萄墨为骨,秋叶东西云郁勃"句,杨仲弘有"翠藤盘屈那可辨,但可满纸生龙蛇"句,等等。元至大二年(1309)尝作《折枝葡萄图》。《元代画家史料》、《中国美术家人名辞典》、《古今100高僧》有载。

元旭 里籍无考。顺帝(1333—1368)时僧人。工书法,元代《名公翰墨卷》有其所书。《中国美术家人名辞典》有载。

元诘 里籍无考。善画兰竹。《云阳集》、《中国美术家人名辞典》、《佩文斋书画谱》有载。

文珦 （1210—1289）于潜（今属浙江）人。出家于浙江杭州。通学天台宗教观，明儒道百家之说。曾遭谗言入狱，得清白之后，遂遁迹山林。工诗善画。著有《潜山集》。《宋诗纪事补遗》有载。

方厓 里籍无考。天目中峰明本弟子。住江苏苏州开元寺。工画，墨竹淅沥，默坐对之如有声。《佩文斋书画谱》有载。

允 字中岩。钱塘（今浙江杭州）人。能书，学赵孟頫。《书史会要》有载。

允才 号雪岑。浙江嘉兴人。居邑之石佛寺。通内外学，善绘墨竹，似丁权，为世所重。《佩文斋书画谱》有载。

正印 号松月道人。里籍无考。顺帝（1333—1368）时僧人。工书法，至正九年（1349）尝书元实际川禅师影堂逸事。《名迹录》有载。

本诚 初名文诚，后名道玄（一作道元），字觉隐，自称辅成山人、大同山翁、凝始子、蜀時竚公。浙江嘉兴（今崇德）人。嗣法于虚谷希陵。与天隐、笑隐友善，世号三隐。元至正（1341—1368）间，住嘉兴兴圣、本觉二寺。后寓吴下（今苏州），以诗自豪。品高洁，能书画。托称蜀時竚翁笔，而已特题之，然实其自笔也。山水学巨然，翎毛竹石俱有洒脱之韵，是有得于道而簸弄精光于笔墨间者。著有《乌城志》、《凝始子集》、《性学指要》。《增集续传灯录》、《五灯会元续略》有载。

可中 字南山。浙江天台僧人。善书法，真草师法晋人，甚工。《书史会要》有载。

可传 号正翁。江西余干人。再兴寺僧。可传有异相，其欣长顶上犀骨隆起，喉下有毫长二尺许。博览群书，尤通儒释。善诗文，能书法。至元（1264—1295）间出游江西庐山，江淮行省右丞昌文焕延可传至其家中，与其谈论诗文书法，并荐入京城。元世祖忽必烈召见，问以佛法大意，答以仁义治世之道。世祖称其为僧中龙也，并赐白玉环、瓶钵、金帛等。归住江西上饶荐福寺，再住南康云居寺，年老归居妙果寺。有预知，坐化僧金。《上饶府志》有载。

龙岩上人 里籍无考。善草书，法高闲、怀素，蒲道源有诗赠之。《闲居丛稿》、《中国美术家人名辞典》有载。

龙渊 里籍无考。四明（今浙江宁波）甘露寺僧。为人纯素质真。善书，作字点画自整，意达简远。曾手书《妙法经》七卷。《鄞县志》、《四明书画家传》有载。

用 字汝舟。里籍无考。工画山水。《书画史》有载。

永芳 字草庭。里籍无考。工书,学张旭。《书史会要》、《中国美术家人名辞典》有载。

有朋 江西万年人。幼落发于江西荐福寺。性怡静,娴熟内典,持禅律甚严。能画,暇则以绘山水自娱。笔致疏古,萧散荒逸。无疾而化,寿七十三。《饶州府志》有载。

至温 (1218—1267)据《释氏疑年录》为(1217—1267)。俗姓郝,字其玉,号全无,一作全一,又作全二。邢州(今河北邢台)人。礼万松行秀为侍者,得其心要,锐意卫法。世祖(1260—1295)赐号佛国普安,总摄诸路僧事。博记多闻,论辩无碍,百家诸子之言,多所涉猎。又善草书,有张旭、怀素之遗法。帝召见将授以官,弗受,仅受赐号。《五灯全书》、《补续高僧传》、《道园学古录》有载。

仲山 里籍无考。顺帝(1333—1368)时僧人。善画鱼,有《游鱼图》,刘基尝为题诗。《佩文斋书画谱》、《中国佛教人名大辞典》有载。

行端 (1255—1314)俗姓何,字景元,号原叟。浙江临海人。年十二(一作十一)削发于浙江余杭化城院,自称寒拾里人。参藏叟珍于径山得旨。大德四年(1300)居湖州资福寺,名闻于朝,赐号慧文正辩。复迁中天竺灵隐。有旨设水陆斋于金山,令行端说法,事竣入觐,奏对称旨,加赐佛日普照之号。南归,住锡良渚西庵。晚主径山三十年。寂后葬于寂照院,徒众尊称寂照禅师。以余力施于篇翰,尤精绝古雅。著有《寒拾里人稿》及《语录》。《续灯存稿》、《南宋元明禅林僧宝传》有载。

刘顺 浙江人。浙江天目山僧。工书,有法语真迹小真行书。《珊瑚网》、《中国美术家人名辞典》有载。

汝舟 俗称用师。里籍无考。曾住金陵(今江苏南京)栖霞寺,迁浙江杭州净慈寺等。工画山水,为世所重。《佩文斋书画谱》有载。

宅区中 里籍无考。东山寺长老。善画梅。张昱(1289—1371)有诗索画梅。《题画诗类》、《中国美术家人名辞典》有载。

论法师 里籍无考。工画弥陀。《君台观左右帐记》、《中国美术家人名辞典》有载。

寿宁 字无为,号一庵。上海人。居上海市静安寺。工诗能书,也善画花果杂画。采辑寺中名迹八处及诸家之作,编为《静安八咏诗集》。《明僧弘秀集》、《古代上海艺术》有载。

时溥 字君泽,号雨岩。华亭(今上海松江)人。上海奉贤接待寺僧。通经律,善诗,亦画墨竹,三梢五叶,颇有情趣。《佩文斋书画谱》、《画史会要》有载。

邱陀罗 里籍无考。天竺寺僧。工画人物、道释。《中国美术家人名辞典》有载。

沈复 字复之。至正(1341—1368)间嘉定(今上海市)人。旧为僧,名慧。工书善画,有《畹亩同芳图》,王逢为题句。《画家摘要》、《绘林伐材》有载。

怀渭 (1317—1375)字清远,号竹庵。江西南昌人。俗姓魏。龙翔笑隐大䜣法嗣。少从舅父全悟出家,命为记室,参究禅旨。至正(1341—1368)中,历主宝相、净慈等刹。明洪武(1368—1399)初,设无遮大会于江苏南京钟山,渭亦被召,已而退居钱塘(今浙江杭州)梁渚。善草隶,更善鼓琴。著有《四会语录》及诗文集。《补续高僧传》、《五灯严统》有载。

张文枢 字石隐。浙江德清人。幼尝落发为僧。能书,画山水法巨然,亦善墨竹。钱维善有《送张石隐过东阳诗》。按《历代画史汇传》误作两人,元、明双收,附识更正。《图绘宝鉴》、《画髓元诠》、《明画录》有载。

妙湛 浙江人。浙江湖州长明庵祝发为尼。庵坐落旷野,不慕尘市。工吟咏,善书画,乃尼中文人,幽雅墨客。与赵孟頫妻管道昇(1262—1319)友善,时常谈诗论书品画。大德九年(1305),管道昇在长明庵作《长明庵图》,妙湛在图挥题自作诗:"双树阴阴落翠岩,一灯千古破幽关。也知诸法皆如幻,甘老烟霞水石间。"《续比丘尼传》、《中国美术家人名辞典》、《中国名尼》有载。

松庵 里籍无考。湖南衡阳南岳山僧,善画水墨葡萄。傅与砺有赠诗。《佩文斋书画谱》、《中国佛教人名大辞典》有载。

昙噩 (1285—1373)字无梦,号梦堂,又号西庵。浙江慈溪人。俗姓王。幼有远志,稍长,博通经史。年二十三,从浙江杭州净慈寺雪庭落发受具。性慧绝,致力经论,兼善书画,寻俱弃之。雪庭寂,又参无叟行端,别传心法,而得其秘印。至元(1335—1340)中历主庆元宝圣、慈溪开寿、天台国清,最后主浙江象山瑞龙寺。说法十余年,学士万数。尝诫诸徒曰:"研究空宗,当外形骸,忘寝食,以消累劫宿习,然后心地光明耳。"日本道俗慕其名,屡请不赴。著有《六学僧传》三十卷。《新续高僧传》、《中国佛教人名大辞典》有载。

明本 (1263—1344后)字中峰(一作号),自号幻住。钱塘(今浙江杭州)人。俗姓孙。初依吴山圣水,继参高峰原妙于天目师子岩。一日诵《金刚金》,恍然开悟,自谓所证未极,弥益勤苦,参究十年,方始彻悟。慧辩无碍,誉动朝野。结庵庐州弁山、平江雁荡等处。后回天目山,庐高峰塔,勉领师子院事。元仁宗(1312—1321)闻名,特赐金纹伽梨,进号佛日广慧普应国师。赵孟𫖯遣问《金刚般若》,明本述略义以答。法席之盛,当时无出其右者。工书,手书遗迹留寺院中者甚多。书法类柳叶,虽未入格,亦自是一家。(见图17-1、图17-2)延祐二年(1315)书《妙法莲华经》册,至正四年(1344)书乔松疏秀七言诗轴。寂后谥智觉。著有《楞严征心辨见或问》、《金刚般若略义》。《书画史》、《新续高僧传》有载。

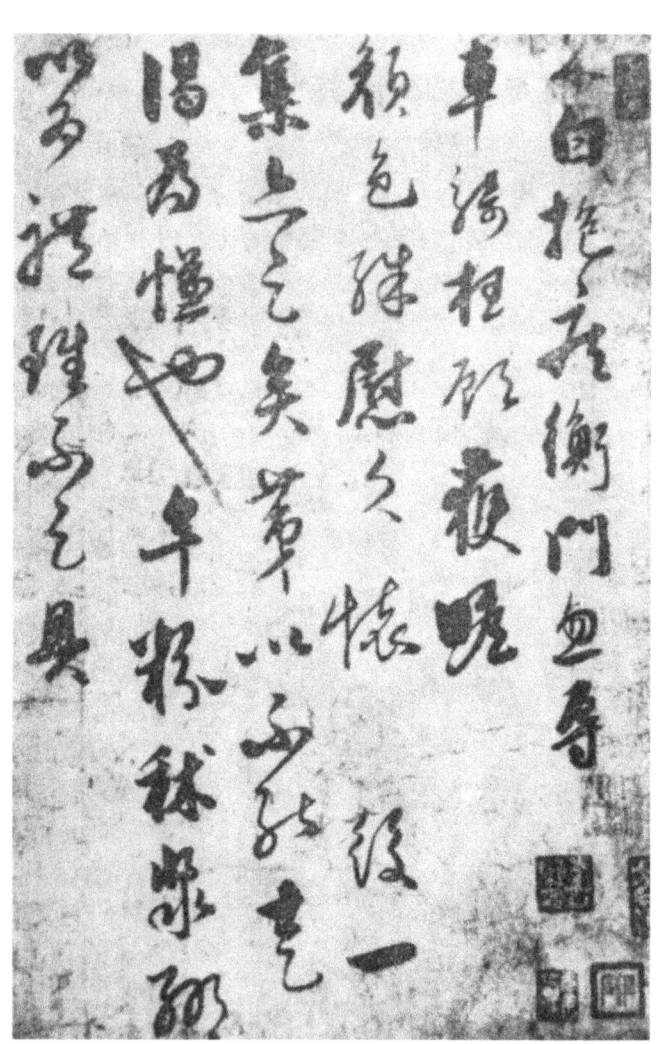

图 17-1　　　图 17-2

明仲 名鉴,号湛然。里籍无考。住锡江苏无锡惠山寺。善画。《佩文斋书画谱》、《中国佛教人名大辞典》有载。

舍蓝蓝 (1269—1332)高昌(新疆吐鲁番东)人。8岁至京,入侍宫中。成宗(1295—1308)时,事皇太后于西宫。因侍从日久有功,诏礼帝师迦罗斯巴干即儿为师,削发为尼。武宗(1308—1312)即位,仍待太后之侧。言听谏从,内外皆敬以师礼。仁宗(1312—1321)时,诏居妙善寺,赐物不可胜记。因以创寺于京师,曰妙善。又建寺于五台山,曰普明。各置藏经。工楷书,以黄金缮写番字《般若八千颂》、《五护陀罗尼》十余部,及汉字《华严》、《楞严》等经。书写佛经用金数万两。创寺施舍所用币亦以万计。英宗、文宗(1321—1329)均待以殊礼。《中国佛教人名大辞典》有载。

性天然 里籍无考。善画墨龙,曾为燕京护国寺绘壁,观音如山,道路为堵。《历代画史汇传》、《佩文斋书画谱》有载。

宗衍 字道原。吴县(今江苏苏州)人。至正(1341—1368)初住石湖(今江苏苏州盘门外西南)楞伽寺。后主嘉禾(今浙江嘉兴)德藏寺。才辩声望,倾于一时。学通内外,工书善诗。著有《碧山集》。《中国美术家人名辞典》、民国版《吴县志》有载。

宗泩 字仲默。吴县(今江苏苏州)人。善画兰蕙竹石,士林钦仰。与僧普明齐名,稍逊之。《佩文斋书画谱》、《历代画史汇传》有载。

定 里籍无考。成宗(1295—1307)时僧人。工书,大都路香河县坊市西道院《仁公塔院记》为其所书。《香河县志》、《中国美术家人名辞典》有载。

迦罗密 里籍无考。工画人物。《中国美术家人名辞典》有载。

南岳云 里籍无考。浙江杭州西湖净慈寺僧。善画山水。有《云山图》、《松图》等传于世。《中国美术家人名辞典》、《佩文斋书画谱》有载。

枯林 浙江天台人。叶西涧丞相后裔。宋亡(1279)为僧。有才气,能诗,以画兰名世。有勇力,虽遁入空门,仍"以大梁之锥,延津之剑况之",禅林中具英雄本色。《佩文斋书画谱》、《中国佛教人名大辞典》有载。

亮 字虚白。江苏昆山人。善画,墨竹、枯梅宗文同(1018—1079)。《书画史》、《中国美术家人名辞典》有载。

洪注 里籍无考。顺帝(1333—1341)时僧人。工书,至正十一年(1351)尝撰并书《天开寺碑》。《国门近游录》、《中国美术家人名辞典》有载。

恒上人 佚其名。里籍无考。善画墨梅,华幼武(1307—1375)有诗题赠。《题画诗类》、《中国美术家人名辞典》有载。

炳同 (1223—1302)号野翁。浙江新昌人。俗姓张。依浙江杭州灵隐大川受法。宋亡(1279)避居鄞县(今浙江宁波鄞州区)杖锡寺。闭户书《法华经》。有"老来非厌客,静里欲书经"之句。晚住明州(今浙江奉化)雪窦寺,一时遗老皆与之游。《鄞县志》、《中国佛教人名大辞典》有载。

觉达 字彦通,号桂庵。河南慰氏人。俗姓李。年十三礼龙门宝应寺嵩岩削发。燕京万寿寺复庵授以衣钵。至元(1264—1295)中,出住椴谷山龙岩禅寺,四载而退。居燕山乐师寺。移山东泰安灵岩,百废俱新。能文善书,一时所传塔碑,多出其手。寂于香山普门寺。《新续高僧传》、《续灯正传》有载。

祖柏 (1282—?)号子庭,世称柏子庭。四明(今浙江宁波)人。俗姓史,幼从禅学,泰定(1324—1328)间谒上竺佛光,闻心佛众生三无差别之旨,心地裕如。得法后住持浙江天台赤城,继席四明延庆,盛弘台教。生平好云游乞食。喜画松柏、石菖蒲,题句甚多。日本国保留其画作稍多。其画与嘉定雪窗普明齐名,邑人宝之。工诗,颇负时名。著有《不系舟集》。《佩文斋书画谱》、《历代画史汇传》、《元代画家史料》有载。

祖瑛 字石室。吴江(今江苏吴江)人。工书法,学赵孟頫。(见图18)《书史会要》、《中国美术家人名辞典》有载。

海 字一舟,长芦(今河北沧州)人。工画人物。《书画史》、《中国美术家人名辞典》有载。

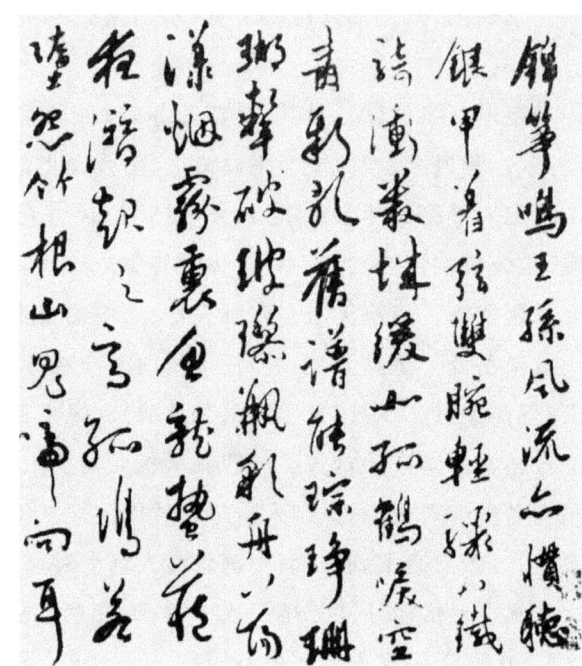

图18

海云 里籍无考。善画墨竹,风韵清雅。《图绘宝鉴》、《中国佛教人名大辞典》有载。

祥上人 号麟叟。福建泉州人。受业泉州开元寺大圭和尚。究心内典,善书。民国版《福建高僧传》、《中国佛教人名大辞典》有载。

绝照 里籍无考。善画龙。《佩文斋书画谱》、《中国佛教人名大辞典》有载。

莲 东吴(今江苏苏州)人。善画,有《松桧图》,王逢为之题诗。《梧溪集》、《中国美术家人名辞典》有载。

圆护 字念庵,号无念。元南大理人。因诵《证道歌》契入。至浙江杭州参中峰明本,得受印记而归。善书法。右腕色白如水晶,时号玉腕禅师。著有《磨镜集》,并手书《证道歌》行世。《滇释记》、《新续高僧传》有载。

圆琛 (?—1297)字仲实。山西人。金末避乱留河南内黄,择一城则结茅以居,穿池植莲,因自号莲庵。善为诗,兼习书法,有以笺素请者,随手应之不厌。《大名府志》、《中国佛教人名大辞典》有载。

梵琦 (1296—1370)字楚石,又字昙曜。俗姓朱。浙江象山人。9岁入祥祚寺,受业于讷翁,寻依族祖于浙江湖州崇恩。偶阅《楞严》有悟。时元叟行端行道于杭州径山,前往参叩。一夕睡起,闻鼓声豁然大悟,行端印可付法。出住浙江海盐臻福,迁金华之天宁、杭州之报国、湖州之凤山、嘉兴之本觉及光孝诸寺。顺帝(1333—1368)赐号佛日普照慧辨禅师。晚年筑西斋,自号西斋老人。明洪武(1368—1399)初,诏高僧于蒋山建法会,命梵琦升座说法。三度进京,礼遇殊厚。寂后宋濂为撰塔铭。作《西斋净土诗》,弘扬念佛。工行草书,有名书。著有《六会语》、《西斋集》等。《书史会要》、《释氏疑年录》有载。

雪谷 云南人。善书画,所画《寻牛图》,画笔端凝;画兰一幅,值数缣。书有古意。《云南通志》、《滇志》有载。

惟尧 里籍无考。善画墨梅。赵孟頫有诗题之。《怀古田舍梅统》、《中国美术家人名辞典》有载。

密诣 字初道。浙江天台人。善书法,师法虞世南。《书史会要》、《中国美术家人名辞典》有载。

维翰 字古清。江右(今江西)人。通禅法,工诗画,画龙学陈容。《图绘宝鉴补遗》、《中国美术家人名辞典》有载。

智及 （1311—1378）俗姓顾，字以中，号愚庵。别号西麓。吴县（今江苏苏州）人。入海云院祝发，谒广智有省，受记径山元叟行端，复依中峰名本得大彻。出住昌国隆教，寻主杭州净慈、径山。赐号明辨正宗广慧禅师。洪武（1368—1399）初，诏有道沙门十人集天界寺，师居其首。工行书。（见图19）《中国佛教人名大辞典》、《中国书法鉴赏大辞典》有载。

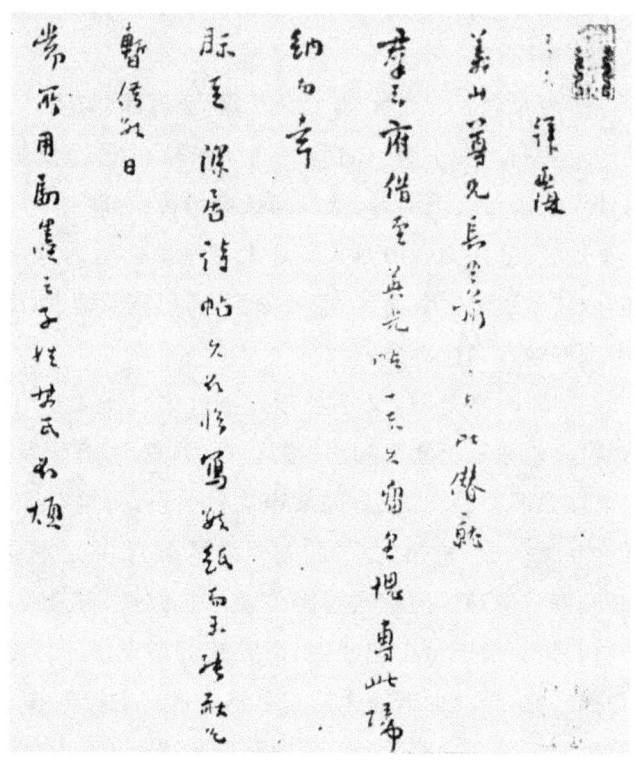

图 19

智浩 号梅轩。里籍无考。善画墨竹，虽少蕴藉，然洒脱简略，得自然趣。《图绘宝鉴》、《中国美术家人名辞典》有载。

智海 河北人。居燕（今河北）中。善画墨竹，学海云禅师。《图绘宝鉴》、《中国美术家人名辞典》有载。

普明 字雪窗（一作号），通常称为明雪窗。松江（今上海松江）人。俗姓曹。落发于平江（今江苏苏州）。顺帝后至元四年（1338），在平江虎丘云岩寺当主持。至正四年（1344）改主承天能仁寺住持。中间一度因病退，至正八年（1348）复出为能仁寺住持。以善画兰著名。与普明同时的画僧柏子庭描写平江风俗道:"家家恕斋字,户户雪窗兰,春来行乐处,只说虎丘山。"画兰不被文人赏,《图绘宝鉴》有云:"僧明雪窗,画兰。柏子庭,画枯木菖蒲。止可施之僧坊,不足为文房清玩。"但王冕题其云:"吴兴二赵(孟坚、孟頫)俱已矣,雪窗因以专其美。"极为赞美。柯九思也有诗赞:"清事相过日应酹,山僧信笔动新秋。王孙遗法风流在,解使平台石点人。"(王孙谓孟坚、孟頫昆仲。时普明住虎丘山)普明亦精针灸。《元代画家史料》、《佩文斋书画谱》、《兰言》有载。

道明 里籍无考。善画佛像。至大二年(1309)尝作《罗汉图》。《日本现在支那名画目录》、《中国美术家人名辞典》有载。

道原 字竺隐。浙江天台人。能诗文,行草有法。《书史会要》、《中国美术家人名辞典》有载。

道隐 俗姓李,字仲孺,号月涧。当湖(今浙江平湖)人,一作浙江海盐人。善画,兰石学赵子固,墨竹宗王翠岩。著有《月涧集》。《佩文斋书画谱》、《平湖县志》有载。

瑞上人 里籍无考。顺帝(1333—1368)时僧人。善山水,刘基题其山水图云:"上人性癖耽山水,应是王维第二身。"《刘文成公集》、《中国佛教人名大辞典》有载。

鉴 字明仲,号湛然。吴(今江苏苏州)人。住江苏无锡惠山寺。善画。《书画史》、《中国美术家人名辞典》有载。

溥光 亦作普光,字玄晖,号雪庵。俗姓李。山西大同人。主燕都胜因寺。5岁出家,19岁受大戒。励志精勤,克嗣先业。世祖(1260—1295)尝垂问宗教之源,光援引经论,应对称旨。至元十八年(1281),赐号圆通玄悟大禅师,加赐昭文馆大学士中奉大夫,掌教如故。平生戒行清修,晚节亦自刻苦,恶衣恶食,志切于道。为诗冲淡,善画山水,书法俊秀。赵孟頫过酒肆见光书帘字,驻视久之。谓当时书无我逮者,而此书乃过我,因荐于朝。书善真、行、草书,尤工大字。(见图20)元朝禁匾皆其所书。山水学关仝,墨竹学文同,俱成趣。至元三十年(1293)尝书《佛说八大人觉经》卷。《佩文斋书画谱》、《书史会要》、《画史会要》、《图绘宝鉴》有载。

溥圆 字大方,号如庵。芝田(今河南巩义西南)人。俗姓李。溥光法弟。

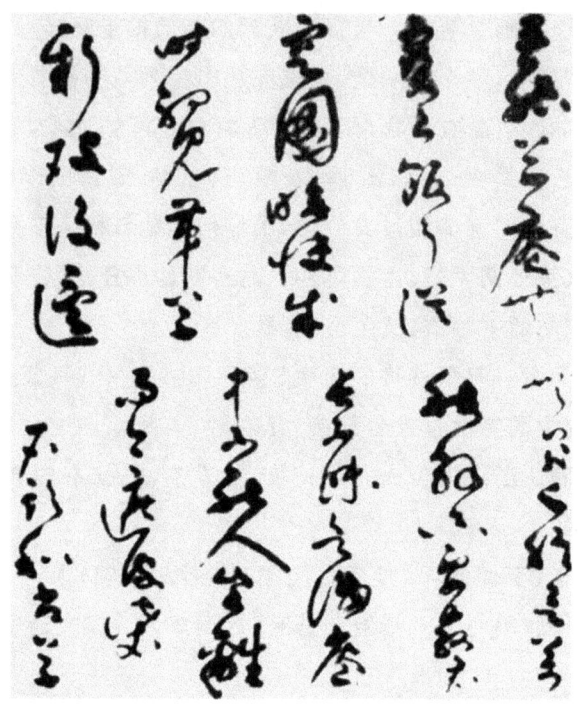

图 20

善山水墨竹,俱学王庭筠。书学溥光,亦能诗。著有《酬唱集》。《画史会要》、《佩文斋书画谱》有载。

福珪 里籍无考。顺帝(1333—1368)时僧人。工书法,善属文。至元三年(1337)撰并书《天开寺碑》。《国门近游录》、《中国美术家人名辞典》有载。

慧鉴 字仲明,号湛然静者。钱塘(今浙江杭州)人。俗姓徐。至元六年(1340),浙西兵起,削发为僧。住江苏无锡惠山寺。善画,多散落。有《江山雪霁图》传世。《无锡金匮县志》、《中国佛教人名大辞典》有载。

慧梵 字竺卿。石门(今浙江崇德)人。俗姓顾。受具足戒于澄寂院。性至孝,缚茆奉母,榜曰"蓬居"。居侧遍树梅、水仙,间写二花,亦极其妙,得梵隆、茂宗笔法。《石门志》、《中国美术家人名辞典》有载。

慧敏 字仲胅。浙江天台人。住天台山寺。工书,正书学晋人,兼能篆书。《佩文斋书画谱》、《书史会要》有载。

慧甄 里籍无考。善画,有《腐瓜行蚁图》,虞集为之题诗。《道园学古集》、《佩文斋书画谱》有载。

静慧 字古明。江苏松江(今上海松江)僧人。工书,正书师虞世南,甚得其法,但欠清婉。《书史会要》、《中国美术家人名辞典》有载。

聪秀 (？—1371)字实翁。日本人,久侍福山苇航然。入元(1206—1368),遍游禅寺。工于笔翰。东还,漫游关西。贞治间开长福寺。晚年休居福山大智庵。《延室传灯录》、《中国佛教人名大辞典》有载。

镜塘 京口(今江苏镇江)人,一作庐江(今属安徽)人。善写真。贡师泰有赠《写神钱塘上人归京口诗》。《佩文斋书画谱》、《中国佛教人名大辞典》有载。

樵枯子 里籍无考。善画,所画罗汉,虽非贯休比,亦得其仿佛。《佩文斋书画谱》、《中国佛教人名大辞典》有载。

第十章
严控下的明朝佛教及佛门书画家

明太祖(1368—1399)朱元璋17岁于濠州(安徽凤阳)皇觉寺出家,25岁投入莲教徒郭子兴部下,加入打着佛教旗号的农民起义行列。他也目睹了元朝崇尚喇嘛教所产生的诸多流弊,以致成为腐败亡国的因素之一,因此,他在即位后对佛教采取既利用又整顿,着重控制的方针。

太祖推崇理学,强化理学专制思想统治。《明史·太祖纪》有载朱元璋说的话:"天下甫定,朕愿与诸儒讲明治道。"一变对佛教控制相当严格。在金陵天界寺设善世院,命慧昙(1304—1371)主持,管理全国佛教。又诏令禁寺田买卖,在经济上加强对寺院的管理。另外,不许僧人交结官府,也禁止俗人无故进入寺院。怕僧人与民众组织联系,防止惑众滋事,以至酿成造反起义。

吸取元朝崇重喇嘛教的诸多弊端,太祖废除了喇嘛教在内地的特权。

明朝的第三个皇帝成祖(1403—1425)朱棣以僧人道衍(1335—1418)为谋主,发动"靖难之变",经四年战争,夺取帝位。成祖即位后,论功以道衍为第一,为此,成祖对佛教有所偏护。永乐十八年(1420),成祖为《法华经》作序,颂扬佛教功德;又亲撰《神僧传》,树立僧人形象。对喇嘛教也极为重视,宗喀巴派弟子释迦智(1354—1435)至京,成祖给以大慈法王称号,任成祖、宣宗(1426—1436)两代国师。

不过,成祖对内地的统治依然以儒家思想为指导,他明确宣布"朕用儒道治天下","朕所用治天下者,《五经》耳"。

明王朝的佛教政策,以太祖、成祖两代奠基,此后没有多少变化。禅宗和净土宗在明朝最为流行,但思想理论上则甚少创新。

明朝佛教,无论从寺庙数量上还是从僧徒数量上,都不少于以往各朝,但在质量上确是在走下坡路。在明朝近三百年的历史中,尽管也有像云栖袾宏、紫柏真可、憨山德清、藕益智旭等大德高僧的出现,但整体素质的低下,使之无法有大的作为。

明朝佛教艺术由于受元朝密教造像,佛教造像是明显的显(汉传佛教)密结合的产物。

佛教绘画方面,主要表现在寺庙壁画上,绘画风格基本保持和继承了民间传统的造像水平,没有特别出彩的地方。再加上当时画坛对文人画、山水画、风俗画十分重视,对佛教画渐渐疏远,认为佛教艺术只是民间画工所为,造成了佛教绘画走向衰落。好在明朝出了一位卓绝的画家陈洪绶,画风影响至今。

以禅宗公案为素材的禅门机缘画在明朝有流行趋势,善画此类作品最著名的画家是心越禅师和本庵禅师,但他们二人前后皆东渡日本,其作品也在日本广为流传。

明成祖朱棣一方面网罗人才,编纂《永乐大典》,一方面又大肆征召书法人才,并经过考试而授给他们恰当的官职,由此书坛便有渐渐振兴的势头,明朝书坛一片繁花似锦,名家辈出。遗憾的事,有名的方外书法家不是太多,但佛门书画家的人数还是众多的。

一水 里籍无考。皈依培风上人出家。住江苏苏州贝叶庵。工书法。尝写《首楞严经》,用笔清劲,见者赞叹。《懒斋别集》有载。

一素 字隆彩。里籍无考。常住浙江杭州西湖孤山。博通内外,善书法,尤精篆刻,为时所重。《中国佛教人物大辞典》有载。

一庵 字一如、行月等。里籍无考。嘉靖(1522—1567)间住锡四川夔州万县象鼻岩。工书法。日书《华严经》,一日薄暮,残阳已没,尚徐徐书之不辍。侍者报曰:日光久没。何书经不止?一庵听闻,则伸手不见五指。紫柏闻而赞曰:"笔头无火夜生光,了了徐书经几行。幽鸟一声啼绿柳,东风吹散百花香。"《紫柏全集》有载。

十力 (?—1643)里籍无考。年五十,皈依空隙和尚,出家匡庐(今江西庐山)。明崇祯十四年(1641)从空隙说法于广州光孝寺。能诗,工八分书。《清代轶闻》有载。

三休 里籍无考。常住江苏苏州虎丘山灵岩寺。博学多闻,善丹术,能诗善画。劝人念佛,不受赠施,不测所终。《中国佛教人名大辞典》有载。

大遂 字梵印,号筠隐。里籍无考。万历(1573—1620)间住浙江平湖乍浦,为济庵觉成法子。潜踪林樾,清心禅修,或托迹长吟,词意俱远。善画梅。《中国美术家人名辞典》有清僧大遂,想为一人。著有《出林草》。《列朝诗选》有载。

大然 (1589—1659)俗姓倪,字啸峰。丹徒(今江苏镇江)人。天启二年(1622)进士。以事下刑部狱七年。后事白还家,弃官不赴。清顺治二年(1645)落发为僧,遥礼空隐为师。明年受具足戒于颛愚。参报恩寺觉浪道盛,领狗子话省悟。入栖霞,吉州迎为住持。又迁景云及西峰。能楷书。著有《青原》、《景云》、《西峰》诸录及《息邪四辨》、《丛林须知》、《传灯正宗》等。《五灯全书》有载。

大瑞 (?—1626)俗姓王。里籍无考。出家和州(今安徽和县)。寄居浙江平湖洋溇庙十余年。放荡不羁,人目为"王痴",托钵乞钱米,随获随散。工书法,书《法华》、《楞严》数十帙。《平湖县志》有载。

大错 (1600—1673)俗姓钱,名邦芑,字少开,号知非居士。丹徒(今江苏镇江)人。万历(1573—1620)进士,崇祯(1628—1644)末官至云南巡抚。品学俱高。明隆武朝(1645)以选贡官中书,召封晋监察御史。南明桂王朱由榔称帝,建号永历,邦芑竭力翊卫。永历帝奔缅甸,相从不及,乃削发为僧,隐居鸡足山,潜心参究。禅余讲说吟咏,适性自悦。闻永历帝崩于昆明,乃痛哭出山,行至湖南衡岳,居十余年,寂于宝庆。工书,草书遒劲,深入晋人之室。著有《蕉书残明纪事》、《大错和尚遗集》等。《滇南书画录》、《释氏疑年录》有载。

大澍 俗姓倪,字时乃,号懒先。江宁(今江苏南京)人,居华亭(今上海市松江)。住锡浙江嘉善大胜寺,为扈芷弟子。也曾住华亭超果院。性好游,擅丹青,能诗。山水宗沈士充,苍秀入神;诗颇有巧思。圆寂后送葬者上万。著有《庚烟草》。《明画录》、光绪版《嘉善县志》有载。

大壑 (1576,一作1573—1627,一作1620)俗姓薛,字元津。钱塘(今浙江杭州)人。礼万峰院袾薰剃度,于云栖受戒。赴白门谒拜雪浪,究《贤首》教义。一日定中见永明寿说法有所省悟。住锡杭州西湖净慈寺,重兴永明经室,恢复西湖放生池。吴山宝成寺、秀州金明禅堂,亦仗其力营构。禅余,寄情翰墨,书画清秀,《诗余画谱》有其所书。圆寂后董其昌为铭其塔。著有《永明道迹》、《净慈寺志》。《新续高僧传》、《中国版画史图录》有载。

大瀞 里籍无考。住锡江苏镇江焦山定慧寺。善书画。《焦山续志》有载。

万金 字西白。江苏吴江人。住吴江宝积寺。洪武(1368—1399)中令住南京天界寺,诏与宗泐同疏《楞严》、《金刚》、《心经》。文辞畅达,义理精深,时人叹为神解。诗文、书画皆精绝。《皇朝书画史》、《吴郡法乘》有载。

广礼 号大镜。江宁(今江苏南京)人。居报恩寺。善画竹,师学陈芹而得其法。《明画录》、《佩文斋书画谱》有载。

与然 俗姓孙,号自修,字无修。江宁(今江苏南京)人。迁居山西大同。感时乱,忽遭两爱姬,弃家为僧。游迹浙中,自号曰与然,人称悬溪和尚。精绘事,时时点染以自适。《赖古堂书画跋》、《中国美术家人名辞典》有载。

己上人 里籍姓氏无考。善画墨梅。郑洪有诗题之。《题画诗类》、《怀古田舍梅统》有载。

王微 字修微,号草衣道人,江都(今江苏扬州)人。工诗,善画山水、花卉,尝往来浙江杭州西湖。遨游楚粤,继参憨山大师于五龙,皈依禅悦。《中国美术家人名辞典》有载。

王僧 名字里籍无考。泖桥寺僧。工画人物,摹丁云鹏人物,为时所称。《中国美术家人名辞典》有载。

木庵 里籍无考。善画禅门机缘画。东渡日本。作品有《达摩过江图》等。许多作品均在日本收藏。(见图 21)《中国佛教人名大辞典》有载。

日南 名□升,通称日南升,号煦庵。浙江人。善长音律梵呗,融禅意于绘画,所作木石竹藤水仙之类,寓意深远。永乐(1403—1425)初名重一时。《中国佛学人名大辞典》有载。

日章 号锦峰。四川成都人。画僧,山水学唐子华,有声川中。《佩文斋书画谱》、《画史会要》有载。

文石 字介如。上海松江僧人。结庵黄山白岳间。工画山水,宗石门(宋旭),兼文徵明之趣,花禽亦工。按:《画髓元诠》又有僧文谷,字介如,丹青摹元人,复善花卉翎毛,或是一人重载。《中国美术家人名辞典》有载。

图 21

心一 里籍无考。又名普烁,号中也。师事无住洪如。能诗善画,儒释兼通,精谨律仪,言动有法,力任勤劳。尝重兴感通、崇至、圣元三寺,时称宗门之典范。《中国佛教人名大辞典》有载。

无著 字了虚。江苏苏州人。读书一览成诵。律身庄简。见人叉手高坐,不顾沙门威仪。游虞山(江苏常熟),与瞿元立、严道彻善。荆溪(今江苏宜兴)吴公迎至善权寺,一衣终身,一饭永日。好作小诗,尝以寸纸作小字示钱谦益(1582—1664),多超然之致。《书林纪事》、《宜兴县志》、《列朝诗集》有载。

无喆 里籍无考。出家于东山寺。性明悟,精禅学,涉儒书,工诗,学写兰于虎丘雪窗僧。《永新县志》、《中国佛教人名大辞典》有载。

无辩 名觉同,号雪岑。俗姓康。山西大同人。工诗文,尝立就《善化寺纪》数千言。洒翰作草书,镂诸乐石,龙掀凤舞,人称"诗禅草圣"。毛晋《明僧弘秀集》、《中国美术家人名辞典》有载。

玉庭 明僧(一作清僧)。松江(今上海市)人。居超果寺。善画墨梅。《中国佛教人名大辞典》有载。

正弥 字显宗。里籍无考。正德、嘉靖(1506—1567)间主鄞县(今浙江宁波鄞州区)延庆寺,后居鄞县阿育王寺。自学能诗,兼善书画,尤以草书驰名。《四明书画家传》有载。

正森 俗姓杨,号一如。福建晋江人。苦行勤修,颇通诗书。住锡福建泉州法石、乐山清源、南台承天诸寺。所至躬治道场,不离徒属,一钵一衲,久辄徙去,曰:"身非我有,又何为之挂碍。"年八十余。一日为人画梅,遽然坐化。詹仰庇(嘉靖进士,万历—1573—1620—官至刑部右侍郎)为作《一如和尚传》。乾隆版《泉州府志》有载。

古申 字符西。里籍无考。工画山水,境界灵奇,笔墨苍润。《中国美术家人名辞典》有载。

可浩 号月泉。金陵(今江苏南京)人。住持金陵灵谷寺。善画葡萄,水平不减宋僧温日观。《佩文斋书画谱》有载。

龙上人 里籍无考。善画龙水。《画史会要》、《中国美术家人名辞典》有载。

叶舟 字飘仙,号雪渔。松江(今上海松江)人。明末诸生。明亡(1644)削发为僧。工绘画,善花卉。足不出户,日惟画佛,而佛像篮中折枝尤妙,张寿孙极称其绘事出入汉阳(沈翘楚)先声。清康熙(1662—1723)中寂。《图绘宝鉴续纂》、《中国佛教人名大辞典》有载。

叶廷秀 字谦斋。濮州(今河南范县西南)人。天启(1621—1628)进士,官南京户部主事。黄道周入狱,廷秀虽与素不相识,但闻其德,抗疏救之获罪。处之泰然。福王立,召为金都御史。南都灭,唐王召拜兵部右侍郎。明亡(1644)后为僧,清修以终。工诗能书。著有《西曹秋思》、《诗谭》。《明史》、《中国佛教人名大辞典》有载。

叶绍袁 字仲韶,号天寥道人。吴江(今江苏苏州)人。天启(1621—1628)进士。官工部主事。不耐吏职,乞养归。明亡(1644)弃家为僧,自号粟庵。善文能书。妻沈宛君工诗,五子三女皆有父藻。《海隐外史》、《中国佛教人名大辞典》有载。

石叟 里籍无考。善制嵌银铜器,所作多文人几案间物,精雅绝伦。款石叟二字多在底部,体兼篆隶。能篆隶书,朴拙无俗气。《中国美术家人名辞典》有载。

白丁 字过峰,一字行民,又字祖陶,又称民道人。云南人。明朝楚藩后裔。明亡(1644)家破,感伤离乱,遂祝发游滇,居无住所。通经论,娴世典。清康熙(1662—1723)中游化江淮,士众求道,景从云集。工写兰,抒其心画,当与郑思肖、赵孟坚旷世同珍。亦能急就印章,自录一谱,本元和尚曾为之序。郑燮(板桥)谓其作画,不令人见,画毕微干,用水喷噀,其细如雾。笔墨之痕,因兹化去。

人以郑板桥画兰学白丁,板桥云:"石涛和尚扬州数十年,见其兰幅极多,学一半,撇一半,未尝全学也。"诗曰:"十分学七要抛三,各有灵苗各自探。当面石涛还不学,何能万里学云南。"《板桥集》、《滇南书画录》有载。

令参 里籍无考。通州(今北京通州)三圣庵尼。善画佛菩萨像,水墨观音尤佳胜,董其昌(1555—1636)叹为神妙。圆寂于崇祯(1628—1644)间,年八十余。《中国佛教人名大辞典》有载。

玄端 河北迁安人。天顺(1457—1465)时僧人。善画。《明画补遗》、《中国美术家人名辞典》有载。

四可 字文父。里籍无考。明末僧人。画淡赭山水极充实,笔如画沙,非常劲利。钩斂在乱柴、解索之间,极为精到。《中国美术家人名辞典》有载。

永成 福建福安人。西林寺僧。长诗文,工楷书,士大夫重之。年九十三,童颜健履,作偈而化。《福建府志》、《中国美术家人名辞典》有载。

永傑 字斗南。日本人。游历来华入寺院为僧。工书,法虞世南。《书史会要》、《中国美术家人名辞典》有载。

朴中 俗姓华,名朴。浙江人。初业儒,后为僧,修净土宗。善山水,师戴进(1388—1462)而得名。《明画录》、《图绘宝鉴续纂》有载。

同六 里籍无考。黄叶老人智舷弟子。禅戒清苦。工书法,临写《黄庭经》能入王羲之书法之堂奥。《中国美术家人名辞典》有载。

夷简 字易道,号同庵。义兴(今江苏宜兴)人。平山处林弟子。洪武十一年(1378)主杭州南屏净慈寺。时当兵燹之余,夷简率众竭力重修殿堂,且栽松竹于四山,郁以成林。后住金陵(今江苏南京)天界。能书法,书师张雨(1277—1348)道士。《五灯全书》、《书史会要》有载。

朱元璋 (1328—1398)字国瑞。濠州(今安徽凤阳)人。明太祖。17岁亡亲,至皇觉寺为僧。元末投郭子兴为亲兵,升为大将。子兴卒,诸将奉为吴国公,旋称吴王,攻克燕京,统治中国,建都应天(今江苏南京)为京师,国号明,年号洪武。朱元璋发迹桑门,愤元季大法不正,乃罗致高僧,整顿规制,为天下法,于中国佛教影响殊大。尝命画史周位绘《天下江山图》于殿壁,位对曰:"臣未尝遍历九州,惟陛下赐草规模,臣谨衣润之。"朱元璋即操笔,倏成大势。位对曰:"陛下江河已定,臣无所措手矣。"朱元璋悦。书法气魄雄伟,纯以气胜,与一般书家不

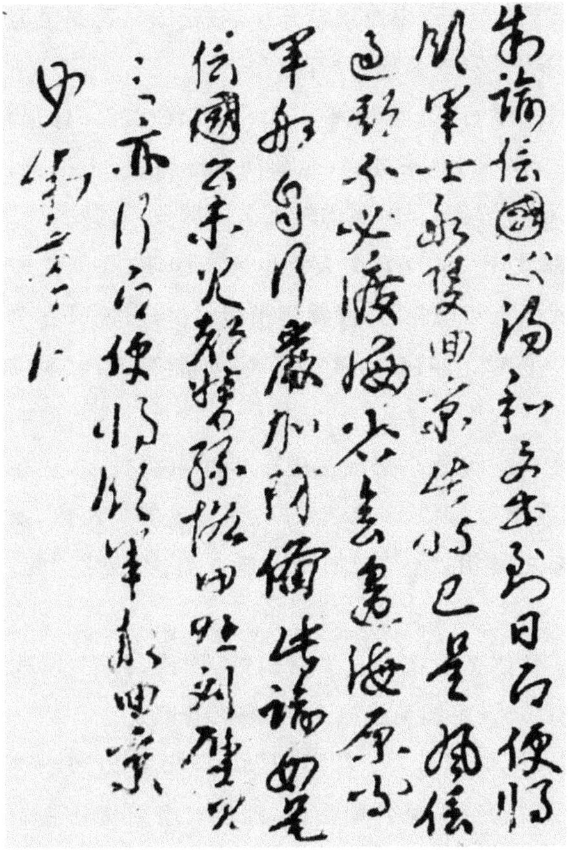

图22

同。（见图22）亦能榜书，尝书"第一山"三大字于凤阳龙兴寺。《明史本纪》、《书史会要》、《中国佛教人名大辞典》有载。

自扃 （1601—1652）俗姓周，字道开，号闾庵。吴门（今江苏苏州）人。出家虎丘，师事苍雪和尚。道贤首、慈恩教义，每讲《圆觉》、《涅槃》、《楞伽》，妙义云委。清顺治九年（1652），自携李归返虎丘，与苍雪师诀别，说偈而寂。能诗、善画。写山水得宋、元法，尤得巨然画韵，一丘一壑多意外趣。《新续高僧传》、民国《吴县志》有载。

自彦 俗姓李，字朗诺，号西林。松江（今上海松江）人，一作浙江杭州人，又作浙江萧山人。落发祖山寺。善行、草书，工山水、兰竹。万历（1573—1620）间《名公扇谱》有其所画山水扇。万历四十年（1612）《诗余画谱》、《唐诗七言画谱》均有其所书诗句。亦善治印。著有《图书府》六卷。《明代画谱解题》、《越中历代画人传》有载。

自修 （？—1654）俗姓孙，名无修，号兴然。江宁（今江苏南京）人。天启四年（1624）乡荐，授广东阳江县令，任上有政声。感时局动乱，忽弃家祝发为僧，肩薪负重以自给。游浙住悬溪庵，人称悬溪和尚。素精绘事，出家后，尚时时点染数峰以自适。画梅亦楚楚有致。黄山渐江（弘仁）画僧绘事为世所重，然闻其一水一石，皆脱胎于自修和尚云。《国（清）朝画识》、《赖古堂集》有载。

行一 号静涵。里籍无考。万历、崇祯（1573—1644）时人。善画。天启七年(1627)尝与魏之璜等同校胡正言辑《十竹斋书画谱》,并作《餐松图》,苕溪吴宠锡为之题。《十竹斋书画谱》、《中国美术家人名辞典》有载。

行燧 字无净。俗姓沈,名中柱,字石臣。浙江平湖人。崇祯(1628—1644)进士,授江西吉水知县。明亡(1644)为僧,往来灵隐、金粟间。亦诗文,工楷书,有阁气。著有《怀木庵诗草》。《杭郡诗续集》、《中国佛教人名大辞典》有载。

守仁 字一初,号梦观,别署寄傲轩。浙江富阳人。出家于四明(今浙江宁波)延庆寺,住锡杭州灵隐寺。洪武十五年(1382),征授僧录司右讲经,旋升右善世。二十四年主天禧寺。后以咏诗获罪。能诗文,草书宗晋,亦能篆隶。《明书画史》、《补续高僧传》有载。

如拙 又称如雪、如说,号乱芳轩。于后小松天皇应永年间东渡日本,住东京相国寺乱芳轩。好绘画,曾随明兆学习,画风多承南宋马远、夏珪等人风格,擅长山水、人物、花鸟,为日本国南画之鼻祖,盛名于朝野。遗作有《瓢鲇图》等。《中国佛教人名大辞典》有载。

如疾 字疵己。福建龙溪人。住崇德龙德寺。学贯内外,能诗,善书,尝作《武夷导游记》,文字典赡。《武夷山志》、《中国美术家人名辞典》有载。

如晓 字萍踪,自署天目寓僧。浙江萧山人。幼不知画,年20余以获罪逃浙江临安山中,独栖古庙十余年。深山月朗,见竹影在地,豁然有省。折桂画炉灰,遂善画。崇祯(1628—1644)间结茅乌石峰侧,名曰岩艇。按《杭州志》"画"字均作"书"字,或曰僧实善书而非善画也。著有《岩艇草》、《萍踪道人草》。《杭郡诗续辑》、《明画录》有载。

如慧 俗姓陈,名李,字仲白,后为僧,号善觉。万历(1573—1620)时人。善行书,《诗余画谱》有其所书。《中国版画史图录》、《中国美术家人名辞典》有载。

如濂 里籍无考。号竹堂。性僻洁,居一小楼,明窗四周,一榻一几,不置杂物。作小诗有淡致,书法颜、柳。《佩文斋书画谱》、《中国美术家人名辞典》有载。

戒襄 字子成,号平野。浙江海盐人。俗姓李。住邑之天宁寺、嘉兴永祚寺。幼得师事文徵明(1470—1559),师其画。善画云山,不轻为人作。兼善兰竹,工书法。著有《平野集》二卷。《佩文斋书画谱》、光绪版《嘉兴府志》有载。

克信 号节庵。江苏苏州人。住福建崇安武夷山天游、象峰数载,复归邑之北塔寺。善山水,能诗。《苏州府志》、《武夷山志》有载。

克新 俗姓余,字仲铭,自号江左外史,又称雪庐和尚。江西鄱阳人。依龙翔寺笑隐和尚出家。元末住浙江嘉兴水西寺。洪武(1368—1399)初,诏至南京,敕住西域招论吐蕃。能文,亦善古隶。著有《雪庐南询稿》、《元释集》。《续灯正统》、《书史会要》有载。

岑 字开承。里籍无考。江苏苏州邓尉山僧。善琴,工画山水树石,有文徵明(1470—1559)、唐寅(1470—1523)意趣。《中国美术家人名辞典》有载。

希复 字同石。吴江(今江苏苏州)人。住江苏无锡东郭绿萝庵。工诗善画,俞宪(明代无锡人,官至按察使)、王问(1497—1576)俱称赏。《无锡金匮县志》、《中国佛教人名大辞典》有载。

沙名 一作沙明,字照渊。浙江海盐人。浙江秀水东塔寺僧。善画。《中国佛教人名大辞典》、《中国美术家人名辞典》有载。

完敬 号碧庵。里籍无考。工书法,师法虞世南,深造其妙。诗才清俊,名播于时。《常熟志》、《中国美术家人名辞典》有载。

宏株 号莲池。俗姓沈。里籍无考。万历(1573—1620)时人。越(广东)之云栖寺僧,以修净土弘范一世。书法端楷可宗。《书史会要》、《中国美术家人名辞典》有载。

宏澄 字智鉴,号水月。鄞县(今浙江宁波鄞州区)人。俗姓雷。从邑之延庆寺僧圆复受业。能诗,工书,其草书挥洒自如,时人宝之。《鄞县志》、《四明书画家传》有载。

来复 (1319—1391)字见心,号蒲庵。俗姓黄(一作王)。江西丰城人。洪武(1368—1399)初召至京。除僧录寺左觉义,诏住安徽凤阳搓牙山圆通院。工书,似赵孟頫。《书史会要》、《列朝诗集》有载。

陈子升 字乔生,号中洲。南海子壮弟。府学生。与黎遂球、陈邦彦以文章声气遥应复社。福王立(1645),以明经举第一。桂王建都广东肇庆,拜兵科右给事中。晚入江西庐山受僧函昰戒。性善音律,善鼓琴,画则法倪瓒、董源,刻印亦追秦、汉。寿至60开外。著有《中洲草堂遗集》。《南海县志》、《中国美术家人名辞典》有载。

陈洪绶 (1598—1652)《释氏疑年录》、《历代人物年里碑传综表》均作

(1599—1652),《历代名人年谱》作(1597—1652)。字章侯,号老莲。明亡(1644)更号老迟、悔迟,落发为僧后又号僧悔、云门僧、九品莲台主者。浙江诸暨人。陈家世代为官,远祖世居河南,南宋初才迁到浙江。祖父历任广东、陕西布政使。父亲中秀才,未入仕,家居事佛甚勤,35岁时去世,当时洪绶才9岁。幼喜画,据说4岁的时候在他后来的岳父家玩,画壁一幅十余尺高关公像,他的岳父一看关公像,吓得慌忙下拜,从此将此屋供奉关公。稍长,拓杭州府学李公麟七十二贤石刻,闭户摹十日,尽得之。出示人曰:"何若?"曰:"似矣。"则喜。又摹十日,出示人曰:"何若?"曰:"勿似也。"则更喜。10岁左右,在浙江杭州结识了当时的著名画家蓝瑛,成了他的启蒙老师。蓝瑛尝叹:"章侯之画,天授也。"16岁丧祖父,18岁丧母,洪绶与兄不合,只身赁屋绍兴。刘宗周讲学绍兴,拜为师。旋至杭州东面的萧山,借居亲戚家。因读《离骚》有感,创作了一套《九歌图》,画名遂传。万历四十六年(1618)考中秀才,之后成了萧山来斯行的女婿。26岁时丧妻,遂北上至北京拟考取功名。到京生重病,生活无着,一年后又返杭州。不久续娶韩氏,从此居杭十几年。在杭期间,几度科考,都名落孙山。这期间他创作了《水浒叶子》等传世作品。崇祯十三年(1640),他买了个"国子监生"。十六年他的画得崇祯皇帝(1628—1644)的赏识,召他进宫临摹历代帝王像,画名愈著,时称"南陈北崔"(崔子忠)。入宫三个月后,看出仕无望,他南归初到浙江诸暨,旋至绍兴,寄居徐文长(渭)故居"青藤书屋"中。明亡(1644),洪绶既不降清,又不在福王小朝廷中任官。清顺治三年(1646)夏,清兵入浙东,洪绶在绍兴围城中被俘。清将大喜,"急令画,不画;刃迫之,不画;以酒与妇人诱之,画"。(毛奇龄《陈老莲别传》)在他饮酒作画之际,看准机会逃出虎口。在走投无路中,至绍兴乡下的云门寺削发为僧。尝云:"岂能为僧,借僧活命而已。"第二年3月,由于受不了佛寺空门的清寂,离开云门寺,重又回到绍兴城内卖画度日,做和尚的时间不足一年时间。他扶老济困,具菩萨心肠,以画艺济苦难。性放诞,好妇人,人欲得其画者,争向妓家求之。生平喜为贫不得志人作画,济其乏,凡贫士借其生者数十百家。若豪贵有势力者索之,虽千金不为操笔。工人物、花鸟、山水,无不精妙,尤精人物,所画人物,躯干伟岸,衣纹清圆、细劲,兼有李公麟、赵孟頫之妙。(见图23-1、图23-2、图23-3)设色学吴道子法,其力量气局超拔磊落,在仇英、唐

图23-1

寅之上,"三百年无此笔墨也"。山水、草虫亦皆精妙,惟山水另有机轴。又是杰出的版画家,常以木刻起稿,在中国版画史上有崇高地位。能诗文,书法功力深厚。卒于山阴(今浙江绍兴)。著有《宝纶堂集》。《明画录》、《无声史诗》、《越画见闻》有载。

陈贤 字希三,号瞻葵。东瓯(今浙江温州)人。祝发于南安(今浙江武义)九日山延福寺。善作佛画,其落款每称"佛子陈贤"。书法似文徵明。曾画《十六罗汉图》被日人购去。后东渡日本,住处不详。宇治黄檗山三尊佛、圆通大士、列祖像等六十余帧,皆出其手。崇祯十六年(1643)尝作《释像圈》卷。《黄檗东渡僧宝传》、《中国佛教人名大辞典》有载。

陈梁 字则梁,号浣公,一号仑者山翁,亦称梁父,晚号散木子。初名昌应,字梦张。浙江海盐人。幼尝皈依莲池大师,法名广籍。喜读异书,凡著作、书、画,皆自创,有前无古人后无来者之概。明亡(1644)后造庵居之,称个亭和尚。僧服茹荤,自治生圹,常与友饮圹前。自题墓曰:"生无

图 23-2

愧怍,去无牵缠。"著有《苋园个亭集》。《清画家诗史》、《中国美术家人名辞典》有载。

宋旭 (1525—?)字石门(《明画录》作字初旸,《式古堂书画汇考》作字初阳,号石门)。后出家为僧,法名祖玄,又号天池发僧、景西居士。浙江嘉兴人。《图绘宝鉴续纂》作浙江湖州人。博综内外典籍,尤通禅理。善山水,尤长人物。万历(1573—1620)间名重海内。师沈周(1427—1509),学有师承,故出笔迥不犹人。其山头树木,苍劲古拙,巨幅大幛,颇有气势。(见图24)与云间(今上海松江)莫廷韩,入芝山绘白雀寺壁,时称妙绝。其款识喜用八分书,亦有古趣。万历

图 23-3

三十三年(1605)作《罗汉图》、《平沙落雁图》,时年 81 岁。《嘉兴府志》、《明画录》、《无声诗史》有载。

图 24

妙清 里籍无考。英宗(1436—1450)时僧人。北京万寿寺主持。善书,尤工篆字。正统十一年(1446)尝为万寿寺碑篆额。《中国美术家人名辞典》有载。

妙琴 (?—1581)字无弦。华阳(今四川双流)人。为理安通问和尚再传弟子。住湖北黄梅真慧寺。善诗工画,尤以画牛而得名,称"牛和尚"。画梅入妙,自号梅屋老人。《四川总志》、《中国美术家人名辞典》有载。

妙慧 俗姓马,名如玉。江苏人。江苏南京栖霞寺尼。遍游名山,后在南京莫愁湖上建庵修梵行。"无儿女之态",善小楷及八分书,士人推崇。《尼姑谭》有载。

非空 俗姓王。里籍无考。落发东山,师事无喆和尚。谨戒律,善诗歌,行草有晋人法,与学士解缙(1369—1415)交善。《翠微集》、《中国佛教人名大辞典》有载。

昇 (《书史会要》、《佩文斋书画谱》、《历代画史汇传》作昇日南,误,今从《明画录》)字日南,号照庵。吴县(今江苏苏州)人。初为僧,永乐(1403—1424)间至南京,忽蓄发;复而又削发,归吴定居。八十余染疯痹,后饿死。善绘枯木竹石,宗倪瓒,兼工水仙,尤善音律。《明画录》、《画史会要》有载。

明秀 字雪江。俗姓王。浙江海盐人。祝发邑之天宁寺。居钱塘(今浙江杭州)胜果寺,自称石门子。能诗善画,士夫称道。王阳明(1472—1529)谪官,董硕甫下第,明秀均赋诗慰问,传诵一时。后归海门。著有《雪江集》三卷。《列朝诗集》、光绪版《嘉兴府志》有载。

明纲 字宗朗。里籍无考。崇祯十年(1637)尝书《乐志篇》轴。《澄怀堂书画目录》、《中国美术家人名辞典》有载。

明函 号雪涧。浙江临海人。居靖江山保寿寺。倪太真称其恢临济之宗风,振三唐之逸响,濡墨挥毫,慧光满纸。民国版《台州府志》、《中国佛教人名大辞典》有载。

明津 字隐耕。江苏苏州人。住江苏无锡石佛庵(一作浙江嘉兴梅里石佛庵)。善画兰竹。《啸亭杂录》、《中国佛教人名大辞典》有载。

知 里籍无考。住浙江嘉兴本觉寺。善书,永乐(1403—1424)时召校藏典,宠异甚厚。《嘉兴府志》、《中国美术家人名辞典》有载。

念纯 (1587—1659)俗姓郭,名智一。江西泰和人。年18岁中进士,历官都御史,巡抚黔、粤。25岁弃官投丹霞大素出家,受具足戒于云栖、莲池和尚,印可于紫柏、憨山和尚。天启六年(1626)创莲社庵,专修净土。复建鳖山寺、清廉庵、旃檀林等,渡人无数。工楷书,善诗文。著有《官箴青螺集》、《禅净双修集》、《净土诗》。《增订佛祖道影》、《中国佛教人名大辞典》有载。

周慧虚 字默堂。福建莆田人。庠生。后落发为僧,居华岩寺。善画山水。《福建画人传》、《中国美术家人名辞典》有载。

净伊 原名丁元公,字原躬,法号愿庵。浙江嘉兴人。善画,工山水、人物、佛像,老而秀,工而不纤。写《关壮缪像》凛然有生气。能书,尤精篆,亦工诗。初为布衣,出家为僧后专画佛像,而山水笔墨尤高远。尝遍访历代佛祖、高僧,自大迦叶尊者,以迄明季莲池大师,绘为巨册,各识事迹。崇祯三年(1630)作《枯木竹石图》成扇。《国(清)朝画征录》有载。

净清 渭源(今甘肃)人。俗姓罗,名清。相貌清奇,学识丰富。年十七中举,赐进士。历官监察御史,官终户部侍郎。时塞外烽烟时起,嘉靖(1522—1567)帝命为阃外都督,率师北伐。凯旋途经五台山,谒恨修和尚,深有契悟,遂皈依碧峰和尚。晚年辞官为僧,隐修五台山北寺。明崇祯(1628—1644)间圆寂。万历(1573—1620)帝尝赐封定国真人。能楷书。著有《定国天书》。《清门考源》、《中国佛教人名大辞典》有载。

性休 (?—1653)字尺木。山西大同人。俗姓朱,为明宗室。性聪慧,善诗文,工草隶。悲国运日蹇,矢志出家。年三十,依守灯和尚落发于龙坑庵。得戒于崆峒天鼓和尚。得法于湖北汉阳不退、行勇。住泌州(今河南唐河)永庆寺。清顺治十年(1653)居汉口延寿庵寂。著有《铜鞭语录》。《五灯全书》、光绪版《山西通志》有载。

性朗 江西金溪人。疏山僧人。善绘墨竹,饮誉于时。寂于疏山。《中国佛教人名大辞典》、《中国美术家人名辞典》有载。

宝金 俗姓石,号壁峰(一作字)。乾州永寿(今陕西乾县)人。6岁依云寂温削发,旋受具足戒。穷性相学,演说如贯珠。后见如海真于缙云,示以道要,苦参六载。一日闻伐木声,发明未生前事,真为之印可。往五台建灵鹫庵以居。元顺帝(1333—1368)诏住海印寺,赐号寄照圆明。明洪武三年(1370)诏至江苏南京天界寺,奏对称旨,赐诗二十韵。善画山水,似彭玄中而不逮。亦工书。元至正二十五年(1365)书《佛说弥勒佛经》。《江宁府志》、《画史会要》、《石渠宝笈续编》有载。

宗公　里籍无考。万历(1573—1620)时僧人。能诗善书,善书颜真卿书。《佩文斋书画谱》、《中国佛教人名大辞典》有载。

宗正　里籍无考,洪武、天顺(1368—1464)间僧人。曾任浙江宁波阿育王寺住持。其后住持城中湖西三板桥福聚庵,与延庆寺僧宏论,大振论经。博通经典,学佛优行,应诏入北京,赐号戒坛禅师。能诗文,善书法。正统四年(1439)尝书《福聚庵兴造记碑》(现藏于宁波市区天一阁),书法欧阳询,笔法遒劲,端庄刚凝,《鄞县志》、《四明书画家传》有载。

宗泐　(1318—1391)字季潭,号全室。浙江临海人。俗姓周。年十四落发为僧,20岁受具足戒。依浙江杭州中竺寺笑隐和尚受业。游历宣之水西寺,迁杭州中竺、径山。洪武四年(1371)应选至京,讲演经义,详注论说,献佛乐曲。敕擢左善世,住江苏扬州天界寺,注经校藏。十一年出使西域,十三年返。后坐胡党贬至安徽凤阳,三年召还。寂于江苏江浦石佛寺。工词章,尤精古隶,虞文靖、黄文献、张潞公皆推重为方外交。著有《全室集》。《五灯会元续略》、《中国美术家人名辞典》有载。

宗奎　浙江杭州人。擅书法,祝允明(1460—1526)有《奎上人署书赞》称其:"平原风骨,溥光首面。"《佩文斋书画谱》、《祝氏集略》有载。

宗朗　号天池一苇。万历(1573—1620)时僧人。善行书。《诗余画谱》有其所书。《中国版画史图录》有载。

宗楷　字雪芝,号铁社。福建人。明诸生。明亡(1644)祝发为僧,居福建武夷山寺。善画兰,又工书法,与李怀之、蓝素仙、顾子灿号"夷山四名士"。《武夷山志》、《中国美术家人名辞典》有载。

定征　里籍无考。喜读儒书,词翰俱妙,有前人风。《中国美术家人名辞典》、《鲍翁家藏集》有载。

定皓　字东白。嘉定(今属上海市)人。初住留光寺,戒缙法嗣。成化(1465—1487)时尝任僧司录。善书,弘治(1488—1505)间写经第一,擢左善世,赐赏甚隆。《佩文斋书画谱》、《明僧弘秀集》有载。

实相　豫章(今江西南昌)人。万历二十年(1592)卓锡四川广元雪峰。解文字,精于诗画,翻刻七百则公案,译唱若干卷,达官士人,多有采藏。寂后太史黄辉为作塔铭。《锦江禅灯》、《中国佛教人名大辞典》有载。

学蕴 字知空(一作号)。云南洱海(今云南大理)人。俗姓王。9岁(一作14岁)辞父母,入鸡足山寂光寺为僧。初从大力野愚彻庸及西蜀了凡诸宿参究,后建玉霖轩,闭关习静,礼《万佛名经》,忽焉心通。宝华无住首肯之。旋居鸡足山寂光寺,寻至云南昆明,表贡山果。明帝嘉之,敕寂光为护国兴明寺。后入九台,开峰授以衣拂,使继方广法席。博极群书,能诗工书,其行草书甚得晋唐人笔意,画深具禅理。年八十(一作77)无疾登座示众而寂。著有《语录》及《草堂集》。《滇释记》、《中国美术家人名辞典》有载。

研帻 (?—1655)字绿天。俗姓沈。浙江湖州人。落发于云林清隐房。精大悲忏,工诗善画,与武林(旧对杭州的别称)诸公游。居武塘,魏学渠、钱瑛极其推重。光绪版《嘉兴府志》、《中国佛教人名大辞典》有载。

草庵 浙江人。住嘉禾(今浙江嘉兴)三塔寺。工诗画。《历代画史》、《明画史》有载。

钦义 (?—1627)字湛怀。江苏金坛人。俗姓王。10岁落发于金陵(今江苏南京)大投恩寺。年二十参谒耆宿,建黄曲社于河北尧山,久之复归长干。安徽新安汪仲嘉建一阁与居,遂不复出。禅寂之余,游戏笔墨。又善鉴别古器,贤士大夫多喜从游,因以率劝令入佛智。金陵周晖吉甫选其诗32首,附憨山、雪浪二老之后,曰《长干三僧诗》。《列朝诗集闰集》、《中国佛教人名大辞典》有载。

信衷 俗姓陈,名子龙,字人中,后更字卧子。华亭(今上海松江)人。崇祯(1628—1644)进士。历官至兵部给事中。明亡(1644)后,事福王于江宁(今江苏南京)。兵败入山为僧。翌年,鲁王监国浙江绍兴,信衷欲集太湖义军响应,事露被逮,乘间投水殉难。工诗善楷书。著有《诗问略》。《南疆逸史》、《中国佛教人名大辞典》有载。

律天如 号片石。吴县(今江苏苏州)僧人。尝从日南和尚学画,能作兰石松竹,秀雅蕴藉,为人所重。《历代画史汇传》、《明画录》有载。

姜垓 字如农。山东莱阳人。崇祯(1628—1644)进士。由知县累迁礼科给事中,所至有政绩。以直言下狱,遣戍安徽宣州。明亡(1644)削发为僧。自号敬亭山人,又号宣川老兵。及寂,同人私谥贞毅先生,能属文,工楷法。著有《敬亭集》。《南疆逸史》、《中国佛教人名大辞典》有载。

炤镜 字本澄。里籍无考。万历(1753—1620)时鄞县(今浙江宁波鄞州区)东林寺僧人。工画,善山水。遍游四明(今宁波)山川,察其山脉蕴茵之气,凡四明、天台之佳景,默记胸中,搜峰为稿,下笔如神。《鄞县志》、《四明书画家传》有载。

济上人 字玄津。里籍无考。以解吟工书,鸣于禅林。《珊瑚网》、《中国美术家人名辞典》有载。

洪恩 (1545—1608)字三怀,号雪浪。俗姓黄。金陵(今江苏南京)人。生性超迈,爽朗不群。年十三投江苏苏州报恩寺无极、湛出家。广读佛书,博综外典,旁及诗词歌赋,医卜星相。尝曰:"不读万卷书,不知佛学。"三吴名士,切磨殆遍。所书诗篇,脍炙人口,被推为明代第一诗僧。住宝华雪浪山,说法三十年,不设高座,一茗一炉,据几称性而谈,法席之盛,东南无出其右者。万历二十六年(1598)报恩寺塔顶倾侧,洪恩奋志修复。晚年于江苏吴县望亭结茅饭僧,建舍茶庵,躬自担水。书法遒媚,通名理,有江左支郎(支遁)风韵。寂后憨山德清作传,董其昌为书塔铭。著有《楞严经解》、《雪浪集》。《列朝诗集小传》、《华严佛祖传》有载。

觉同 字无辨,号雪岑。山西大同人。俗姓康。幼工诗文,善草书,尝草书《大同府善化寺记》数千言,镂诸乐石,龙掀凤舞,时人称曰:"续佛慧命,湛然清净,遐迩闻声,诗禅草圣。"光绪版《山西通志》、《中国佛教人名大辞典》有载。

觉圆 里籍无考。工书法,成化元年(1465)书《妙法莲花经》七册。《石渠宝笈续编》、《中国美术家人名辞典》有载。

祖庭 (1461—1510)号古梅。俗姓李。大明府滑县(今河南滑县)人,初习儒,通诗书,早有书名。年十八礼明福寺东沧和尚为师,研习瑜伽之学。成化十六年(1480),托钵远游,抵伏牛山,请益于古鉴。越二载,稍有开悟。后至河南登封少林寺,拜谒千江,告香入室,参历数载,发明宝镜三昧,透彻偏正玄微,得受衣法。弘治八年(1495),开堂示众。旋隐于骆驼岩双窟庵,草衣木食,屏绝尘缘。十年,登封知府等礼请返少林寺升堂,自此宗风大振,禅宗祖庭光扬,夜参昼讲,八方闻名。寻曳杖告退,于寺右结茅安居,曰:休心室。正德四年(1509),黄巢寺安禅,请坐方丈。翌年回寺,未几圆寂。嗣法弟子有明遇、福林等。《少林塔志》、《中国佛教人名大辞典》有载。

莲儒 里籍无考。自号白石山衲子。嘉靖、隆庆(1522—1572)间僧人。好绘事。著《画禅》一卷。凡缁流之能画者,自惠觉至雪窗,凡六十四家。又有《文湖州竹派》一卷,记文同画竹一派,凡二十五人。《明画拾遗》、《中国美术家人名辞典》有载。

埋庵 俗名徐数丕,字武子,号墙东居士。长洲(今江苏苏州)人。明末县学生。明亡(1644)削发为僧。居西郊一云庵。其八分书高古,远师梁鹄。诗以唐人为宗。曾手写《华严经》八十一卷。著有《埋庵集》。《昭代尺牍小传》、《中国佛教人名大辞典》有载。

真麟 字瑞庭。浙江金华人。谙内典,善书法,喜临王羲之帖。万历(1573—1620)间寓浙江杭州崇福庵。《西溪梵隐志》、《中国佛教人名大辞典》有载。

原真 (1346—1385)号用藏。俗姓宋。上海人。住上海松江兴圣寺。传《天台》教观,修《法华》、《弥陀》忏法。博极群书,戒行高洁。善书,暇则书经,随缘演说,禅坐达旦。《明高僧传》、同治版《上海县志》有载。

圆宗 字芥山,浙江杭州人。幼依香海道昱出家,日侍左右,得昱诗画真传,终以山水、花卉成家,名盛一时。《墨林今话》、《中国美术家人名辞典》有载。

圆信 (1571—1647)字雪峤,号语风,亦号青狮翁,别号径山老人。鄞县(今浙江宁波鄞州区)人。俗姓朱。年二十九弃家,访秦望善妙祯山主,引起参究疑情,欲往浙江天台求知识印证,忽抬头见古云门三字,豁然大悟。遂返里,缚茅双髻峰。后游江苏宜兴龙池,依幻有正传,与磐山圆修、天童(鄞县)圆悟,许为破网金鳞。出住浙江临安径山、嘉禾(今嘉兴)东塔、会稽(今绍兴)云门等。性好吟咏,书画亦别出意趣,为名家所赏识。著有《语录》十卷。《新绪高僧传》、雍正《宁波府志》有载。

圆悟 (1566—1642)字密云,一字觉初。江苏宜兴人。俗姓蒋。年轻时以樵耕为业,年三十从龙池幻有落发。一日,过铜官山(今安徽铜陵县境)山顶,豁然大悟,遂受记莂。万历四十五年(1617)继席龙池。后迁浙江建天台通玄、嘉兴金粟、四明阿育王,福建福州黄檗。最后中兴鄞县(今浙江宁波鄞州区)天童寺。凡六坐道场,会下龙象蹴踏,弟子三万,一时宗风大振。康熙四十四年(1705)赐谥慧定禅师。能书,正楷、草书尤善。《天童寺祖堂碑记》为其所书。著有《密云语录》、《天童直说》。《五灯会元》、《续灯存稿》有载。

晓庵 东吴(今江苏苏州)人。善画葡萄。《明画录》、《佩文斋书画谱》有载。

笑印 湖南人。住湖南衡山南岳。工画葡萄。《佩文斋书画谱》、《中国佛教人名大辞典》有载。

笑鲁 浙江人。住浙江杭州西湖笑隐庵(一名法喜院)。朝夕往来桥畔,眺望湖山,意有所得,辄赋小诗。有"一灯千古梦,万壑老僧寮"句。自言曾从董其昌(1555—1636)、陈继儒游,书法不落时蹊。后归浙江天台山,年余复来,寂于笑隐庵中。《晚晴簃诗汇》、《中国佛教人名大辞典》有载。

徐之垣 字心韦。鄞县(今浙江宁波鄞州区)人。天启五年(1625)进士。累官至江南提学御史。蕲州(今湖北蕲春)失守,着妇人衣而逃遁,闻者笑之。明亡(1644)后削发为僧,居碧溪大音庵。能文善书。《甬上耆旧传》、《中国佛教人名大辞典》有载。

徐启睿 (？—1645)又名洪节,字圣恩,一字近公。鄞县(今浙江宁波鄞州区)人。豪宕不羁,好饮酒,善击双剑。当其纵横飞越时,谓裴旻不过也。尤善刻印,不假篆文,随手所至,斯须而成,纤巨疏密,配合妥贴。即使犀玉诸刻亦然。尝于月夜独行高歌,人目为狂僧。后折节读书,所交皆一时名士。先是有杨当时、张子舆者,俱善诗,能书篆,兼工刻印,亦为时所称。《宁波府志》、《中国美术家人名辞典》有载。

唐昉 字周之,号汲庵。湖南常德人。崇祯(1628—1644)间孝廉,明亡(1644)为僧,筑庵名食苦,自号食苦和尚,又号寂堂。喜诗偈,能绘画。著有《寂堂集》。《中国佛教人名大辞典》有载。

海怀 号太涵。俗姓周。鄞县(今浙江宁波鄞州区)人。浙江镇海候涛山(今招宝山)僧人。嗜酒放任,画牡丹最工,淡墨欹斜,纵笔点染,深浅向背,灼灼欲生。写山水亦别有逸致。后蓄发,走燕赵(今北京、河北一带),名动都邑。《明画录》、《中国美术家人名辞典》有载。

海珠① 号翠微子。湖北咸宁人。宣德四年(1429)移居宁夏。长于韵学,善诗画。尝庐于父母墓侧六载。著有《居山百韵诗集》。《中国佛教人名大辞典》、民国版《朔方道志》有载。

海珠② 字珂轮,号西林老衲。明末僧人。工画,浅绛山水仿黄公望,布景繁碎,用笔干瘦,不惜层层润染,以臻完备。气味亦颇冷隽。《爱日吟庐书画别录》、《中国美术家人名辞典》有载。

海湛 江苏人。江苏常州天宁寺僧。工书画。画善山水、兰竹,萧闲恬淡,大非时流所及。《历代画史汇传》、《佩文斋书画谱》有载。

海靖 俗姓胡,名献卿。延平(今福建南平)人。善诗及画。(见图25)尝同国使往琉球国,图其山水以归。后出家为僧。《武夷山志》、《中国美术家人名辞典》有载。

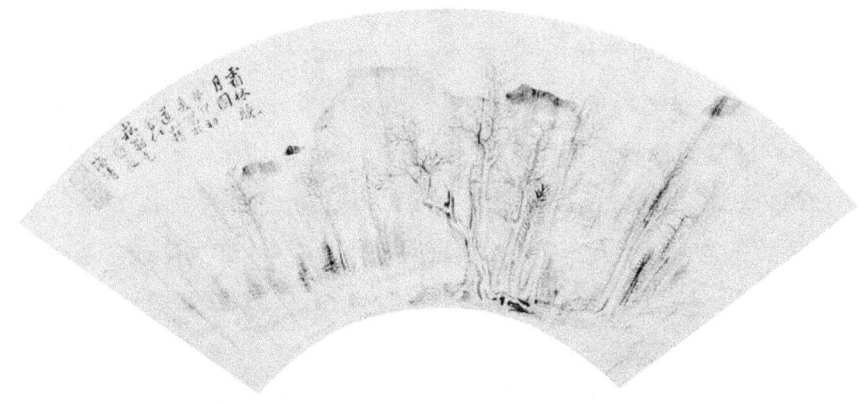

图25

海滨 号元涯。浙江人。浙江天目山僧。万历(1573—1620)时僧人。善行书,《诗余画谱》中有其所书。《中国版画图录》、《中国美术家人名辞典》有载。

悟莲 (?—1418)俗姓夏,名云英。莒州(今山东莒县)人。年二十二以疾求为尼,习金刚密乘。善音乐诗画,通经明理。著有《法华经赞》七篇及《清端阁诗集》。《善女人传》、《续比丘尼传》有载。

读彻 (1587—1656)字苍雪,又字见晓。云南呈贡人。俗姓赵。童年出家于云南昆明妙湛寺,为寂光水月侍者。年二十五,受戒于浙江杭州云栖。参雪浪于望亭,至吴门(江苏苏州)依一雨润于铁山。往住支硎中峰寺。道风谨严,学侣多趋座下。工诗善画,与文震孟、姚希孟、吴伟业诸公往复酬唱。清顺治十三年(1656)讲《楞严经》于金陵(江苏南京)宝华山,手编未终,趺坐而寂。著有《法华珠髻》、《南来堂集》。《新续高僧传》、《江苏诗征》有载。

通上人 里籍无考。工画山水。智舷赠诗有句:"一生心事凭谁说,写向孤峰只自怜。"《画名家录》、《中国美术家人名辞典》有载。

通门 (1599—1671)字牧云,号樗叟。俗姓张。江苏常熟人。初为诸生,明末悲世事蜩螗,20岁礼破山洞闻和尚出家为僧,力事参究有省。谒密云圆悟于江苏金粟,得法。后上浙江宁波天童寺,受悟和尚付嘱。出住梅里古南。崇祯十七年(1644)渡江扫塔,历主四明(今浙江宁波)栖真、嘉禾(今浙江嘉兴)梅溪、兴化(今江苏扬州)极乐诸寺,又主天童寺,退隐京口(江苏镇江)鹤林。寂于江苏苏州观渎庐,弟子奉全身塔于京口黄鹤山。善书法,笔法遒劲,兼善绘事,亦工诗文。天童寺《宏智禅师妙光塔铭》碑阴"渊默雷声"四字为其所书。著有《七会语录》、《懒斋别集》。《五灯严统》、《新续高僧传》有载。

通容 (1593—1661)字费隐。福建福清人。俗姓何。年十四,礼镇东慧山为师,17岁参湛然于福建福州华林寺,继参寿昌经、博山来。25岁往江西庐山,谒憨山和尚。29岁参浙江宁波天童悟于吼山,知见涣然冰释。42岁继席福建福州黄檗。后历主金粟、天童、杭州径山、嘉兴福严。能诗,善写花卉。著有《法语》十四卷及《五灯严统》、《祖庭钳锤录》等。《五灯全书》、《新续高僧传》有载。

通霁 字西生,号耕霜。平湖(今浙江湖州)人。中年参禅,行脚诸方。自福建归后,住持汤山。善书,能诗。著有《断山草》。光绪版《嘉兴府志》、《中国佛教人名大辞典》有载。

彬公 字化仪,号慧空。万历(1573—1620)时僧人。克振宗风,旁通翰墨。《佩文斋书画谱》、《中国佛教人名大辞典》有载。

雪 里籍无考。善山水,法元四家。游两浙,画天台、雁荡之胜,以胸中所得者,付诸笔墨,气韵生动。《无声诗史》、《中国美术家人名辞典》有载。

雪心 里籍无考。善画墨梅。《明画录》、《画史会要》有载。

雪径 原名翊镰。明皇族朱氏宗室,后出家为僧。工诗善书,书善钟、王法。《无锡金匮县志》、《中国佛教人名大辞典》有载。

常莹 字珂雪(一作号),号醉鸥、爽溪钓士。俗姓李,名肇亨,法名常莹。浙江嘉兴人。日华子。居娄县(今上海松江)超果寺。工书法,师法褚遂良。精画理,善山水,与赵左(崇祯[1628—1644]时著名画家)齐名。气息浑古,风韵静穆。淡墨干皴,极有逸致。尝以书法画葡萄尤妙。天启元年(1621)作《砚池墨雨图》

册页,崇祯十七年(1644)作《溪山高隐图》。亦工诗。著有《写山楼》、《率圃》、《梦余诸草》。《明画录》、《历代画史汇传》有载。

康雪庭 浙江人。书法宗赵孟頫,极有笔力。《乌程志》、《中国美术家人名辞典》有载。

清远 里籍无考。工诗善画。工画梅,有画梅诗,见《题画诗类》。《怀古田舍梅统》、《中国美术家人名辞典》有载。

惟寅 号樗庵。江苏太仓人。住持洞庭西湖寺。永乐(1403—1424)中至京与修三藏,赐法服、数珠、坐褥。迁居淮云寺。工书,能诗,为士林推重。《书史会要》、《吴都法乘》有载。

寄尘 湖南衡阳人。尝从册封使至琉球国,为其国所重。能诗,尤工书法。同治版《衡阳县志》、《中国佛教人名大辞典》有载。

寂澜 字法儒。秀水(今浙江嘉兴)人。崇祯(1628—1644)时住秀水天宁寺。通内外学,工书,擅行、草,兼工画,尝为汪砢玉画《摩诘诗意图》。《佩文斋书画谱》、《中国佛教人名大辞典》有载。

寂澄 号清源。武进(今江苏常州)人。能画山水、草虫。《古今画史》、《中国美术家人名辞典》有载。

寂彝 字妙喻。江苏松江(今上海松江)人。工篆籀,善画,山水宗董、米。《画髓元诠》、《中国佛教人名大辞典》有载。

郭都贤 字天门。湖南益阳人。幼聪慧异常。天启二年(1622)壬戌科进士。崇祯十二年(1639)督学江西(《画家知希录》、《清朝书画家笔录》均作明末官江西巡抚),明亡(1644)落发为僧,号顽石,又号些庵和尚。性严介,风骨冷然。博学强记,工诗文,书法瘦硬,善绘事,写松、兰、竹尤妙。《清朝书画家笔录》、《中国美术家人名辞典》有载。

维翰 俗姓吴,号铁髯。福建连江人。中年落发于卜茅雪溪,后游吴、越、齐、鲁,名流咸推重之。工画,人物、花鸟,靡不精绝。《丹麓集》、《中国美术家人名辞典》有载。

超上人 里籍无考。善画墨菊。刘崧(1321—1381)有题其所画墨菊诗。《刘槎翁集》、《中国美术家人名辞典》有载。

超弘 字幻如。福建惠安人。明广东潮州府教授刘佑子。为诸生,屡试冠军。淹贯经史,工书法。何乔远、黄道周(1585—1646)皆器重之。清顺治三年(1646)与邑令赵公及王忠孝投平山寺削发为僧。著有《瘦松集》。《泉州府志》、《中国美术家人名辞典》有载。

惠熙 字本明,自号芝庵。里籍无考。落发于江苏无锡慧山寺。善书,有诗名,与高启为友。《无锡志》、《中国美术家人名辞典》有载。

雄鉴 号瘦石。浙江人。居浙江杭州烟霞洞。通内典,善书画,石公高足。《画髓元诠》、《中国美术家人名辞典》有载。

智朴 俗姓张,号松庵。里籍无考。崇祯(1628—1644)时裨将,曾与洪承畴战于松山、杏山间,大败,逃而为僧,落发于盘山。善画。感松山、杏山之败,而作《青松红杏图》。中绘一老僧趺坐,上则松荫云垂,下则杏英霞艳,藏北京崇效寺。又尝作《训鸡图》,绘老僧抱鸡而立,似对在地猫犬致辞,盖隐寓禅机。《春明璨记》、《中国美术家人名辞典》有载。

智讷 石门(今浙江崇德)人。住持径山。性颖悟,佛典一览即通,尤工书。《石门志》、《中国美术家人名辞典》有载。

智舷 字苇如,号秋潭,晚号黄叶头陀。浙江嘉兴人。俗姓周。能诗工书。书学颜真卿行书,(见图26)稍涉吴宽(双井)。风仪成就,如霜后擘柑,香味俱绝。《方外诗选》、《佩文斋书画谱》有载。

智莘 (1480—?)里籍无考。工书法。嘉靖三十年(1551)书《金光明经塔》轴,时年七十二岁。《石渠宝笈续编》、《中国美术家人名辞典》有载。

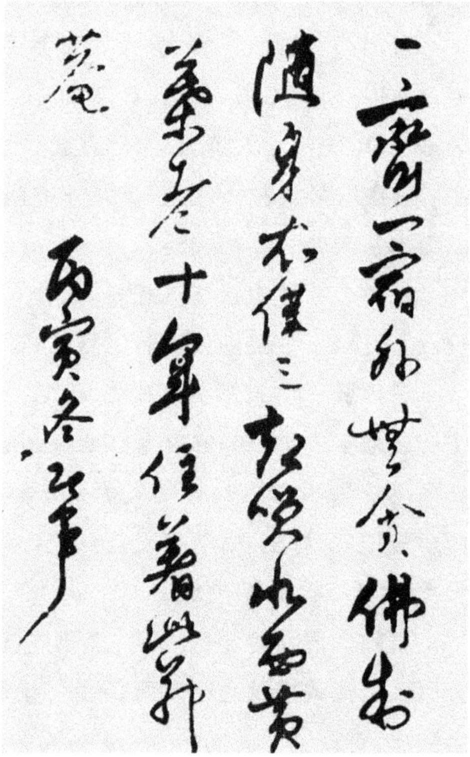

普大云 里籍无考。善画。画水仙学赵孟坚笔法,间写木石,法日南天如,俱不逮之。《画史会要》、《明画录》

图26

有载。

曾倬 号卓然子，法名广度。嘉靖四十三年(1564)举人。官湖南泸溪教谕，升知县。后落发香林寺。善书法。《临安字画》有载。

道上人 佚其姓名。里籍无考。善画墨梅。高启(1336—1374)有诗题赠。《怀古田舍梅统》、《中国美术家人名辞典》有载。

道生 字九奇。湖北黄梅人。住静庐山。崇祯(1628—1644)初来游云南江城，以诗著名。工书，右手先天有疾，能以左手运笔如飞，端楷超逸，有智永之风韵。《翠橘堂笺臆》、《中国美术家人名辞典》有载。

道机 俗姓万，名福敦，号玉山。湖北罗田人。弃举子业削发为僧，法名道机。后为道士。世宗(1522—1567)赐号清微神霄演法真人，善画兰竹，清逸有韵。《湖广通志》、《中国美术家人名辞典》有载。

道孚 字知幻。江苏江浦人。俗姓蒋。年三十削发，旋受具足戒。发愿参方。宣德(1426—1476)间，随天童寺达观入京，居于庆寿寺。后游五台山。英宗(1436—1450)敕住北京西山戒台寺，每岁敷坛宏律。又敕建净、染二门于山中，以验泾渭。仪表雄特，顶巅隆起，帝每呼为"凤头祖师"。寻授僧录讲经，移住承恩寺。颇工书法，尝于文华殿书匾额，帝称善，赠之诗，有"高僧书法胜中书"之句。寂年八十五岁。《新续高僧传》、《补续高僧传》、《中国佛教人名大辞典》有载。

道衍 (1335—1418，一作1419)幼名天禧，俗姓姚，名广孝，字斯道，自号逃虚子。长洲(今江苏苏州)人。年十四，削发于相城妙智庵。元季兵乱，遨游江湖，深自韬晦，参径山愚庵、智及得法。复居浙江杭州普庆，迁天龙。明洪武(1368—1398)中，因左善世宗泐之荐，随侍燕王赴北京，住庆寿寺。助燕王起兵，克建殊勋，功居第一。敕复俗姓，赐名广孝，拜太子少师。复命蓄发服冠，不肯，赐宅第宫人，不受。斋居素食，佉为侍者，鸡鸣即起，朗然诵经。尝监修《太祖实录》、《永乐大典》等。尝有诗云："海燕雏成辞旧垒，午鸡啼罢啄阴阶。"寂后赠荣国公，谥恭靖，享祀太庙。好读书，能诗，书法古雅，全以筋胜。兼善画墨竹。著有《逃虚子集》、《道余录》、《诸上善人咏》。《明史艺文志》、《式古堂书画汇考》、《中国佛教人名大辞典》有载。

道淳 (？—1621)字灵石，四川内江人。俗姓徐。工诗画。皈依佛门后，游两京讲说，倾动名流。著有《金刚经讲》。《内江县志》、《中国佛教人名大辞典》有载。

道联 浙江杭州人。两被召纂修大典。游戏翰墨，缁白咸重之。后坐逝，英宗(1457—1465)悼之，敕葬于藕花居之旁。《杭州志》、《中国美术家人名辞典》有载。

道源 字福裕。云南昆明人。永乐(1403—1425)初居大德寺。穷研全藏，间习文艺，尤工书法，尝以金银泥粉写《华严经》一部，贮以铜匣，供之五华寺。明末兵燹，寺僧惧其残毁，以铜匣沉入昆明湖，清总督范承勋捞取得之，而失其盖。清嘉庆(1796—1820)间渔人网得其盖，献之巡抚，其上镌有道源篆文，乃复藏大德寺。清末，寺改为学校，铜匣入图书馆，其经犹存二卷。《新续高僧传》、《中国佛教人名大辞典》有载。

湛一 里籍无考。崇祯(1628—1644)时僧人。工画山水，善写王维诗意。尝为汪砢玉写《摩诘诗句图》。笔墨工整，布置雄伟，功力极深。《珊瑚网》、《中国美术家人名辞典》有载。

禅山 里籍无考。能书，江苏扬州禅智寺月明桥傍石刻桥名为禅山所书，笔势飞动。《扬州画舫录》有载。

煦庵 浙江人。工画，竹石学倪云林(瓒)。《图绘宝鉴》、《中国佛教人名大辞典》有载。

照庵 字昇日。山阴(今浙江绍兴)人。善山水古木竹石，似倪云林(瓒)，梅竹水仙学赵子固(孟坚)。《图绘宝鉴续纂》、《画史会要》、《明画录》有载。

蜕骨 自称吴僧受珂。浙江人。崇祯(1628—1644)末寓武林(今浙江杭州)。工书画，善诗文，案头无一书，下笔博综如左图右史者，广征博引，内外通畅。交士大夫无禅气，胸中宗旨，言下浩然无碍色。《桃源县志》、《中国佛教人名大辞典》有载。

微密 里籍无考。善画，有《托钵画》传世。《艺芳书画录》、《中国美术家人名辞典》有载。

解如 里籍无考。善山水，学二米云山，颇见佳致。《画名家录》、《佩文斋书画谱》有载。

福周 字了幻，一字师严(一作号)，号休休老人。贵州绥阳人。俗姓周。自幼落发为僧。能诗善画山水。游历楚、蜀间,谒参名宿,四十年始归。结庵绥阳西山绝顶亲云禅院。禅弘宗旨,从者甚众。后自造塔刻木像,入其中跌坐而寂。《益州名画录》、《中国美术家人名辞典》有载。

福懋 字大林。长洲(今江苏苏州)人。住长洲竹堂寺。修净业,有戒行。工书画,尝游文徵明(1470—1559)之门,声名籍甚,与陆光祖为莫逆交。书学智永,画师倪瓒(云林)。《长洲县志》、《中国美术家人名辞典》有载。

端上人 里籍无考。善画山水。《明画录》、《明书画史》有载。

静问 里籍无考。鄞县(今浙江宁波鄞州区)僧人。海怀法嗣。能画,花卉、山水尽得师法,传其气韵。《鄞县志》、《四明书画家传》有载。

慧月 俗姓徐,名翩,削发前为妓,"众以翩若惊鸿目之",故又字惊鸿。工书法,能左右正反双挥,不失丝毫,当时称为绝技,时谓其书亦如她的仪态一样惊人。《尼姑谭》、《历代妇女著作考》有载。

慧心 (?—1418)号鉴空。浙江乐清人。俗姓方。幼受业于白鹤允毓,闻道于逆川智顺。戒行精严,通儒释典,善晋人书。先住浙江绍兴青莲,后住瑞安仙岩。永乐八年(1410)召入文渊阁与修《永乐大典》。赐紫衣还山。寂谥阐教禅师。《仙岩寺志》、《中国佛教人名大辞典》有载。

慧秀 字孤松。江苏常熟人。俗姓蒋。幼入虞山白雀寺。高朗其性,渊博其思,时谓法门文学、艺苑禅宗。尝游峨眉、天台、雁荡,栖仙岩休粮庵。老归江苏虞山、阳羡之间。能书,尝刺舌指血书《华严》、《法华》等经,凡一百六十余卷。《书林纪事》、《中国美术家人名辞典》有载。

慧熙 亦作慧照,字本明,自号芝庵。宋信安郡王孟忠七世孙。落发于惠山寺。善书,有诗名,与高季迪为友。尝为浙江杭州西湖净慈寺书记。晚年归惠山,号西涧老樵。著有《芝庵诗集》。《明僧弘秀集》、《中国佛教人名大辞典》有载。

墨生 里籍无考。工画山水,仿吴镇(一作画梅沙弥)。《写山楼稿》、《中国美术家人名辞典》有载。

墨浪 里籍无考。少从赵宦光学,工草篆书,后至安徽黄山掷钵庵,为广寄记室。结庵白龙潭,得念佛三昧。每劝人从止观著力。《新续高僧传》、《中国佛教人名大辞典》有载。

德清 (1546—1623)字澄印,号憨山。安徽全椒人。俗姓蔡。年十二岁投金陵（今江苏南京）报恩寺诵习经教，19岁从金陵栖霞山法会受法，依明信受具足戒。听受《华严》教义，悟法界圆融无尽之旨。后抵京师，参遍融、笑言诸老，复与妙峰同游五台。悟耳根圆通，血书《华严》。时慈圣皇太后就五台建祈储道场。礼德清和妙峰主持。及光宗（1620—1621）生，德清已遁入东海牢山。太后遣中使再征不起，赐三千金以造寺，德清乃转赈山东饥民。中使持赈籍还报，太后感叹，命颁《藏经》一部，仍率诸眷属输金造寺，赐额海印。后被诬入狱，以私造寺罪，流放雷州（今广东雷州半岛），于戍所白衣说法，四众归依。重兴广东曹溪南华。遇赦，入匡庐（江西庐山的旧称）结庵五乳峰下，参徒云集，遂成法云寺。居数年，于天启二年（1622）十二月，德清应曹溪僧众盛情邀请，回到南华禅寺，再度大宏禅法。次年十月，寂于南华禅寺。后人尊为曹溪中兴之祖。十多年后，弟子们把他的遗骸用漆布进行加工处理，升上讲座，供人瞻仰。德清文字妙敏，一写千言，书善行草。（见图27）一生中虽命途多舛，奔南走北，依然勤于著述，笔耕不辍。著有《观楞伽经记》八卷、《楞伽补遗》二卷、《华严经纲要》八十卷、《法华击节》二卷、《大乘起信论疏略》四卷、《曹溪通志》九卷等多种。《新续高僧传》、《古今100高僧》、《书史会要》有载。

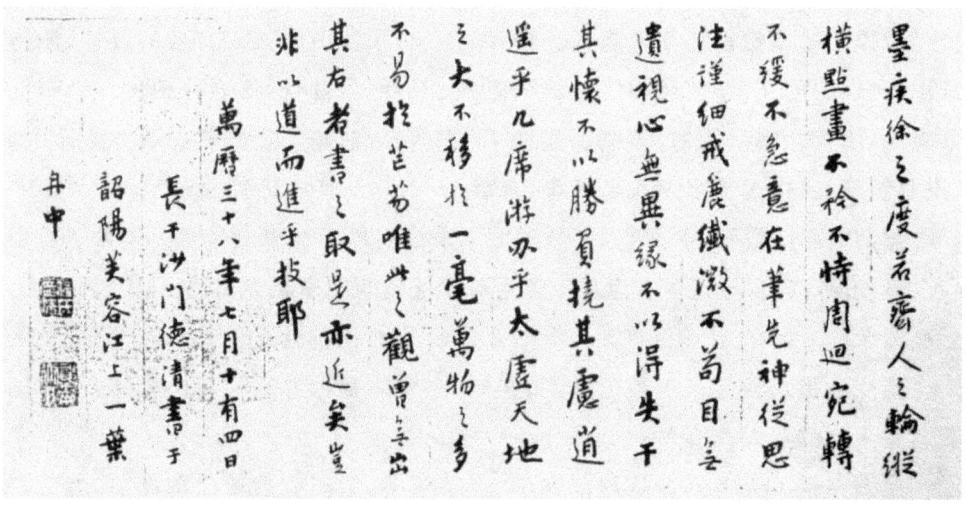

图27

德祥 号止庵。仁和（今浙江杭州）僧人。诗逼郊、岛，书法擅名一时，有铁画银钩之妙。姚广孝有《祥老草书歌》。《杭州志》、《中国美术家人名辞典》有载。

澄雪 俗姓胡,名靖,字献卿,自称澄雪道人。福建南平人。举孝廉。亲殁出家为僧。尝泛海至琉球,揽岛屿风景,绘为图志,刻画精工。并能参悟妙理,赋诗见志。博学能诗,尤善书画。《福建通志》《福建画人传》有载。

戴鹤 吴门(今江苏苏州)人。晚年落发为僧,称戴山人。工画,师陆治(1496—1576)、陈淳(1483—1544)。年七十,犹能为人作写生画玻璃(玻璃油画系来自西土,福建漳州、泉州人颇能之)。《西合和集序》《中国美术家人名辞典》有载。

邃庵 号泉石野人。江苏人。博通梵典,善于词翰。江苏金坛永寿寺思敏穷研《起世因本经》,颇多领会,欲付梓以广其传,乃于正德五年(1510)嘱邃庵为之序。《新续高僧传》《中国佛教人名大辞典》有载。

麟洲 里籍无考,善画梅,有题《画梅月》诗及题《画红梅》诗。《题画诗类》《怀古田舍梅统》有载。

第十一章
清朝佛教及佛门书画家

1644年,满洲贵族爱新觉罗氏攻取北京,替代明王朝入主中原,建立了多民族统一的大清帝国。

清朝定鼎北京后,依然对佛教采取利用和保护的政策。清对佛教并不陌生,早在入关以前即与西藏喇嘛教发生了联系。全国统一,进一步加强了君主专制主义。在文化领域,大力崇奉孔子,提倡理学,禁止文人结社,实行空前严格的思想统治。

世祖(1644—1662)福临非常崇信佛教,通琇禅师为他取了"行痴"法名,号"痴道人";道忞则吹捧世祖为"承愿示生"、"光显吾宗"的"佛心天子",深得世祖欢心。世宗简直对佛教着了迷,对身边的高僧均自称弟子,以示尊重。

顺治十七年(1660)世祖的爱妃董氏去世后,为求得精神上的解脱,一度祝发,决心入山修行。后虽被迫重新蓄发,但依然未打消出家的念头。正因为世祖一再有出家为僧的愿望,所以社会上长期流传着"顺治出家"的轶闻。

顺治(1644—1662)年间,清廷规定每年四月初八日为佛沐浴,此后,浴佛节流传了下来。

圣祖康熙(1662—1723)自幼潜心读孔孟儒家经典,因而不好仙佛。即位后,他多次表达了厌恶佛教的思想,但也充分认识到佛教是统治人民的有力工具,因而对佛教又持保护态度。圣祖六下江南,多次东巡辽沈,几乎每次都要参礼佛寺,接见僧人,题写匾额、碑文。

世宗雍正(1723—1736)皇帝对佛教禅宗颇有研究,自号"圆明居士",曾辑《御选语录》19卷,并为这些语录撰写序文20余篇。他提倡用"周孔"思想指导禅学,从而统一佛教。

世宗在日理万机之余,还与在内廷办事的大学士、军机大臣们议论佛教,世宗具有了皇帝和释主的双重身份。他把文觉禅师视为左右手,令其参与国家政务。

世宗时代提出儒、释、道三教合流主张,为佛教的生存和发展指明了方向。

高宗乾隆(1736—1796)即位,立即颁布数道谕旨,抑制释道二教。高宗命令七旬高龄的文觉禅师徒步返回江南,由地方官严加稽察、管束,同时又严厉警告文觉禅师不准妄言世宗生前的话语。

高宗也懂得佛教在维护封建统治方面所起的作用,因而也尊崇佛教,主要表现在刻经和译经上。雍正十三年(1736),清廷特开藏经馆,在明神宗万历年间所刻《大藏经》(即《北藏》)的基础上,增加名僧著述,使该书成为1 672部、7 247卷的著名《龙藏》,于乾隆三年(1738)刊刻完成。乾隆三十八年(1773)组织大批人力,从事译经工作,至五十五年(1790)完成,总共译699部、2 466卷。书成之后,高宗甚悦,特将此书和《四库全书》一同视为清朝盛世文化事业上的两件大事。

仁宗嘉庆(1796—1821)朝始,清朝国势中衰,社会动荡不安,人民起义烽烟四起。仁宗及其以后的历朝皇帝均将主要精力放在防止和镇压人民起义上,无暇扶植佛教,甚至未举行过任何崇佛活动。寺院荒废日甚,佛教在晚清已经处于全面危机的阶段。

晚清佛教在社会上已衰弊至极,但在文士之中,佛教反而出现异常活跃的气象。宣宗(1821—1851)道光皇帝时期,殖民主义的侵略,开始唤起民族的觉醒。一批先进的文人把佛教作为可以挽救国家民族的精神武器。龚自珍(1792—1841)从佛教"业报"学说引申提倡:"人心者,世俗之本",心力所至,足以"报大仇,医大病,解大难,谋大事"。其后经魏源(1794—1857)到康有为,尤其是谭嗣同、梁启超,继续发挥佛教的主观战斗精神,宣传悲天悯人的忧国忧民之思,鼓动不怕牺牲、团结奋进的宗教热情。居士佛教成了中国近代民主革命思想中的一个不可忽视的环节。

居士佛教对于佛典搜集整理和义理的探究,也有新的发展。晚清刻印佛经成风,苏州、杭州、扬州、南京等地设置了多处刻经处。

清王朝对喇嘛教尤加扶植,特别是在蒙藏和三北地区有相当大的发展。仅据藏地统计,乾隆二年(1737)属达赖的寺庙 3 150 多所,喇嘛 302 560 人,农奴 121 438 户;属班禅的寺庙 327 所,喇嘛 3 670 人,农奴 6 752 户。到光绪八年(1882),寺庙 25 000 所,僧尼 76 万余人,据统计,约占当时藏族人口的二分之一。至此。喇嘛教已经走上它的反面。按藏传佛教黄教戒律,僧尼不得婚嫁,喇嘛一般不事生产,特别是不能从事农业生产。这对于藏族地区人口和经济的正常发展是极其严重的威胁,也危害了整个民族的发展。

世祖定都北京后,即在顺治九年(1652)邀请五世达赖入京并受册封,从此黄教又一次在汉土广泛流传。体现在佛教美术方面,首先是在清代的建筑的佛寺、佛塔中多体现喇嘛教的特色,再者雕塑的佛像,能体现清朝佛教艺术水平的,大多是喇嘛教的风格。

清朝前三个皇帝都爱好书画,画事兴旺,但所画的内容多为帝王歌功颂德和山水、花鸟等世俗之画,尤其是郎世宁等一些外国画家来华,深得帝王推崇,故此世俗之风有增不减。对佛教绘画,却很少有人问津。清代一些汉传寺庙中虽然有大量壁画,但大都是门神、鬼怪、神灵、诸仙及一些世俗画,早已失掉了佛教画的意义。好在清朝出了四位著名的佛画大家杨芝、丁观鹏、金农和罗聘,成为清朝佛画的绝响。

值得大书一笔的,是清朝还有四大画僧八大山人、石涛、髡残、弘仁,他们被称为一代宗师。后面将在佛门书画家中详细介绍。再有清末的僧人著名画家还有虚谷、大须、竹禅、仓崖等,为清朝画坛抹上了浓重的一笔。

清朝书法家在"文字狱"的恐怖痛苦之余,为了明哲保身,便纷纷收敛思想,把精力投到了考据等学术研究中去,由此表现在书法上,便是回转到了复古的旧路。即便是这样,成就卓越的书法家也是多不胜数,仅是方外的书法名家就有八大山人、石涛、虚谷,等等。

清朝至 1911 年灭亡,统治长达 267 年。加之离现代又近,故有载的佛门书画家众多。

一分　一作一兮,里籍无考。似明代遗民隐于僧者,善画,尝与渐江(1610—1663)合作《山水图》,为时所珍。《青岩集》有载。

一叶 里籍无考。字栖碧，号是岸。住锡上元（今江苏南京）永济寺。善绘竹菊，博学工诗。著有《笑花轩集》。《莫愁湖志》有载。

一足 里籍无考。法名济恩，号斯電子。明亡（1644）后出家。康熙（1662—1723）初至湖南醴陵，住锡云岩寺。学通内外，善书工诗。著有《语录》及《诗集》。光绪年《湖南通志》有载。

一泉 初名三友（一作字），法号宝源（一作实源），自号梅花禅子。俗姓张。青浦（今上海市）人。少习儒，志趣高尚，不屑科举，投来清阁出家。张照（1691—1745）构别业于横云山下，延请一泉住院，适掘井有甘泉之应，因更今名。工书法，学米芾，矫然不群，张照笔墨，半出一泉手笔。善画，工梅竹，笔致纵横，不拘绳墨。乾隆十六年（1751），帝南巡，一泉进呈《梅花图》长卷，获嘉许，敕住江苏苏州花山。晚年北游，住锡河北保定莲花寺。（见图28-1、28-2）《海上墨林》、《古代上海艺术》有载。

图28-1

一峰 字墨泉。宝山（今上海市）人。工画，善写梅。《江湾志》有载。

一乘 里籍无考。善诗工画。康熙（1662—1723）中，帝南巡至江苏镇江北固山，一乘进呈《长江万里图》，帝赐衣履。《中国佛教人名大辞典》有载。

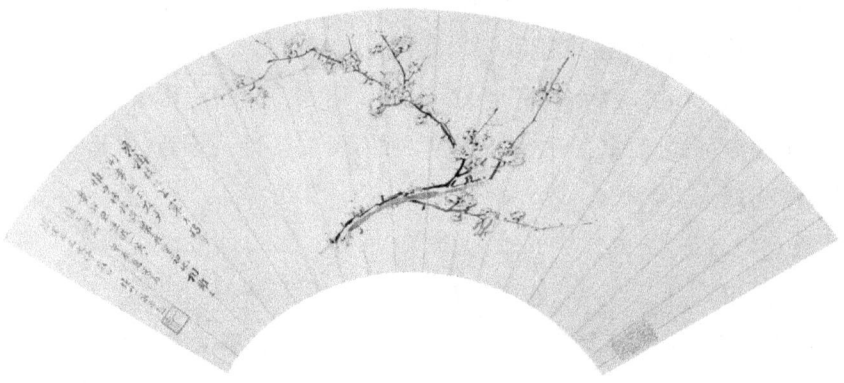

图 28 - 2

一理 里籍无考。字庭敏,又字静惟,别号日斋。浙江杭州辩利院僧。清修苦行,有德操。能诗,善画。著有《学圃小稿》。《清画家诗史》有载。

一庵 江苏扬州僧人。能书法,尝书扬州对薇亭额。《扬州画舫录》有载。

一智 字廪峰,一作石峰,别号黄海云航护迁客。安徽休宁人。雪庄弟子,通佛儒各家之说。善画山水,用笔疏爽,为世推重。《国(清)朝画征录》有载。

一超 俗姓姚,号纳些。浙江嘉兴人。习天台宗,开法江苏邗江天宁寺。晚归隐居新篁里太平寺。工画,精墨竹,亦能词。著有《归去来词》三十首。光绪《嘉兴府志》有载。

一静 称一静和尚。福建仙游人。住灵云寺。工画,善人物。寺内有《文昌图》,工巧绝伦,出自一静手笔。《福建画人传》有载。

二泉 字牧山。江苏无锡人。工画,善山水,多奇构。不持佛戒,饮酒、食肉、任侠,轶禅规,辟佛者遇之,把臂入林。《中国美术家人名辞典》有载。

七处 俗姓朱,名睿　,字翰之。金陵(今江苏南京)人。明宗室。明亡遂削发为僧。性情远逸,迥出尘俗。清顺治三年(1646)为陶庵作《山水图》,七年(1650)作《山水图》扇子,现存故宫博物馆。八年(1651)作《三山书院》长卷。所作山水禅趣清逸,为世所珍。《金陵琐事》、《桐荫画论》有载。

九峰 浙江台州(今浙江临海)人。出家后,以画梅壬遁,游杭州士大夫中。画梅枝干颇劲,惜趣尽画中,笔外无笔。按《画林新咏》载有九峰僧,住江苏镇江焦山,善画梅,疑为一人。《中国美术家人名辞典》有载。

了义 俗姓王,初名常清,号松光,又号纳庵。屯溪(今安徽黄山)人。主持

中国佛门书画家图典 | 139

杭州南屏净慈寺。善琴、弈,研习经论,过目不忘。参径山雪得法。乾隆(1736—1796)间主杭州净慈寺。禅诵之余,工诗,善丹青,见称于时。山水得奚冈(1746—1803)指授。《历代画史汇传》称其:"字相先,主云徒,南屏方丈。山水与其师抗衡。"尝为陈文述绘《壑庵招隐图》。著有《妙香轩诗钞》。《墨林今话》、《耕砚田笔记》有载。

了言 后更名道虚,字文空。钱塘(今浙江杭州)人。住杭州昭庆寺慈寿堂。先习律,继修禅,洽通佛儒。能诗善画。著有《诗草》、《画谱》。《昭庆寺律志》有载。

了学 字小石。浙江杭州人,善诗,工篆书,精治印。往来邗上(江苏扬州)为伊秉绶(1754—1815)、洪桐生所赞赏。康山江文叔欲延请其主平山席,不就。《广印人传》有载。

了真 字恒朗。江南人。住锡易州(河北易县)西城寺。善画墨葡萄。《画人补遗》有载。

了然 里籍无考。字纳庵。曾为江苏扬州平山堂方丈。工画,为吴筱庄(1773—1849)画弟子。喜花卉,亦善八分书。(见图29)《扬州画苑录》、《扬州历史人物辞典》有载。

了禅 字月辉,俗姓雷。江苏宝应人。住江苏镇江焦山定慧寺。工诗善画。《焦山续志》、《扬州历史人物辞典》有载。

了德 (1650—1717)俗姓朱,字弘方,号西怀。吴郡(今江苏苏州)人。年十三,皈依福建永定省己祝发。慧闻见而器之。20岁受戒华山见月。参释三峰、硕揆,领悟狗子佛性语。归吴门,听杯渡、际明诸师讲说,末受慧开开示。奉母居华顶,专修观行。母殁回住永定,启讲《华严》,日念阿弥陀佛。工书,善行草。亦能诗。皆弃而不留。著有《法华略疏》十卷、《贤首宗乘》七卷、《永定寺志》二卷。《中国佛教人名大辞典》有载。

八大山人 (1626—1705)俗姓朱,名耷,谱名统　。江西南昌人。明宗室,为宁献王九世孙。当初朱元璋一统天下,大封子侄,将其第十七子朱权封于大宁。永乐初年,改封南昌,史称宁献王。宁献王在江西繁衍八支,朱耷属弋阳王支。虽然暂时还缺乏足够的证据,不过后人大多认为朱耷是朱谋　的儿子。谋　字太冲,号鹿洞,是颇有名望的书画家。明亡(1644)不久,朱耷父亲去世。清

图 29

顺治二年（1645），清军攻入南昌，朱耷携妻抱子逃往奉新山中。未几妻儿相继去世。国灭、家破、人亡，他无可奈何地装聋作哑，以防"祸从口出"。与人交往，纯用眼神表情，"左右承事者，皆语以目，合则颔之，否则摇头"。顺治五年（1648），朱耷遁至江西新建西 20 公里的洪崖山下，筑室养亲，定居下来。洪崖山左有佛教翠岩寺，右有道教应圣宫，为万念俱灰的朱耷昭示了一方净土。是年，他投奔耕庵老人主持的介冈灯社，皈依佛门，祝发为僧，法名传綮。顺治十年（1653），受

"正法"于耕庵。数年后主持介冈灯社。又数年之后,朱耷离开了栖身达十三年之久的介冈灯社,突然弃佛还俗。有载朱耷的还俗,或许认识到应该对尚活在世上的母亲有个交待,所谓"不孝有三,无后为大",因此"遂慨然蓄发谋妻子"。朱耷还俗之后是否娶妻生子?至今也未定论。但有定论的是,他很快又改信道教,入了道观修行,取名朱道朗,字良月,又号破云樵者。顺治十八年(1661)夏,清廷对江西各地采取安抚政策,局势趋于稳定,不再对明宗室追究迫害,于是朱耷的弟弟将母亲接回南昌奉养,朱耷亦返回故地,在南昌东南15里唐朝太乙观旧址上扩建一所道观,定名为"青云圃",朱耷在此习静修真的同时,研习书画,吟诗啸咏。康熙十七年(1678),朝廷为笼络名儒硕士,专设博学鸿词科,诏令官府举荐饱学之士为朝廷所用。此年,江西临川知县胡亦堂以修撰县志为名,将53岁的朱耷及其释弟饶予朴请到了临川。官舍内刻板拘束的公门生涯,令朱耷颇有寄人篱下的屈辱之感。一年多郁闷终于使朱耷变成疯子,"初则伏地呜咽,已而仰天大笑。笑已,忽徒跣踊跃,叫号痛哭。或鼓腹高歌,或混舞于市",更甚者他公然大便于大堂之上,胡知县不胜其扰,只能放归了事。回到青云圃,疯病逐渐痊愈。康熙二十六年(1687),62岁的朱耷将道观交付弟子徐若愚主持,飘然浪迹而去,过着亦禅、亦道、亦儒的生活。先是寄居在僧友淡雪的北兰寺,淡雪圆寂后,他在南昌搭建了一处简陋的"寤歌草堂",栖身与此。在"萧萧满席尘"的寤歌草堂,朱耷"诗画入禅真",他传世的一幅幅佳作,绝大多数是其生命最后二十年出品的。这期间,朱耷靠借贷和鬻字卖画为生。他书画署名的别号甚多,有雪个、个山、人屋、驴汉、个山驴、驴屋驴、刃庵、道朗、良月、破云樵等。所书八大山人,必联缀哭之或笑之的字样。工书法,行楷学王献之,淳朴圆润,无明人习气。狂草亦怪伟,他独创了"秃笔圆体"的"八大体",抑扬顿挫,藏锋护尾,内富外蕴,自成一家,用他自己的话来说,就是"气象高旷而不入疏狂"。尤善绘画,山水学黄公望,在构图上又受董其昌影响,但用笔干枯,一片荒凉气象。花鸟画在沈周、陈淳、徐渭水墨花鸟画基础上,树立特殊风格,简单奇异,不落恒蹊,而用笔用墨,于豪放中有温雅,于单纯中有含蓄,能用极少的笔墨表现极复杂的事物,与石涛画风异曲同工,对于清代花鸟画有极大的影响。往往画鸟只画一足,画眼则眼珠向上,所谓"白眼看青天",以寓其对清廷的不平之气。有评者云,八大山人的画旨在突出一个中心:即表现对大明故国的哀惋,对异族入侵的仇视,以及对各级当政者的讥讽。他书画中有极多的禅学因素,一个23岁皈依佛门,禅学造诣极深的天才艺术家,不可能不把博大精深的禅学溶入到他的书画创作当中去。(见图30-1、图30-2、图30-3)朱耷存画印本很多。《朱氏八支宗谱》、《清画家诗史》、《辞海》等有载。

九如 里籍无考。住锡金陵(今江苏南京)雨花台云锦殿。工画山水,秀逸有致。《上江两县合志》有载。

三明 俗姓马。临桂(今广西桂林)人。能书法,尤善篆刻。《广印人传补遗》有载。

大川 字小默。浙江瑞安人。少业儒,年二十为僧。历游诸名胜,后住锡浙江瑞安天王寺。喜与士人游。工诗,精医道,善画兰、竹,亦善草书,清矫拔俗。有《四筱堂诗稿》。《清画家诗史》有载。

图30-1

于宗 字本光。里籍无考。工画,善佛像。《中国画学全史》附录有载。

大汕 (1632—1704)字石濂(一作号),又字石莲、石湖,号厂翁(一作字)。俗姓徐。广东岭南(一作江西九江)人。落发于觉浪道盛。初居燕之西山,后历住吴门(江苏苏州)竹堂、嘉兴水西、吴兴(今浙江湖州)广福诸刹。康熙六年(1667)扫塔曹溪(广东广州),应请主持狮子林及广州长寿诸刹。三十三年(1694)春,越南国王阮福周专派使者迎请大汕前往说法,大见信重,逾年归国。

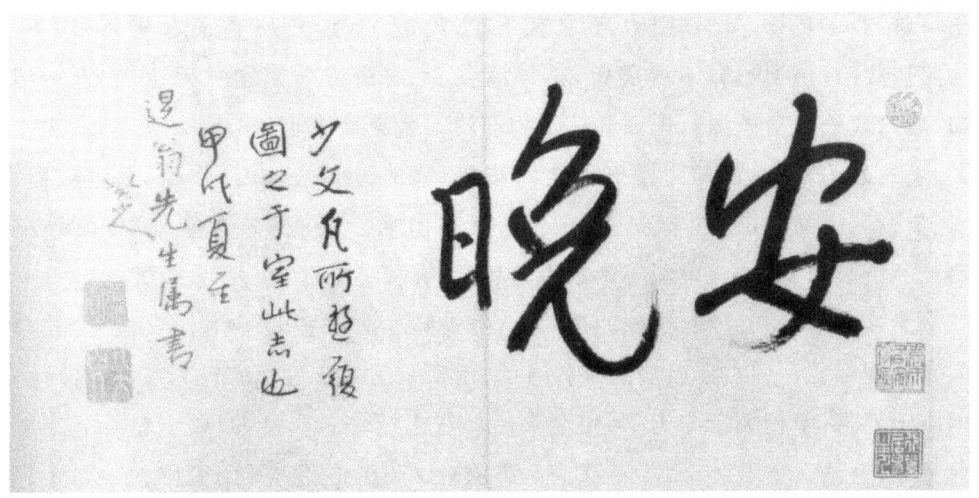

图 30-2

图 30-3

工诗善画,多巧思。所作山水,宛如龚半千(贤)。亦工写照。康熙十七年(1678)为陈迦陵绘《填词图》,丰颐美髯,精神活泼,一时海内名流题咏殆遍,三十一年(1692)作《松风亭子图》,现藏北京文物部门。名流吴伟业、陈其年、高士奇、宋牧仲、田纶霞、王渔洋皆与之唱和。能以花梨、紫檀、点铜、佳石,作椅、桌、屏、柜、盘、盂、杯、碗诸物,往往有新意,士大夫无不称赏。著有《离六堂集》、《海外纪事》。《清画家诗史》、《中国美术家人名辞典》有载。

大冶 名汞。富顺(今属四川)人。俗姓陆。明末进士。崇祯(1628—1644)间官内阁部曹。明亡后遁居高邮界首镇,寄宿东岳观。洪承畴极力推荐于清廷,因耻于阿附,亟投关帝庙为僧,更名大冶。苦志精修。能楷书,颇工整。圆寂后色身不坏,邑人集资装金,供奉该庙。著有《大冶方外集》。《中国佛教人名大辞典》有载。

大拙 俗名吴鼎,号达谛。江苏镇江人。曾官礼部员外郎。明末世乱,浪迹僧流,历览名胜,入滇(云南)尝居新兴嵋峨(今云南峨山彝族自治县)。善诗工书,州人多师事之。痛伤家国沦丧,醉后辄仰天悲啸。清康熙十年(1671)始归。《明季南略》、《担当遗诗》有载。

大须 (?—1889)俗姓蔡,字芥航,一作介舟,号六不头陀(一作不不头陀)。了禅弟子。江苏盐城人。家贫,年十二出家,祝发于吴门三元宫。于樊汉水陆寺受戒。晚年至镇江焦山,为月辉所重。咸丰十一年(1861)主持焦山定慧寺,置藏经室,立禅诵堂。不时讲说,以薰修文字,诱掖后进。彭玉麟(1816—1890)与订方外交。通《法华》、《华严》及儒家经文。工诗善画,画兰竹颇佳。《清朝书画家笔录》、《新续高僧传》有载。

大剑 俗姓唐,名允甲,字山茨。安徽宣城人。明末官中书舍人。明亡后出家为僧。行脚四方。晚隐居安徽黄山。工书,所书经偈,人皆珍爱。

大振 上元(今江苏南京)人。学贯内外,工书善画。住锡南京钟山灵谷寺。同治《续江宁府志》有载。

大涵 俗姓潘,字雁黄,号吃雪子。江苏吴江人。9岁为沙弥。既长,入灵岩寺,从师洪储游南岳。禅理文心,俱极超妙。遁走雪中,以雪充饥,因号吃雪子。后往住温州雁荡、安徽黄山、浙江海宁安国等寺。康熙(1662—1723)中陈元龙招之游罗浮,至广东肇庆鼎湖山而圆寂。能画老松怪石,亦能诗文。著有《黄山草》、《西湖草》、《补陀南参集》、《弹指集》、《桂岩壮游集》、《盐官剩草》等。雍正《浙江通志》、《新续高僧传》有载。

大嵩 山阴(浙江绍兴)人。能诗善诗文,工画,擅山水,颇超脱。《中国美术家人名辞典》有载。

大智 (1611—1671)俗姓方,名以智,字昌公,号鹿起,又号密之,又号浮山愚者。安徽桐城人。明崇祯十三年(1640)进士,授检讨。少年时曾参加复社活动,与陈贞慧、吴应箕、侯方域号称"四公子"。明亡后,投昭乎迥山祝发受戒,易

图31-1

名宏智,字无可,亦字墨历,别号药地和尚。嗜枯寂,粗衣粝食,有贫士所不能堪者。于是谢绝一切,惟意兴所至,或诗或画,偶一为之,然多禅语自喻而已,不求人解。清顺治十年(1653),谒金陵天界觉浪、道盛圆具,道盛示高峰堕枕话,发其机用,遂闭关高座,久之深入堂奥。后继席新城寿昌,迁吉州青原、舒州浮山。工山水,所作得元人遗意,淡烟点染,笔入三昧。每乘兴作画,多用秃笔,不求甚似,尝戏示人曰:"若猜此何物,此正元道人得无处也。"拈此二语,则道人之禅机画趣亦露一斑。字作章草,工二王。顺治九年(1652)尝作《意在笔外图》。著有《通雅》、《古今性说》、《一贯问答》、《物理小识》、《浮山集》、《易柳》、《炮庄》、《话趣》等。(见图31-1、31-2)《五灯全书》、《国(清)朝画识》有载。

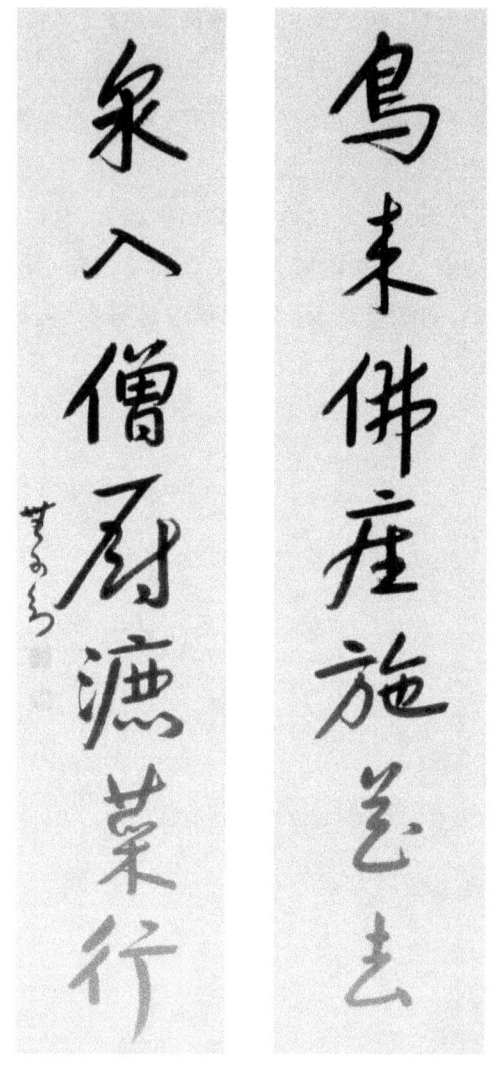

图31-2

上鉴 俗姓吴,名琪,字蕊仙,又字莺期。长洲(今江苏苏州)人。康侯女,与绡为姊妹,管勋妾。明亡(1644)后夫死于官,服丧期满,遂削发出家为尼。出家后名上鉴,字辉宗,号佛眉。工诗画,能文章,尤好大略。擅画山水、人物、禽鸟、花卉,秀美雅致。她的女友周琼赠诗有"岭上白云朝入画,尊前红烛夜谈兵"。把上鉴的画和兵法,以及从早到晚的一天生活客观地反应了出来。尤侗(1618—1704)有《鹧鸪天》一首赞美上鉴的画,题为《题女史吴蕊仙画》:

拂水佳人堕马妆,春来响屧满横廊。绣繻甲帐无消息,暮雨潇潇空断肠。笔翡翠,砚鸳鸯,吴绫三尺写红窗。青山碧水无人处,乱点桃花赚阮郎。

上鉴作诗词甚多,《妇人集》有赞:"蕊仙才情新畹,当其得意,居然刘令娴矣。"《宫阙氏籍艺文考略》有评:"灵气飘渺,如梦中变换。"著有《琐香》、《香谷焚余草》、《佛眉新旧诗》,又与周琼(飞卿)合著《比玉新声集》。《中国名尼》、《续比丘尼传》、《清画家诗史》有载。

上睿(1634—?)吴县(今江苏苏州)人。字静睿,一作浔睿,又作浔濬,号目存,又号蒲室子、童心行者。出家瑞光寺,后居东禅寺。工诗,精山水,又善人物,尤善佛像,称杰佛门。诗以清秀胜,与惠士奇、张大受结诗社,著《习馀吟》。山水得王翚指授;花鸟得恽寿平真传;人物亦得古法,有唐寅笔意。(见图32-1、图32-2)有名声,当路荐入京师,旋以疾告归。卒年不详。《宋元明清书画家年表》谓上睿

图32-1

康熙二十五年(1686)有仿宋元山水册,雍正二年(1724)作《溪山密雪图》,则卒年当在九十以上。《历代画史汇传》、《吴门画史》、《国朝书画家笔录》、《中国佛教人物大辞典》有载。

图 32-2

山止 浙江人。清康熙(1662—1722)时主持浙江杭州西湖韬光庵。能诗善画,士夫钦仰。著有《纪游集》。《中国佛教人名大辞典》有载。

山语 金陵(今江苏南京)人。遍住蒋山诸寺。工画,善绘山水,士大夫尊事之。《图绘宝鉴续纂》有载。

山灝 俗姓顾,字湘云,又字湘州。吴江(今江苏吴县)人。于东洞庭翠微庵出家,越数年,往灵岩谒过庵,言下契合。继正遘衣钵。历主持长洲天宁、苏州尧峰、皋峰,圆寂于翠微庵。能画工诗。著有《翠微诗钞》、《懒融堂诗草》、《雪泥鸿爪集》、《天宁语录》、《尧峰语录》等。民国《吴县志》有载。

个亭 俗姓陈,名梁,字则梁,自称散木子,又号仓者山翁,亦称浣公。浙江海盐人。明末甲申(1644)之变后出家为僧。善书工诗。著有《苋园》、《仓者》、《浣笔池》、《个亭》诸集。《昭代名人尺牍小传》有载。

千一 俗姓王,字远人,号柔也。浙江海宁人。住杭州西湖昭庆寺,海昌(今海宁)护国院,曾主安溪东明寺。谨持戒律,精勤念佛。工画墨梅,不轻为人作,传世绝少。《六舟画记》、《新续高僧传》有载。

广见 字多闻,号瞎堂。云南人。清康熙(1662—1722)间落发于云南寻甸州音吼庵。好游览,善绘事,尝刺血书《楞严》、《法华》各一部。供奉本庵。亦能诗。著有《墨光楼诗集》。《滇诗略》、《云南通志》有载。

小默 名大昌。里籍无考。道光间(1821—1851)住浙江瑞安城西天王寺。工书法,能诗,兼画。所画兰竹在明基之上。医学尤精。孙衣言极称之。《瑞安艺术传》有载。

王莲 又名岳莲，字韵香，号清微道人，又号玉井道人。女尼，一作女道士。嘉道(1796—1850)间江苏无锡人。自幼出家，住持福慧双修庵。工诗词，善画兰竹，多小幅，娟静疏朗，别具风格。有《空山听雨图》小影，名流题咏者百余家。尤精楷书，初学《灵飞经》，中岁习刘墉(1719—1804)，楷法古雅异常。后为人所负，自尽卒。《清画录》、《清画家诗史》有载。

天池 江苏扬州僧人。工书法。尝书"林外野人家"五字于扬州偶寄山房。《扬州画舫录》有载。

天晓 安徽芜湖人。兴国寺首座。能诗善绘，画擅墨梅。《黄钺画友录》有载。

元开 安徽黄山人。主持安徽泾县黄檗道场。善书、画，有名声。《泾县志》有载。

元弘 《历代画史汇传》作元宏，俗姓姚，字石庭，号杜鹃和尚。会稽(今浙江绍兴)人。年十七祝发。康熙(1662—1723)间主京都弥陀寺，尝召对畅春园，赋诗称旨。康熙四十六年(1707)至天津海光，与成衡键关结夏，笺疏《楞严》。精于书画，诗尤工。著有《杜鹃集》、《高云集》。光绪《重修天津府志》、乾隆《绍兴府志》有载。

元志 字寓谷。里籍无考。康熙(1662—1723)间江西余干菩提寺僧。通内外学，工书画，亦能诗。《中国佛教人名大辞典》有载。

元珑 (？—1723)俗姓李，字牧堂。华亭(今上海松江)人。出家于吴(今江苏苏州)瑞光寺，参大渊 得法。继住华亭瑞应寺。生有异质，工诗文，精绘事。康熙(1662—1723)南巡，诣准进《万寿颂》、《长生图》，赐匾额、诗扇而归。晚悔苦吟，尽焚旧稿。居陈墓莲池，参修精进，皓月横空，临溪独坐，忽有所得，遂示圆寂。《中国美术家人名辞典》有载。

元亮① 俗姓黄，字浩则。广东番禺人。少为佣，目不知书。及祝发为僧，顿开智慧。晓诗，善书大字。开法广东顺德宝林寺，敬礼皈依者甚众。咸丰《顺德县志》有载。

元亮② 号印天。里籍无考。住锡宜良岩泉寺。性慈善，遇道路崎岖险阻，辄率徒众修补，行人称善。工绘事，善画葡萄。尤精岐黄术，救治百姓甚众。同治(1862—1875)间卒,寿八十余。《宜良县志》有载。

元度 (1671—1727)俗姓张,字济生,世称度禅师。山东昌乐人。年13投恒安宴和尚出家,依佛定和尚圆具足戒。后参谒节崖琇和尚,彻法源底。历住江苏泰州雨声,浙江嘉兴金粟,金陵(今江苏南京)祖堂、圣因,东台景德,扬州福缘、救生等处。工书法,为时所宝。著有《语录》、《阅藏随笔》。《清朝续文献通考》有载。

元觉 (1624—1681)俗姓简,字离幻。广东顺德人。晚居罗浮石洞,因以为号。早年礼宗符得度,侍从朝夕。年三十受具足戒,从栖壑严律。受本师宗符开悟。继主华林,大兴云门之道。晚年与迹删相契,相与游戏翰墨,以笔墨作佛事。著有《石洞遗书》、《咸涉堂前后集》。咸丰《顺德县志》、道光《南海县志》有载。

元晖 字鉴微。里籍无考。康熙(1662—1723)时杭州莲花精舍住持。工山水,在王鉴、王原祁之间。又善人物,所作《纳凉图》长卷,有吴允嘉、毛奇龄、宋荦诸名流题咏。《两浙名画记》、《清画家诗史》有载。

元逸 字秋远。浙江嘉兴人。康熙(1662—1723)间住锡嘉兴祥符寺。博雅好古,书学二王,画山水得黄公望之高旷,声名四被。日本人常以百金求其尺幅,所得润资悉归常住与济贫困。《图绘宝鉴续纂》有载。

元煌 俗姓陈,又名超煌,字泉声。福建龙溪人。清顺治(1644—1662)中主浙江宁波天童寺法席。工诗善画,见重于时。《武夷山志》、民国《天童寺续志》有载。

元慧 字独门。吴(今江苏苏州)人。工画,善墨梅。名士金俊明(1602—1675)与之交好,时共游栖。《退斋心赏录》有载。

元璟 字借山,号红椒。又号晚香老人。初名通圆,字以中。浙江平湖人。从儒入释,祝发于化城庵。性稚鲁,每夜虔礼大士像,积数十年。遍参禅宗诸名宿。多通经论,能书善诗,笔秀骨清,造境闲远,悟性空灵。康熙四十二年(1703)帝南巡,赐御书"栖心寺"额及石砚。晚住宁波天童寺。著有《完玉堂诗集》。《清诗别载》、《天童寺志》有载。

无我 字尚己,广东人。为平南王尚可喜女儿自悟的侍女,自悟落发为尼,无我随侍也落发住进平南为女儿在广东南海越井冈南面建的檀度庵中。无我能诗善画,尤其擅长人物画。未出家前,尝为自悟画过一张肖像,披发紫衣,峨眉双蹙,若有重忧,形神兼备,妙入神品。出家后有天自悟在浓绿的蕉荫中,支颐枕石而卧,非常潇洒,无我即兴落笔,妙写成图,并在画上题首一绝:"六根净尽绝尘埃,嚼蜡能寻甘味回。莫笑缘天陈色相,谁人不是赤身来?"诗画双美。无我书法娟秀熟练,有王羲之《兰亭序》的遗意。《中国名尼》、《续比丘尼传》、《南海百咏续编》有载。

无学 庐陵(今江西吉安)人。居西峰寺。工诗善书,为诗赠人,多劝导讽语。讲座杖麈如意,皆发明微旨。注《楞严经》,尤为宗匠。寂于九江。《吉安府志》、《中国佛教人名大辞典》有载。

云坞 字性明,号崇远。四川新繁人。住龙藏寺。能诗工书。著有《云坞古今诗钞》。《益州书画录续编》、《中国美术家人名辞典》有载。

支三 字息凡。浙江天台人。住江苏苏州高峰晋庆寺。创建大悲阁止观堂。工诗善琴,尤工书法。书法直逼二王,时人称叹。民国《吴县志》有载。

不齐 广东东莞人。东莞龙沙庵僧。工墨梅,同邑周序鸾题其画梅有云:"不齐画笔如椽大,画得梅花奇且怪。笔在纸中神在外,纸裁十尺犹嫌隘。"《中国美术家人名辞典》有载。

友月 里籍无考。江苏宜兴化城寺僧。与常州钱伯坰(1738—1812)游。善书法,以李邕为宗,出入颜真卿、柳公权之间。《国(清)朝书画家笔录》有载。

友白 俗姓陆,号剩庵。江苏昆山人。圣像教寺落发。操行苦卓,遍参名山,归老于寺。工诗画,善行草。光绪《昆新台志》有载。

巨 字爱庵。江苏常熟人。工画花鸟。《虞山画志》有载。

巨来 江宁(今江苏南京)人。工山水。曹寅(1658—1712)极称其能。《国(清)画征录》有载。

止中 号春雪。江苏华亭(今上海松江)人。工山水,学珂雪一派,笔墨秀润,丘壑冷落。《中国美术家人名辞典》有载。

见心 毗陵(今江苏常州)人,住赵庵为尼。善画梅。《畊砚田斋笔记》、《中国佛教人名大辞典》有载。

见如 俗姓陆。番禺(今广东广州)人。喜治印。《广印人传补遗》有载。

见初 号懒堂。浙江杭州人。能篆刻,与陈鸿寿(1768—1822)为方外交,探讨治印之学。《广印人传》、《中国美术家人名辞典》有载。

见贤 俗姓陈,一名际贤,字省凡,更字省斋。乌程(今浙江湖州)人。幼年祝发于杭州天竺寺见心山房。年十八受度于心持。工诗,善山水。朱文藻(1735—1806)、严古缘(果)喜与为方外交。年五十二圆寂。著诗自题曰《静中一笑》。《两浙名画记》、《清画家诗史》有载。

日晖 俗姓顾,号松泉,一号卓安。上元(今江苏南京)人。清同治(1862—1875)住高邮放生寺。时值水灾,寺极凋敝。日晖托钵大江南北,数年而殿宇重修,坛场广拓,增屋数十楹。工书法,晚年书法益进,笔力苍劲,出入颜、柳二家;并工篆隶、兰竹。寂年六十九。《三续高邮州志》有载。

午月 号云荪。里籍无考。江苏常熟长寿庵僧。能诗善画,山水松竹尤佳。留心儒典,杨晋(1644—1728)极推重之。《虞山画志》有载。

长江 字一庵(一作号)。江苏兴化人。善画墨兰,清雅脱俗,颇有韵致,识者誉为神品。《莫愁湖志》、《中国美术家人名辞典》有载。

仁介 字啸隐。南汇(今上海市)人。工吟咏,能书法。住锡大圣教寺,日以诗书自娱。著有《法雨楼诗》。《南汇县志》有载。

仁惠 俗姓李,更名际权,字大铨(一作诠),号棹旋(《中国画家人名大辞典》作旌),又号听雪。娄县(今上海松江)人。住娄县龙门寺。道行高洁。初为打饭僧,后工画能诗,善绘兰竹。《墨香居画识》、《松江诗征》有载。

仁潆 (1826—1897)俗姓刘,字香山。湖北宜昌人。少习儒,通经史,善书翰。中年礼湖北当阳玉泉寺晓和尚出家,受具足戒于湖北荆州承天寺。后得培润滋和尚衣钵,主席上方。清光绪十年(1884),弘戒传徒。翌年退居淯溪,日课《金刚经》。寂后塔于淯溪寺前。有《文集》三卷传世。《新续高僧传》有载。

化苇 俗姓陈,字莲溪,号雪航。江苏常熟人。幼颖慧,年十三落发福山大慈寺。得法于三峰拙存。历住金山、龙华、安隐诸寺。乾隆十五年(1750)主持三峰,修举废坠,大畅宗风。工诗,善画菊。寂年七十二。著有《钓雪诗集》、《水月舟外集》。《常熟县志》、《历代画史汇传》有载。

介石 俗姓尤,名瑛,字钟玉。上元(今江苏南京)人。本秦淮旧院妓,后厌世削发为尼。精音律,工尺牍。著有《春水舫残稿》。《尼姑谭》有载。

今心 俗姓汤,名英上,字卓今,号目青。广东新会人。明入泮,有节气。明亡(1644)出家为僧,事天然函罡为师。能诗能画。《中国佛教人名大辞典》有载。

今叶 号开五。俗姓王,名琅。广东广州人。明诸生。好禅,依天然函昰参省。明亡(1644)遂从落发为僧,得其亲传。善诗,工画山水。作品恒署叶开五,世人少知为谁之手笔。《中国佛教人名大辞典》有载。

今白 俗姓谢,字大牛。广东广州人。明末诸生。顺治十年(1653)投天然函昰落发并受具足戒,托钵十余年,随机教化,接引甚众。多闻善解,诗画书法俱佳。有诗集刊世。《中国佛教人名大辞典》有载。

今回 俗姓王,初名桂,更名鸿逞,字方之,为僧更,字更涉。广东东莞人。明亡(1644)父殁既葬,遂弃诸生为僧。往来罗浮、雷峰间,后往丹霞,一日过江遇暴涨,漂殁于险石之下。能诗,善画兰竹,不屑世事。《广东通志》有载。

今沼 字铁机,俗姓曾,名　,字子昭。番禺(今广东广州)人。明诸生。明亡(1644)后子身漂泊。晚读《楞严》,入雷峰闭关。后与石鉴同日受戒于天然函昰。居东官芥庵。善行楷,诗长于古,尤工骈骊之释。有集行世。《中国佛教人名大辞典》有载。

今种 (1630—1696)字一灵,又字骚余,号死庵。俗姓屈,名大均,一名邵龙,字介子,一字翁山,号邵非池。番禺(今广东广州)人。父殁,遂削发为僧,师事函昰。与同里诸子结西园诗社。逾年游吴、越间,至诸寺说法,时年不过30岁。又数年返儒回粤。平生交好多善画者,善画松石,尤工画兰。有题兰册诗云:"平生作画恨无师,花鸟而今学已迟。"著有《翁山诗外》、《屈沱二十四种奇书》。《国朝诗别裁》、《中国美术家人名辞典》有载。

今碗 里籍无考。天然函昰弟子。顺治六年(1649)函昰重兴广州光孝寺,今碗为之奔走募化,备极辛劳。函昰他迁,命今碗继席。善画,笔致古淡,名闻岭南。有语录,诗集等刊世。《广东通志》有载。

今锡 字解虎。俗姓黎,名国宝。广东新会人。明诸生。少修梵行。值明亡(1644),遇天然函昰,遂落发并受具足戒。初为海云典客,寻迁都寺。性慈和,生平无厉色暴声。工行书,临帖以指画襟,襟为之穿。道光《广东通志》有载。

今壁 (?—1671)俗姓温,字仞千。广东东莞人。初住匡庐,一见空隐,遂悟禅秘。清顺治十六年(1659)分座海云。与石鉴、今　并有名。能诗,工楷书。光绪《广州府志》、道光《广东通志》有载。

今释 (1614—1680)俗姓金,名堡,字道隐,号卫公,又号澹归。浙江杭州人。明崇祯(1628—1644)进士,官礼部都给事中,清直有声。明亡(1644),走粤中,投南明永历帝,以忤权贵,遭廷杖戍边。后落发为僧,师事广东韶州丹霞。苦行精勤,兴建丹霞禅塔。缘法广大,而一文不私其身。刹宇既成,迎其师天然函罡居方丈。自就执事寮,得曹洞心法。粗衣蔬食,沙门本色。能楷书,颇工整,(见图33-1、图33-2)著有《遍行堂集》。《明四百遗民诗》、《晚晴簃诗汇》有载。

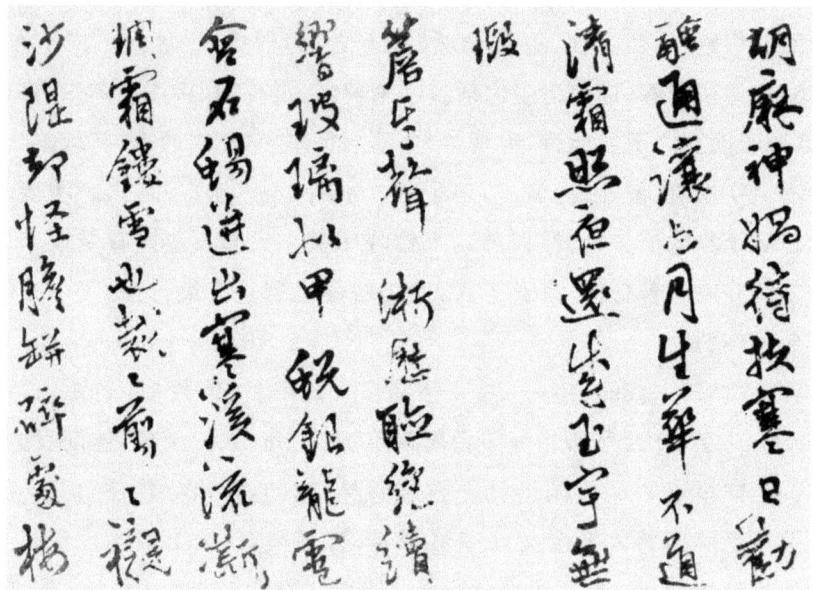

图33-1

图33-2

月印 闽县(今福建福州)人。嘉庆二十五年(1820)剃度为僧,住乌石山神光寺。善画梅竹,枯冷雅淡。光绪元年(1875)年逾六十。《福建画人传》有载。

月轮 (？—1821)里籍无考。号辉天,别号梦辩,又号溪南衲子。操行甚高。居平慕张旭、怀素之书,醉后辄出新意,作狂草,士大夫争宝之。有大僚遣隶索其书,竟弗与。道光元年(1821)无疾伫立而寂。《益州书画录》有载。

月泉 里籍无考。四川新繁龙藏寺僧,含澈弟子。善诗,工行草。《益州书画录》有载。

文一 字竹居。里籍无考。住江宁(今江苏南京)忠祐王庙。善画兰竹。嘉庆(1796—1820)时与朱鲁南(沂)等90余人结金陵画社,马掬村(士图)有画社丹青引咏之。《莫愁湖志》有载。

文山 里籍无考。江苏扬州静慧寺僧。书学退翁(僧弘储),受知于卢见曾(1690—1768),为书苏亭额。《扬州画舫录》有载。

文灿 湖南辰溪人。住邑东黄荆庵。善水墨画,尤善画鱼。每构一鱼,经数日乃成。将点睛,必先饮醇醪数斗,醉呼狂走,俟酒酣落笔点之,睛光闪烁,置屏座间望之,扬鬐鼓鬣,麟甲层簇,宛具腾跃之像。《辰溪县志》有载。

文信 俗姓刘,名芳(一作芳本)。广东广州人。尼师。道光(1821—1851)间祝发广州檀度庵,梵行清严。佛事之余,颇好翰墨。工诗词,善书画。30岁后即闭关,不复为文字,时以画自遣。画极清隽,似渐江,一云学石涛,有苍茫之致。《续比丘尼传》、《清代画史补编》有载。

文模 字省非。江苏嘉定(今属上海市)人。嘉定闻慈院僧。院有钟楼,教谕刘崧赠句云:"楼当一望城市野,僧有三长书、画、医。"盖指文模。《嘉定志》有载。

方山 号圣可。里籍无考。主四川重庆(今重庆市)花崖寺。善草书,与丈雪友善。《益州书画录补编》有载。

方华 字种香。江苏扬州人。扬州马神庙僧。善书法,专法《圣教序》;工写梅,兼精花卉,超逸绝尘,无纤毫市井气。与魏树九、王应祥(嘉、道间人)等颉颃。汪鋆(1816—？)谓扬州僧画道济(石涛)而外,此为之冠。《扬州画舫录》有载。

方珍 俗姓王,字席隐,号小山,又号种石僧。江苏扬州人。初住武林(今杭州)寺慈庵。陈鸿寿(1768—1822)、郭麐(1767—1831)喜与之游。尝至江苏扬州居地藏庵,为阮元(1764—1849)、伊秉绶(1754—1815)所爱重。工诗、画,喜作泼墨花卉,间亦画竹。生不与人,寂后遗墨,始传于世。《扬州画舫录》、《清画家诗史》有载。

六波 湖南益阳人。九里仙圣殿住持僧。能诗,擅狂草书,神似怀素。《湖南近现代书画家辞典》有载。

心一 江苏太仓人。为邑之王氏世仆,被舍为僧,栖息水云庵。颇通经教,善画山水,喜临摹。又能吟咏。《中国佛教人名大辞典》有载。

心正 湖南澧州(今澧县)人。住澧州刻木山。持戒甚严,十余年足迹未尝一至山麓。善作草书,神似怀素。亦能诗,乐与文士倡和。《方外诗选》有载。

心田 字鼎玉,号晦石。安徽歙县人。俗姓汪。6岁出家,礼云居寺乐野长老。曾讲法博山。后入普宁寺。乾隆(1736—1795)间讲法诸多寺院。工书法,求者立应,遇人无论富贵贫贱,悉与挥写。《玉山县志》有载。

心树 字覆干,号拓湖。浙江平湖人。居万寿寺,御书"栖心树"相赐。善山水,得王原祁画法。《国朝画征录》有载。

心静 字止白。江苏吴江人。出家本邑东洞庭山翠峰寺。画善山水,富有禅意,世所器重。亦善吟咏。《中国美术家人名辞典》有载。

心融 里籍无考。乾隆(1736—1795)时僧人。初居湖南衡阳南台寺,后居四川崇宁梓潼宫。美髯须,工书画,通禅理。无疾而寂。《益州书画录》有载。

允中 石门(今浙江崇德)人。杭州南屏方丈。善山水,用笔高超,似僧巨然。亦能诗。俱驰誉于时。《寒松阁谈艺琐录》有载。

予参 山阴(浙江绍兴)人。与兰头陀同学佛,终日坐蒲团论禅理。亦善画兰竹。《读画闲评》有载。

予樵 浙江海宁人,一作浙江杭州人。净慈寺六舟(1791—1858)再传弟子(一作弟子)。工书、善画,精刻印,刻竹亦精。六舟尝书画扇边令其刻之。《墨林今话》、《寒松阁谈艺琐录》有载。

丹崖 上海青浦人。圆津寺觉铭和尚弟子。喜翰墨,工点染。圆津寺自通证以画开山,得娄东正派。将及数传,宗风勿替,亦禅门罕见。《墨林今话》有载。

五岳 里籍无考。广濑弟子。工诗、善画,名重一时。《墨林今话续编》有载。

正本 字奇梅。浙江嘉兴人。嘉兴梅里东圣堂僧。善写真,工山水梅竹。《梅里志》有载。

正性① 字墨痴,号龙池道人。山阴(今浙江绍兴)人。住江苏宜兴龙池寺。善写墨梅,水墨大竹,气势雄壮入神。又善画猫。《墨林今话》有载。

正性② 字悟斋,号禅隐山人。江苏东台人。邑之僧人。善画兰竹。《画林新咏》有载。

正谊 俗姓邱,字三近。江苏昆山人。长洲(今江苏苏州)保圣寺僧。工诗善画,书法得力于柳公权、欧阳询、褚遂良三家,晚年益臻神妙。长洲何焯(1661—1722)尝师事之。光绪版《昆新两县合志》有载。

正嵒 (1597—1670)《图绘宝鉴续纂》作僧豁堂名正嵒,号菽庵。俗姓徐。浙江余姚人。《国(清)朝画识引文》作名止嵒,冯墨香云:徐姓,名继恩。《瓯钵罗室书画过目考》、《清朝书画家笔录》作恩嵒。按《释氏疑年录》引《净慈寺志》云:"杭州净慈豁堂正嵒,金陵郭氏。《清朝别裁集》作止嵒,仁和徐氏,名继恩,盖以净挺为豁堂也。"又"五云俍亭净挺(1615—1684)仁和徐氏,俗名继恩,字世臣。"当为两人。正嵒字豁堂,号菽庵,又号藕鱼,又作耦余,晚称南屏隐叟,杭州净慈寺僧。诗画俱佳,山水师元四家。王士祯(1634—1711)目为汤惠休、帛道猷之流。著有《屏山集》、《同凡集》。《清画家诗史》、《清朝书画家笔录》有载。

正鲲 (1691—1774)俗姓王,名其俨,字大鹏,号道徽,一号笑翁。福建晋江人。年十六礼开元寺明心出家,26岁受戒,32岁得本师全岩召书,东渡日本。初住长崎福济寺,继黄檗山第十五代法灯。宝历八年(1756)再出为第八代住持。屡荷国恩,颁赐紫衣、金帛。禅余善画,尤长墨竹,笔甚奇异。《支那画家人名辞典》、《长崎志》有载。

未然 金陵(今江苏南京)人。工画,山水最精。《图绘宝鉴续纂》有载。

世惺 字憨幢。安徽芜湖人。乾隆(1736—1796)、嘉庆(1796—1821)间住慈济寺。精内典,工书喜咏,善鼓琴,诗气韵清朗。著有《耦松存稿》。《晚清簃诗汇》有载。

世鉴 字白峰(一作号)。上海青浦人。出家泾山。工诗书,王璐称其以诗写画,以画谱诗。康熙四十四年(1705)帝南巡,召对称旨,敕赐香云禅寺。著有《耕余集》。《青浦县志》、嘉庆版《松江府志》有载。

古 字是式,自称廊下老僧。(《历代画史汇传》作廊下老僧)。江苏常熟人。居邑之东塔寺。善画芦雁,苍劲得马雪渔(眉)三传。《海虞画苑略》有载。

古笑 俗名戴若。安居(今重庆铜梁西北)人。清顺治十五年(1658)曾随大错和尚至滇,游普洱,住三塔寺数月。工诗文,善书法。其《蒲团》其一云:"不是枯禅习坐功,当机一悟万缘空。蒲团入定消尘劫,山鬼何劳伎俩工。"蜚声西南。曾撰《鸡足山志》。《滇诗拾遗》、《中国佛教人名大辞典》有载。

古涛 金陵(今江苏南京)人。江苏扬州桃花庵僧,石庄法徒。因石庄工画,自是庵颇似画传,古涛故亦工画。《扬州画舫录》有载。

古亳 字月旋。里籍无考。礼鼎湖栖壑和尚落发,后迁住广东广州海幢侍今无。工水墨兰石,每距地洒水学习。顺德胡氏藏古亳所作《山水图》小幅,有今无题辞。《中国美术家人名辞典》有载。

甘亭 石庄重孙。江苏扬州人。居扬州桃花庵。与诗人朱筼(1716—1797)友善,画山水,得袁竹室(尉祖)传。《扬州画舫录》、《墨香居画识》有载。

本元 字冰壑,号冷翁。康熙(1662—1723)间住云南昆明香海庵。工书法,善行、草书。著有《语录》、《云声集》。《云南通志》、《滇诗略》有载。

本月 号旅庵。顺治、雍正(1644—1723)间鄞县(今浙江宁波鄞州区)人。出家为僧后,住江苏昆山泗州塔院。工书法,尤精行草,得法晋唐,遒美不失古雅。《四明书画家传》有载。

本光 (1649—1729)俗姓文,名洎,字于宋。文徵明孙。生即茹素,5岁能作大士像。年二十皈依江苏苏州灵岩寺继起和尚。后游京师,主盘山禅院。山水守家法,设色淡隽,兼工写真。善诗笔札,工书。《清代画史》、《文氏族谱续集》有载。

本恺 字耕六。里籍无考。住持朱泾法忍寺宝月院。能诗,工画,尤善书。与王俨斋尚书友善,赠以诗。《朱泾志》、《中国佛教人名大辞典》有载。

本昼 (1621—1705)字天岳,号寒泉子。俗姓萧。湖北蕲春人。少避乱江西庐山。12岁依匡庐(庐山旧称)大林慧出家。历参雪峤信、山翁忞、箬庵问、玉琳琇。后忞授以衣拂。结茅黄石岩,移牧石庵,迁海会。历主越之平阳,浙江杭州佛日、清流,康熙三十五年(1696)主浙江宁波天童寺。通经论,旁及儒道百家之学。善书法,苦习不辍,工诗,平远冲淡。与四明(今宁波)文士黄宗羲、李邺嗣交深,赞本昼诗书得晋人风致。著有《六会语录》、《牧石吟》、《直木堂诗集》、《晚云楼诗集》等。雍正《宁波府志》、《浙江通志》有载。

本章 字纬云,号汉外。湖南浏阳人(一作湘潭人)。湖南湖潭风竹苍僧。善诗文,能书画篆刻,皆清奇。《湘潭县志》有载。

本曜 (1722—1784)俗姓童,字振华,号晴崖。青浦(今上海市)人,一作吴县(今江苏苏州)人。青浦圆津禅院落发,为旭林弟子。精篆刻,善山水。山水苍老,尝得吴历仿沈周《夜雨止宿图》,喜而再临,为时称赏。笔墨稍暇,率徒耕作。受歙(安徽)人方楚匡医法。寂后王昶撰塔铭。著有《墨花禅印谱》。《墨秀居画识》、《历代画史汇传》有载。

可学 字复初,号拈花使。四川人。幼祝发于四川岳池东山宝国寺。为人恬退寡言,好读书,尤善诗,工篆隶。常与名流相唱酬。著有《山诗草》。《益州书画录续编》有载。

可韵 (？—1818)按《历代画史汇传》及《清朝书画家笔录》均作韵可。字铁舟,号木石山人。俗姓黄。湖北武昌名家子。乾隆(1736—1796)中主苏州李王庙。善鼓琴,书近苏轼、米芾,水墨花卉似徐渭。间作山水,荒率有逸致,不袭前人窠臼,唯稍有江湖气,名噪一时。性通脱,不拘禅律,每浪游钱塘、笤雪(今浙江湖州笤溪)间。晚年居上海太平寺。又工诗,以医术济世。题画诗不自检点,随手而书,辄多疵句,间亦有风韵极佳者。得润笔,辄赠寒素。著有《伤科阐微》。《墨林今话》、《清画家诗史》有载。

可樵 号浑然。江苏宝应一宿庵住持。善画兰竹,挥洒淋漓,年老目不明,而所画无一笔逾规。《扬州历史人物辞典》有载。

节文 号竹巢。江宁(今江苏南京)人。住普德寺。能琴,善画山水、花卉。《莫愁湖志》、《中国美术家人名辞典》有载。

石泉 江苏苏州人。苏州王泾万寿庵僧。善弹琴,工诗画。《中国美术家人名辞典》有载。

石桥 河北保定莲花寺僧。善兰石,工篆刻,士人仰之。《广印人传》、《历代画史汇传》有载。

石岩 俗姓蒋,名舜英(一作舜英)。仁和(今浙江杭州)人。幼聪悟,善鼓琴,书法董其昌,尤精篆、隶,间作兰竹,工俪体文,诗学温、李。初为巨室侍姬,后祝发于杭州辟支庵为尼。《杭郡诗续辑》、《清画家诗史》有载。

石湘 山阴(今浙江绍兴)人。善真、草书,画随意点染,颇有逸趣。《越中历代画人传》有载。

石舸 新安(今安徽歙县)人。宦家子弟。明末,父、兄殉难,遂祝发金陵(今江苏南京)永寿寺。专精宗乘,工诗,善书画。《江宁府志》有载。

石濂 里籍无考。清康熙(1662—1723)时人。善画,绘编《石濂和尚行迹图》。《中国美术家人名辞典》有载。

申和尚 字号、里籍无考。江苏无锡准提阁住持。与诸生周璟友善。申和尚好静,持戒最严,亦能书法。《清朝书画家笔录》有载。

白云 号懒愚。里籍无考。鄞县(今浙江宁波鄞州区)天童寺僧。能画花卉、人物,尤善写草兰。亦能书法,工行、草。光绪三十四年(1908)浙江镇海瑞岩禅寺藏经阁建成,甘肃学政陆廷黻撰写碑文,白云书丹。《四明书画家传》有载。

白牛 俗姓奚。朱泾(今上海金山)人。初居吕巷慈庵,后移居上海青浦圆通寺。工书法,画擅山水人物。募建观复堂,自书其额,笔力雄厚,世人称颂。《金山县志》有载。

白汉 字省也,号觉微,又号梅道人。浙江嘉兴人。住锡杭州西湖南高峰。通佛儒道典,及百家书,善画山水,书法亦工。《佩文斋书画谱》、《国朝画征录》有载。

传心 字晓源,号指柏。石门(今浙江崇德)人。俗姓严。住浙江杭州仙林寺无垢房。工诗善画。《清画家诗史》、《两浙輶轩录》有载。

传正 (1621—1674)俗姓陈,字日省。湖南芷江人。5岁削发于源庆寺,清洁自守。工画墨竹,得刘起野之传,有出蓝之誉。《芷江县志》、《中国美术家人名辞典》有载。

传悟 字惺堂,号铁鞋道人。江苏淮阴人,一作楚州(今江苏淮安)人。清康熙(1662—1723)间削发入黄山。严冬伐松支棚雪中,自号雪庄,覆以松皮遮蔽风雨,名曰皮蓬。时人重其高行,助建寺宇,乃易名云舫。荐入京,未久还山。绘有《黄山图》。尤喜画所见奇卉,吴菘为释《山花谱》。《清画家诗史》、《中国美术家人名辞典》有载。

仙搓 四川人。四川新繁龙藏寺僧。为雪堂高足弟子。善画山水,雅近文伯仁(1502—1575)。《益州书画录附录》有载。

尔几 南汇(今上海南汇)人。住南汇超果寺。善画鸽,似谈成。《墨香居墨识》、《中国佛教人名大辞典》有载。

半山 俗姓徐,名在柯。安徽宣城人。好游览。山水师倪瓒、吴镇、沈周三家笔意,宣、池之间奉为楷模。《国(清)朝画征录》、《清朝书画家笔录》有载。

半桥 江苏宜兴水庵僧人。善画墨竹,与姑苏墨泉僧齐名,而秀逸过之。平生雅慕郑板桥(1693—1765)画法,故字曰半桥。晚岁兼工山水,得僧巨然法乳。《清朝书画家笔录》有载。

兰头陀 俗姓许,名镛,字兰谷。山阴(今浙江绍兴)人。能诗,善鉴别金石,工篆、隶、真、草,墨竹师管仲姬(道昇),兰师郑思肖,脱去时习,秀骨天成。杂卉摹徐渭,能乱真。性嗜酒,尝以旧纸摹徐渭,尺幅质金,可供旬日饮。晚年祝发为僧。《读画闲评》、《中国佛教人名大辞典》有载。

永光 (1861—1925)湖南益阳人。俗姓张,字海印,号古憨,别号憨头陀,又称永光和尚、永光海印。湖南衡阳南岳山僧,寓居长沙,住长沙开福寺。工诗,与程颂万、郭嵩焘、廖树蔚、王闿运等名家为诗友。工书,善画兰石,尤精篆刻。名书画家溥儒自幼曾师从永光学习书法。著有《海公遗诗》。《民国四公子》、《广印人传补遗》有载。

永彻 俗姓吴,字环照。浙江嘉兴人。幼为僧,居精严寺之清隐房。尝遇神僧密授金针,能开一二十年瞽目。性恬淡,善画兰竹,其徒孙听竹亦工画,世其术。光绪版《嘉兴府志》有载。

弘仁 (1610—1663,一作 1664)俗姓江,名韬,字六奇。30多岁入闽时改名舫,字鸥盟。出家后法名弘仁,字无智、无执,号渐江、渐江学人、梅花老衲、梅花古衲等。渐江本是水名,黄宾虹说过:"渐江之水,黄山在其北,白岳在其南。"弘仁有一方印曰"家在黄山白岳之间"。安徽歙县人。父早殁,家境清贫,幼年从师明末秀才汪无涯研读五经。成年后曾以卖柴和抄写文稿来奉养母亲,事母至孝。明亡(1644)的第二年,清兵入侵徽州,弘仁和他的老师汪无涯一道入闽避乱。时唐王在闽称帝,士人多响应,弘仁也有抗清之志,多有抗清言行。他有偈云:"偶将笔墨落人间,绮丽楼台乱后删。花草吴宫皆不问,独余残沈写钟山。""钟山"有朱元璋的墓。顺治三年(1646)八月,唐王政权灭亡,挽救大汉的希望完全破灭,弘仁便进入了武夷山中。次年落发为僧,皈依古航法师。出家后云游闽地,后又回到了歙县，住歙县西郊披云峰下的太平兴国寺和五明寺。常游黄山，画黄山。顺治四年夏，弘仁在江苏南京香水庵消夏，画有山水画册页八开。清康熙元年（1662）冬至次年夏，弘仁经鄱阳湖到了庐山。自庐山归来，作《石淙图》卷。康熙二年十月十二日（公元1664年1月19日）圆寂于家乡五明禅院，友人汤燕生和学生们将他葬在披云峰下。弘仁生前酷爱梅花，曾嘱人在他死后于墓地多植梅花，也许是要用梅花来表示自己的不畏风寒。弘仁童年习画，早年曾从程嘉燧、李永昌、孙无修、萧云从，曹寅题渐江画的《十竹斋图》轴云："渐师学画于尺木，而品致迥出其上。"尺木是萧云从的字。思想属于儒家，他是明末诸生，儒学功底深厚。有人说他是穿着袈裟的孔夫子。皈依佛门后，他的禅学修养日益深厚，而且表现在他后来的诗画中。他有禅诗云：画禅诗癖足优游，老树孤亭正晚秋。吟到夕阳归鸟尽，一溪寒月照渔舟。画主要是山水，初学宋人，晚法倪瓒，尤好写黄山松石。笔墨精谨，格局简约，山石取势峻峭方硬，林木造型盘屈遒劲。作品显示出一派纯净、幽旷、峻逸的意境，形成刚正、平实、清凉、蕴籍的艺术风格，开创了"新安画派"。弘又是第一个画黄山的大画家，所以他又是"黄山画派"的奠基人。在清初的中国画坛上，弘仁的地位是很高的。就弘仁、石溪、石涛三位著名画僧而言，黄宾虹说过："渐江成名最先，画尤高逸。"昔江南人以有无云林画定雅俗，今咸谓弘仁足当云林云。新安画家多宗云林，盖弘仁导先路。亦工诗。与石涛、八大山人、髡残并称四大画僧。（见图34-1、34-2）著有《画偈》。《黄山志》、《古今100高僧》、

图34-1

图 34-2

《国(清)朝画征录》、《中国美术家人名辞典》、《中国佛教人名大辞典》有载。

弘瑜 一作宏瑜,字日章(一作月章)。会稽(今浙江绍兴)人。崇祯(1628—1644)时官至中书舍人。入清不仕,皈依雪峤和尚出家,住嘉祥寺。游历西南,至晚岁归。俗姓王,名作霖,与白岳山人等称"云门十子"。谢绝世事。书法真、草俱佳;能画仙佛,尤工山水,学黄公望,亦善高房山法。尝画巨幅山水,又纯用干笔皴擦,峻嶒峭拔,秀不可言。亦能篆刻。《越中历代画人传》、《国(清)朝画征录》有载。

圣予 江苏常熟人。常熟兴福寺方丈默容弟子,后主持兴福寺。通经严律,喜诗善画,山水得吴历(1632—1718)指授,师承有自,士林重之。《虞山画志》、《中国佛教人名大辞典》有载。

圣欣 字湘烟(一作法名)。上海人。落发于小武当。戒行清严。工山水,善鼓琴,喜植兰莳花。徐渭仁堂从其学画。有诗集刊世。《清代画史》、《中国佛教人名大辞典》有载。

圣诚 （1772—1842）号粹然。湖南零陵人。幼祝发于绿天庵。慕怀素之为人，日习其书。资性聪慧，于琴、画皆有通晓。王宸守永州，见其画赏之，出所藏名迹为观，而授以笔法，故画益工。尝出游，尽历东南名胜，至江苏苏州虎丘居久之，当时名公巨卿皆与交，求书画者，亦无虚日。《零陵县志》、《中国美术家人名辞典》有载。

圣通 字贯一，号拙存。江苏常熟人。俗姓王。依常熟长寿庵履贞落发。年十九受具足戒于三峰川回，谒江苏苏州虎丘洞明禅师究无梦无想话，有悟。复嗣法三峰川回。历主三峰、白雀、智林诸刹。工诗、书、画，得长寿寺素风和尚指授。《清画家诗史》、《历代画史汇传》有载。

圣教 字友渠，号寄岩。俗姓卢。江苏江都人。乾隆（1736—1796）末主江苏镇江焦山玉峰庵。通内外学，能诗，善书法。著有《懒余吟草》二卷。《扬州历史人物辞典》、《晚晴簃诗汇》有载。

圣德 字明三。丹徒（今江苏镇江）人。俗姓陈。自幼为僧，师事镇江焦山松寥阁几谷和尚。从师学画，年余几能乱真。亦通内外学，兼解格致之学。《焦山续志》、《中国美术家人名辞典》有载。

达安 字语石。江苏松江（今上海松江）人。善山水，得娄东正派。《青浦县志》、《中国美术家人名辞典》有载。

达如 （1762—1840）字恒赞，号拙庵。广东南海人。俗姓何。年十八礼广州光孝寺慧镜和尚削发。20岁依鼎州如鉴和尚受具足戒。期满回羊城，恢复景泰古刹。寻入海幢寺参究，谒江苏镇江竹林寺，嘉庆八年（1803），主江苏镇江竹林寺，十六年主天宁寺。明律通径，兼善文翰。寂后吴县李国华为撰塔铭，丹徒（今镇江）李思绶立传。著有《佛祖心髓》、《和寒山诗》及《语录》等。民国版《天宁寺志》、《中国佛教人名大辞典》有载。

达受 （1791—1858）《宋元明清书画家年表》作（？—1854）字六舟，又字秋楖，自号万峰退叟。俗姓姚。浙江海宁人。落发于海宁城北白马禅院。梵课精进，兼好儒典，耽翰墨，精鉴别古器、碑版，阮元（1764—1849）以"金石僧"呼之。间与花卉，得徐渭纵逸淋漓之致。篆、隶、飞白、铁笔，并皆佳妙，得嘉兴马傅岩之传。摩拓彝器精绝。能具各器全形，阴阳虚实无不逼真，时称绝技。又善刷拓古铜器款识，并能装池字画。治印雅近二京，刻竹亦精。赏刻竹秘阁，乃熙画山水，凡皴法深浅，无不以刀传之。又刻一诗筒，长仅四寸，上画老梅，密蕊繁枝，秀韵远出与墨迹无异。行脚半天下，不受禅缚。初往江苏苏州沧浪亭火云庵，后主浙江杭州西湖净慈寺。厌酬应，退居海宁。与何绍基，戴熙交往最契。何绍基赏称达受："二经禅之眼，酷嗜金石，兼及书画。"著有《小绿天庵吟草》、《山野纪事诗》、《六书广通》、《两浙金石志补遗》、《白马庙志》、《天竺山志》、《云林寺志》等。(见图35)《广印人传》，墨林今话》、《中国佛教人名大辞典》有载。

达宣 字青雨。海昌(今浙江海宁南)人。俗姓朱。落发于白马寺，后住浙江西湖净慈寺，继松光老人法席。工诗善画，尤精草隶。著有《茶梦山房吟草》。《清画家诗史》、《晚晴簃诗汇》有载。

达真① (1655—1728)俗姓杨，字简庵。松江(今上海松江)人。落发于上海青浦超果寺。通内外典，能诗、擅书画，尤工花卉翎毛。户部尚书王鸿绪

图35

以其画扇进御，康熙帝(1662—1722)称善，于是闻名。《中国佛教人名大辞典》、《中国美术家人名辞典》有载。

达真② 字竹屿，号雪斋。俗姓石。江苏泰州。工诗，善书。著有《雪斋剩稿》一卷。《晚晴簃诗汇》、《扬州历史人物辞典》有载。

达乘 字志清。江苏无锡人。俗姓王。通内外学，善书法。清乾隆(1736—1796)中主持江苏苏州灵岩崇报寺。《中国佛教人名大辞典》有载。

达曾 字竺峰(一作号)。震泽(今江苏吴江)人。俗姓杨，住浙江湖州南浔

东藏寺。康熙(1662—1722)中住松江超果寺。募兴梵宇,颇著劳绩。工诗,善画,墨梅法师王冕,疏峭历落,得法外意。又善鼓琴。著有《香影庵集》。《墨林今话》、《清画家诗史》有载。

达鉴 字可闻,号钝隐。秀水(今浙江嘉兴)人。俗姓卜。住嘉兴寿生寺,所居室曰云坞。好枯坐,兴列则吟诗作画。著有《云坞诗存》。《清画家诗史》、《中国佛教人名大辞典》有载。

再生 俗姓姚,名妁俞,字灵修。长洲(今江苏苏州)人。詹事姚希孟女孙,嘉定(今属上海)侯演妻。夫死于国难,遂守节祝发为尼。工书能文。著有《再生遗稿》。《江苏诗征》、《尼姑谭》有载。

在柯 号半山。俗姓徐,名敦,字秩五。安徽宣州(今宣城)人。淹贯百家,游历四川,入昭觉寺为僧。行脚山水,苦行是务。善画,气韵清雅,富有禅意。寂后名声大噪。《国(清)朝画征录》有载。

成果 俗姓陈,一名新因,一作新园,字宝树,一字天怀,号万里行脚僧。番禺(今广东广州)人。主广州长寿、飞来两寺。画梅有逸趣。尝有句云:"画不诗禅徒画匠,禅非诗画不流畅。必也诗兼书画禅,宗风今日谁提倡。"盖自赞也。常自署"万里行脚僧,小浮山长,统理天下名山风月事,兼理仙鹤粮饷,不醒乡侯"。著有《小浮山斋诗》。《画家知希录》、《清画家诗史》有载。

成岭 字云麓,号素生。里籍无考。住锡北京安化寺。精鉴赏古玩书画。善作水墨兰竹,笔意清劲,气韵生动。《中国美术家人名辞典》有载。

成楷 号贡植。江苏仪征方山僧人。江苏宝应一宿庵石老人弟子。工书能诗。能书擘窠大字,诗法宋人,士大夫多重之。著有《白云诗草》一卷。《江苏诗征》、《扬州历史人物辞典》有载。

成鉴 俗姓刘,号圆德。广东南海人。师事敏言和尚。知声律,善书法,有诗名。乾隆(1736—1796)中住广州光孝寺。尝修《光孝寺志》。咸丰版《顺德县志》、《中国佛教人名大辞典》有载。

成樽 字奚林。山东诸城人。明诸生。明亡(1644)后出家为僧。康熙(1662—1723)中以画山水,书写草隶知名。《山左诗抄》、《中国佛教人名大辞典》有载。

成衡 俗姓钱,字湘南(一作号)。浙江嘉兴人。初住嘉兴看海寺。戒行精严。后主天津海波(一作海光)寺。擅郑虔三绝,康熙(1662—1723)间供奉内廷,康熙帝赐大臣书扇后面,多成衡画,款题:"臣僧成衡谨写。"笔亦古雅,师法王原祁。康熙六十年(1721)御书香海寺并赐紫衣、万寿炉、《心经》等。寂于香海寺。著有《一笠吟集》。《国(清)朝画征续纂》、《清画家诗史》有载。

成鹫 一作光鹫,字迹删,号东樵山人。番禺(今广东广州)人。俗姓方,名颛恺,字麟趾。41岁礼西来寺离幻和尚落发,受法于硕堂,往澳门主普济禅院。又尝渡海至琼州,后居广州大通寺。旋荷锡至香山(广东中山),住东郊东林寺七载。晚主鼎湖、华林两寺。梵行精严,工诗善画。沈德潜(1673—1769)极推重。书法二王,工画花卉,极似陈淳。著有《咸陟堂诗集》等。道光版《广东通志》、《中国美术家人名辞典》有载。

西崖 上元(今江苏南京)僧人。居江苏扬州桃花庵,石庄和尚弟子。工画墨竹,师法文同。石庄工画,善吹洞箫,其徒除西崖,另有竹堂、古涛,皆工画,自是庵以画传。《扬州画舫录》、《墨林今话》有载。

西意 安徽泾县僧人。善画,有名声,为"画社十子"之一。《泾县志》、《中国美术家人名辞典》有载。

扫云 俗姓杨,名明章。徽州(今安徽歙县)人。晚住北通州(今属北京市)玉泉庵。通诗、画。《顺天府志》、《中国美术家人名辞典》有载。

扫叶 金陵(今江苏南京)人。尝住南京栖霞寺、鸡鸣寺等。工画山水,精妙异常。《图绘宝鉴续纂》、《中国佛教人名大辞典》有载。

尘空 安徽青阳人。住西峰庵苦行,晚年悟道,相传与尘尘子尝谈经慈云山,百鸟集听,盖有道之僧。工诗,善画。《青阳县志》、《中国佛教人名大辞典》有载。

光勋 俗姓区,字道南。端溪(今广东肇庆)人。父官黄平知州,临卒,以勋师林和尚,遂落发为僧。后游滇(云南)、隐弄栋。清康熙二十四年(1684)住持昆明白衣寺,寂于滇。工诗文,善书画。著有《潮音阁诗集》。《滇诗略》、《云南通志》有载。

因之 陕西韩城人。住韩城龙兴寺。咸丰、同治(1851—1875)间以书诗扬名,遗墨散存民间。《中国佛教人名大辞典》有载。

因成 号静缘,自称扫叶头陀。昭文(今江苏常熟)人。自幼落发,为昭文狮林法嗣。工诗,善写梅,笔意清简,得杨补之法。又能山水兰石。《墨林今话》有载。

吕留良 (1629—1683)字庄生、用晦,号晚村。浙江崇德(今桐乡)石门人。与黄宗羲、高斗魁等结识。明亡(1644),遂散"万金之家以结客",图谋复兴,奔走于浙西各地,参加抗清斗争。左股曾中清军之箭,留下终身创伤,而其侄吕宣忠更被清军捕去后杀害于杭州。事败,家居教徒。顺治十年(1653),为摆脱窘境,不得已易名光轮(一作光纶)参加科考中秀才。对这次"失节",吕留良引以为耻,遂归隐林下,著书讲学,绝不出仕。康熙十七年(1678),清廷开博学鸿词科以笼络人才,逼士人们出仕,吕留良坚拒为官,被迫落发为僧,法名耐可。卒于乡,卒前作《祈死诗》六篇。雍正十年(1732)因曾静案,被刨棺戮尸,著述焚毁,但民间仍有流传。学宗程朱,特别推崇朱熹的种族思想,认为"华夷之辨"大于"君臣之伦"。精通医学,曾注《医贯》。工诗善书,书精行楷,取法"二王",入宋人室。著有《吕晚村文集》、《东庄吟稿》。又与吴之振等合辑《宋诗钞》。《中国历史人名大辞典》、《中国佛教人名大辞典》有载。

竹堂 一作竹塘。上元(今江苏南京)人。扬州桃花庵僧,画僧石庄弟子。一作石庄再传弟子,西崖法徒。善篆刻玉章,又善刻竹根图章,名与潘老桐(名西凤,乾隆时人)相同。工山水。受业于吴麐(1691—1772)。《扬州画舫录》、《墨林今话》有载。

竹禅 (1825—1901)俗姓王,号熹公,自称王子(有印章曰"王子出家")。四川梁山(今重庆梁平)人。初出家于本县报国寺,后居上海龙华寺。游遍吴、越,浪迹江湖,遍游四大名山,所至古刹,多有留墨。清光绪(1875—1909)间东至普陀山,住白华庵数年。后复返上海,以卖画为生,甚有声名。光绪二十六年(1900),梁平双桂堂遣一和尚至沪,邀竹禅归该堂任方丈,半年后圆寂于双桂堂。工书法,擅水墨画,山水、人物、竹石、花鸟,无一不能,尤喜作大幅。(见图36)时人评其画"体格高超",又称"别有一派"。题画诗亦佳,尤喜抚琴,亦工篆刻。有《印谱》一卷。民国版《上海续志》、《海上墨林》有载。

休 俗姓吕,字东(一作崇)修。江苏常熟人。落发虞山智林寺。时从石林源公游。山水静雅,兼通书史。《虞山画志》、《中国美术家人名辞典》有载。

休休 俗姓范。江西丰城人。壮年妻、子俱亡,心灰意冷,遂出家于白衣庵。

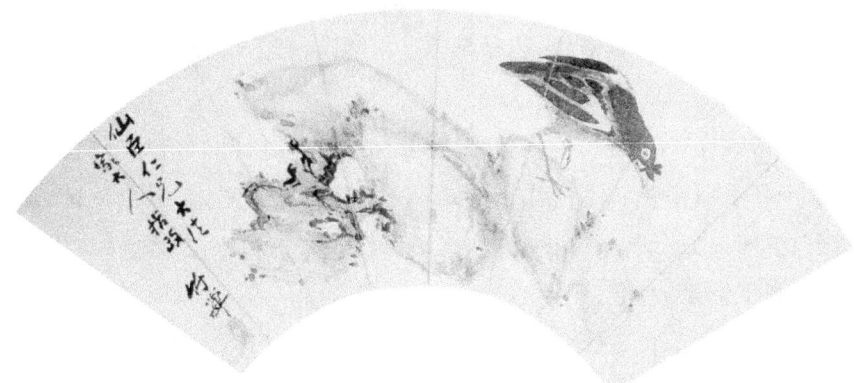

图 36

遇异人挈之游罗浮、衡岳,有所得而归。以酒肉自晦,人目为颠。善画达摩面壁、渡江二像,挥洒数笔,神致如生。《江西诗征》《中国佛教人名大辞典》有载。

仲师 俗姓李,字崇修。江苏常熟人。虞山智林寺僧。能诗画,士夫乐与之交游。《中国佛教人名大辞典》有载。

自渡 里籍无考。康熙(1662—1723)间住锡广东顺德西华庵。能以左腕作画,工花鸟,尤善牡丹。卒葬西峰下。按南海黄裔劭学盦藏其设色花卉长卷,款署"七十三废髡前中翰自渡",盖明末遗老也。卷首有谢兰生题识。《中国美术家人名辞典》、《岭南画征略》有载。

行吉 字远村。江苏扬州某寺僧。能书,尝为扬州东园中题名。《扬州画舫录》有载。

行远 字苍岩。里籍无考。海虞(今江苏常熟)人。出家海虞。能诗,喜写竹。《清画家诗史》、《海虞诗话》有载。

行圆 俗姓高,原名时英。浙江嘉兴人。明末诸生。清康熙(1662—1723)初岁饥,散其家赀,赈济乡里。年五十二岁弃家投普陀山为僧。寂后塔于藏锡庵西。工诗、画。光绪版《嘉兴县志》、《中国美术家人名辞典》有载。

行密 俗姓姚,字淡竹(一作号)。四川内江人。康熙(1662—1723)时峨眉寺僧人。刚毅不群,好面折征难。游浙住锡宁波天童寺八载。回蜀见破山于佛恩寺,宾主互换,拳踢相应,故有"处处逢人打一场"之句。出住大隋白鹿寺,府尹冀应熊慕其德风,躬迎入锦官,建草堂精舍居之。工书,雅近王羲之,笔法挺劲,为空门健笔。《益州书画录附录》、《五灯全书》有载。

会元 湖南益阳人。俗姓王,号活来。宝积寺僧。工诗,善书画。《湖南近现代书画家辞典》有载。

名一 俗姓印,字雪樵,一字敦牧,号田衣。乾隆(1736—1796)时浙江海盐人。祝发于新丰镇南院。主浙江嘉兴珠明寺、白莲寺。能诗,兼工书画,山水学于僧明中,名闻一方。著有《田衣诗钞》,又辑《禅林诗品》。光绪版《嘉兴府志》、《国(清)朝画征续录》有载。

齐青 字秀东。甘泉(今江苏扬州)人。俗姓孙。住江苏镇江焦山松寥阁。工画墨竹。《焦山续志》、《中国美术家人名辞典》有载。

问樵 江苏扬州人。住江苏镇江焦山。善山水。《画林新咏》、《中国美术家人名辞典》有载。

江注 字允凝。安徽歙县人。弘仁(浙江)六侄,师事乃叔。工画山水,有古人法度。康熙(1662—1723)中寂。《中国佛教人名大辞典》有载。

守六 江苏甘泉(今江苏扬州)人。主浙江杭州净慈寺讲席。工书画,尤善刻竹,胡鼻山(1817—1862)、钱叔盖均为金石交。胡氏尝为所刻扇边写隶书铭文。《竹人续录》、《中国美术家人名辞典》有载。

安清 字至善。江苏常熟人。工写枯笔山水,有逸趣。《虞山画志》、《中国美术家人名辞典》有载。

兴彻 字犀照(一作号),号晶溪。龙泉(江西遂川)人。俗姓刘。江右甲族,襁褓中即不茹荤,喜趺坐。出家江西九江能仁寺为僧。游沪卓锡铎庵。工诗、善书,书法瘦削清峭。间写梅竹,清劲有古致。著有《语录》及诗集《晶溪集》。《海上墨林》、《中国美术家人名辞典》有载。

兴俦 (1639—1695)字心越,号东皋。浙江金华人。俗姓蒋。性聪敏,善书,尤工水墨花卉,又能抚琴,精篆刻。10岁投吴门(今江苏苏州)报恩寺削发。初依天界觉浪通盛。康熙七年(1668)参翠微阔堂,后隐浙江杭州西湖永福寺。十六年游日本,住水户岱宗山天德寺,后为祗园寺开山初祖。《广印人传》、《清代画史》有载。

灯来 (1614—1685)字三山。四川垫江(今属重庆市)。俗姓曾。幼业儒,值战乱,遂祝发为僧。南下寓忠州东明寺。闻铁壁禅师有道,入山参礼。

清顺治十一年（1654）住忠州崇圣寺，迁梁山兴龙五云。康熙七年（1668）入浙江，居浙江嘉兴天宁寺，日与缁素唱和，一时学者称为大慧再来。翌年，编梓《聚云三世语录》。工吟咏，擅书法，书善行草，有出尘之妙。著有《宗旨纂要》、《松林闲评》三十卷、《六会语录》二十八卷。《续灯正统》、《中国佛教人名大辞典》有载。

如寿 里籍无考。福建泉州开元寺僧人。精于楷法，与同时僧明光齐名，时称："如寿真，明光草。"《泉州府志》、《中国美术家人名辞典》有载。

如德 字借云（一作号）。元和（今江苏苏州）人。幼依邑之狮林寺明澈落发，后主狮林寺。聪慧好学，博通广闻。长慕禅寂，参叩老宿，终得观日出而悟道。工行、楷，兼善写兰，得文徵明（1470—1559）、陈元素两家意。《墨林今话》、《中国佛教人名大辞典》有载。

如澈 （？—1864）一作如彻，号碧泉。里籍无考。幼失怙恃，居北梁明心教寺为僧。兼通儒理。善山水，深得元人三昧。年逾七十，预知圆寂，同治三年（1864）坐化。《海上墨林》、《中国佛教人名大辞典》有载。

观我 字成己，又字存几，号西溪。浙江平湖人。住平湖乍浦城西西怀橘庵。能书、画，尤善读儒家书。尝从潘确庵学诗。年二十四寂。著有《西溪诗存》。《龙湫嗣音集》、《中国美术家人名辞典》有载。

远涌 字西涛，号同舟。江苏太仓人。行草俱深入右军（王羲之）。工诗，善弈。《刘湄书画记》、《中国美术家人名辞典》有载。

戒文 里籍无考。乾隆（1736—1796）初住福建延平府天宁寺。善画竹。《福建通志》、光绪版《福建高僧传》有载。

戒显 字晦山（一作晦堂），一字愿云。俗姓王，原名瀚，字愿达。江苏太仓人。弱龄游泮，有声庠序。明亡（1644），入金陵（江苏南京）礼三昧老人祝发并受具足戒。参宁波天童寺雪峤，遇灵隐寺弘礼于皋寺，大悟云门挂杖话得法。隐江西庐山，开法云居。历主湖北武汉东湖荐福、湖北荆州护国、抚州疏山诸伽蓝，化行江楚，道望大著。清康熙六年（1667）继席灵隐寺，终于佛日。塔建云居钵盂山。博通内外，尤精墨妙，亦善诗文。著有《禅门锻炼说》、《现果随缘》、《佛法本草》及《语录》、《文集》等。《清画录》、《江苏诗征》有载。

戒闻 字解三。华亭（今上海松江）人。游京都阅藏二次，胸襟不凡。善诗文,山水仿元人法,风味清逸,不亚于恽向(1586—1655)。其墨款托名姜睿。《国(清)朝画征录》、嘉庆版《松江府志》有载。

芝田 (？—1787)浙江德清人。明因寺僧。诵经之暇,以篆刻、绘事自娱。间涉吟咏,风度雅洁。文士多乐与游。《广印人传》、《中国美术家人名辞典》有载。

更 号过也。江苏常熟僧人。善写兰竹,并工芦雁。《虞山画志》、《中国美术家人名辞典》有载。

芳圃 (1837—1908)俗姓陈,字笠云。江宁(今江苏南京)人。自幼落发于长沙黎仙庵。聪明过人,妙解义理,喜赋诗以畅禅机。清光绪元年(1875)继席虎岑,复主上林果山,湘中名宿若王湘绮、郭筠仙,皆与酬答。戊戌(1898)变法,有议夺僧寺为学堂者,正忧间,适值日本僧人水野梅晓参礼座前,述日本佛教随潮兴学,芳圃遂假长沙开福寺创立僧学,并设佛会。光绪三十一年(1905)东渡日本弘法。善诗,尤工书法。著有《东游记》、《听香禅室诗集》。《新续高僧传》、《中国佛教人名大辞典》有载。

苍崖 一作苍厓,湖南衡阳人。落发于衡阳南岳。善画山水,宗王麓台,有名于时(见图37-1、图37-2)。流寓金陵(今江苏南京)、名画家萧俊贤曾从之学画。民国(1911—1949)初期寂,年约七八十岁。有泥金山水扇面刊于《中国书画报》上。《中国美术家人名辞典》、《中国书画报》有载。

图37-1

图 37-2

苍霞 （？—1701）名际。居安徽黄山云岭院。禅经之余，醉心书画，亦能诗。著有《续画楼诗》。与普识、慎为同辑《云岭志》。《新续高僧传》、《中国佛教人名大辞典》有载。

克参 里籍无考。住福建延平府天宁寺。以善画名于世。《福建通志》、《中国美术家人名辞典》有载。

克恭 字云穴，号云穴客。里籍无考。住江苏扬州三圣庵。学通内外，工绘芦雁，善写花卉，与郑板桥（1693—1765）友善。《中国佛教人名大辞典》有载。

还源 俗姓曹，名高捷，字云驭。云南宾川人。明崇祯（1628—1644）进士，官至吏部验封司员外郎。后于江苏南京参天童圆悟禅师得悟，遂致仕归。晚年落发为僧，隐居天池山白云居，达二十余年。寂年80。《云南省志》、《滇南诗略》有载。

吴环照 江苏苏州人。世家子弟。幼年落发于精严寺。精通针灸，兼善兰竹。《中国佛教人名大辞典》有载。

听竹 浙江嘉兴人。精严寺永彻徒孙，亦善画兰竹，得其师祖之传。《嘉兴府志》、《中国美术家人名辞典》有载。

虹音 字闻九。里籍无考。浙江海盐玉庵僧人。善画兰、菊。《画名家录》、《历代画史汇传》有载。

困成 字静缘，号扫叶头陀。江苏常熟人。自幼落发为僧。郡中狮林法嗣。住北山破腹禅居。善写梅，兼工山水、兰石，笔意清简。小诗亦佳。《墨林今话》、《中国佛教人名大辞典》有载。

别禅 娄县(今上海松江)人。落发于邑之龙门寺。师从仁惠学画,精善山水。《墨香居画识》、《中国佛教人名大辞典》有载。

秀亭 自号半觉子。湖南益阳人。望碧峰瞻霞寺住持。工诗,尤工书。《湖南近现代书画家辞典》有载。

佛义 号雪谷。里籍无考。能琴能诗,隶书得汉法,画兰有逸致。《中国美术家人名辞典》有载。

佛印 号逸庵。里籍无考。江苏常熟大生庵僧,嗣法主虞山拂水。书学赵孟頫,继从故学博讨论,书益工。间为墨戏,亦颇楚楚。《虞山画志续编》、《中国美术家人名辞典》有载。

佛眉 里籍无考。顺治(1644—1662)间江苏泰兴庆云寺僧。丁原躬法裔。篆刻一如其师。工诗善书,亦能画,能左手持巨石,右手握刀,腕力愈劲。《广印人传》、《中国美术家人名辞典》有载。

佛基① 号岱宗。里籍无考,居上海南汇知止庵。清雍正(1723—1736)间移住瑞莲庵。工诗善书,与黄知彰、顾巽等为吟社友。《海曲诗钞》、《中国佛教人名大辞典》有载。

佛基② 俗姓叶,字瞿昙,号糁花道人。安徽歙县人。杭州灵隐寺僧。通内外典,工诗词,善书法篆刻。《广印人传》、《中国佛教人名大辞典》有载。

佛裔 里籍无考。浙江杭州南屏寺僧人。善山水。《画林新咏》、《中国美术家人名辞典》有载。

秀松 里籍无考。江西南昌祇园庵僧人。工画。《南昌县志》、《中国美术家人名辞典》有载。

近禅 里籍无考。法号点定。禅余工写隶书。光绪九年(1883)9月27日上海《申报》刊出《扬镇簪花社书画助赈》润例中,有"近禅和尚点定隶书,纨扇册页斗方各二百文"条,《近现代金石书画家润例》有载。

含澈 俗姓支,字雪堂,号懒懒头陀。新繁(今四川新都西北)人。落发于龙藏寺。善书,工诗,与顾复初(咸丰[1851—1862]年间游蜀)、黄云鹄(咸丰三年进士,官四川建昌道)互为酬唱。辑有《纱笼文选》、《绿天兰若诗钞》、《方外诗选》等。《晚晴簃诗汇》、《益州书画录》有载。

应牧 字惺勤。广东南海人。俗姓关。住香山隐泉寺。戒律精严,工诗善画。著有《隐泉诗草》。《香山高僧传略》、《中国佛教人名大辞典》有载。

宏忍 字无寐。俗姓沈,名泓,字临秋。上海松江人。明崇祯(1628—1644)进士,官至刑部主事。明亡(1644),自尽未遂,乃为僧。初住浙江会稽东山国庆寺,晚迁城南梅溪。工楷书,善诗文。著有《东山遗草》。《中国佛教人名大辞典》有载。

宏 字蘧然。吴县(今江苏苏州)人。唐寅(1470—1523)六世孙。乾隆(1736—1796)中住苏州西郊小云栖寺。博闻广识,能诗,工隶书,篆刻宗文三桥(彭)。《广印人传》、《中国佛教人名大辞典》有载。

证声 号石峰。福建人。住福建海会寺。善弈,能诗,尤擅长书画。《福建续志》、《中国佛教人名大辞典》有载。

证停 (1803—1831)一作证淳。初号梅田,更号墨缘(一作字)。震泽(今江苏吴江)人。蒋宝龄弟子。居浙江湖州南浔东藏寺。工楷书,善山水,俱有秀挺之致。汤贻汾亦极称赏之。《墨林今话》、《清画家诗史》有载。

识本 字溯源。里籍无考。善画山水。《画录识余》、《中国美术家人名辞典》有载。

灵湛 俗姓吴,名彭年,字镜庵,号壶天散人,自称华溪禅隐。江苏昆山人。弃诸生为僧,住吴门(江苏苏州)金井庵。禅行甚高。能诗,善画山水、人物,写意水墨设色梅、兰、竹、菊,均极古雅。画山水合宋、元诸家,法备气足,或泼墨为米芾云山,或作倪瓒小景,皆入逸品。《墨林今话》、《畊砚田斋笔记》有载。

灵璧 一作灵璧,号竹憨。江苏吴江人。得法于丈雪通醉。主持泾山、开元、庆隆等刹。善山水、兰竹、花果,兼长草书,名闻一时。《国(清)朝画征录》、《中国美术家人名辞典》有载。

妙月 俗姓储,名淑。浙江嘉兴人。适同邑怀氏。中年以家遭难,遂落发为尼。幼时聪慧,其舅施鳌授以画法,写折枝颇有生趣,后以归入空门,弃去画技。《艺林悼友录》、《中国美术家人名辞典》有载。

妙言 字中伦。江苏常熟人。三峰化苇和尚弟子。后主持南京报国寺。善画、工书、能诗。著有《听松窝诗》。《常熟县志》、《历代画史汇传》有载。

妙参 俗姓洪,字志明。江西婺源人。一作安徽人。19岁于江苏如皋水德寺落发为僧。旋于南京宝华山受具足戒。曾云游名山大川,足迹半天下。闻杭州半山天朗禅师有高德,往谒执弟子礼数载,尽得其传。后住锡江苏宜兴海会寺。时韩古农在如皋,闻名造访,师事之。武进盛宣怀(1844—1916)晚年好佛,延妙参对坐蒲团,听经自忏,因注《心经禅宗直解》付梓刊行。见海会寺荒废,乃辟地种竹,自号种竹道者。工书,书法《圣教序》。时作墨笔花卉,亦清雅有致。《清代画史补录》、《安徽佛门龙象传》有载。

妙霓 字静韵。俗姓江。吴江(今江苏苏州)人。惠泉山紫云观落发为尼。善写兰,兼工诗。《江苏诗征》、《续比丘尼传》有载。

妙慧 原名马如玉,字楚屿。本姓张。金陵(今江苏南京)南京楼妓,精熟文选、唐诗,精绘事,工诗,善小楷及八分书,倾动一时。北里名姬多倩笔于人,惟如玉不冒,即倩人亦无能及。亦工篆刻。后落发为尼,受具足戒于摄山栖霞寺。遍游太和、九华名胜,结茅南京莫愁湖上。年三十余岁圆寂。《续比丘尼传》、《中国美术家人名辞典》有载。

陈元煌 字泉声。福建龙溪人。居虎啸岩。工诗善画。后为僧,尝主持浙江宁波天童寺,法名超煌。《武夷山志》、《中国美术家人名辞典》有载。

陈际贤 字省凡。乌程(今浙江湖州)人。工诗善画。后为僧。《中国美术家人名辞典》有载。

际元 号卧云。江苏常熟人。善画兰。《虞山画志》、《清代画史》有载。

际云 (？—1770)字天涛。上海嘉定人。俗姓王。受法于江苏镇江金山大晓。历住江宁(今江苏南京)香林、镇江金山、常州天宁、杭州天长诸名刹。禅余兼及绘事,尤工佛像,亦善诗。寂后塔于丹徒(今镇江)七里甸南。著有《天涛际云禅师语录》。《新续高僧传》、《金山志》有载。

际迅 里籍无考。善画墨兰,喜就石侧画兰,多作逆撇,因难见巧。《红豆树馆书画记》、《中国美术家人名辞典》有载。

际更 字改庵,号过也。幼削发于常熟三峰,师事中伦。住永昌庵。曾主维摩丈席。清理寺规。能诗,善画竹、石、芦雁。《历代画史汇传》、《虞山画志》有载。

际因 字液川。浙江嘉兴人。博学工诗,受业于秀水(今嘉兴)江梅溪之门。中年遍参丛林,晚归主持东塔寺。移主平湖德藏寺。年七十余,隐归翠云、钟鱼一室,观空自在。喜画竹,秀劲自如。著有《观幻山房稿》。《两浙輶轩续录》、《中国美术家人名辞典》有载。

际昌 号可庵。梁溪（今江苏无锡）人。江苏常熟维院方丈。善画工画,画擅兰竹,诗亦清澈。《虞山画志》、《历代画史汇传》有载。

际珍 字墨泉。江苏宜兴人。住江苏苏州怡贤寺。善画兰竹,挥洒自如。《画史汇传》、《清代画史增编》有载。

际度 (1772—1849,一作1748—1825)字二非,号妙演。江苏南通人。住江苏怡贤寺。善写兰竹,墨菊尤妙。《中国美术家人名辞典》、《畊砚田斋笔记》有载。

际祥 (？—1813)字主云（一作号）。浙江吴兴人,一作仁和（今浙江杭州）人。初住归安演教寺,后主杭州西湖南屏净慈寺。持戒行,熟内典,所至梵宇,次第兴复。工书画,俱学董其昌,而画尤有骨力。亦工诗,阮元抚浙时,尝书"南屏秋色归诗版,北苑春山证画禅"楹联际祥。《清画家诗史》、《晚晴簃诗汇》有载。

际得 字松野。山西人。居山西平遥超山寺。善诗,尤工行楷,一时为世推重。《山西通志》、《中国佛教人名大辞典》有载。

际嵩 字觉庵,一作觉安。幼为浙江嘉兴梅里东塔寺僧,后主无锡自在庵。善画,得超源之传,兼善写真。《梅里志》、《中国美术家人名辞典》有载。

际微 四川人。住四川简州洛带镇慈云寺。工草书,兼能诗。年八十余寂。《益州书画录续编》、《中国美术家人名辞典》有载。

际源① 字沛霖。湖北人。俗姓陈。幼年出家于江苏兴化龙津寺。参江苏扬州高旻寺天慧彻,闻谷中有声,猛然大彻开悟。出住维扬实轮、荆溪磬山。工诗书,尤善绘画。采集清代名德尊宿机缘法语,为《正源略集》,稿未成而寂,嘱天台达珍侄孙续成。著有《沛霖源禅师语录》二卷。《兴化佛教通志》、《中国佛教人名大辞典》有载。

际源② 字学川,一字彻圆。秀水（今浙江嘉兴）人。俗姓沈。有戒行。清乾隆(1736—1796)帝赐紫衣。主武康报恩寺。精山水,善梅、竹,亦能诗。著有《禅余集》。《清画家诗史》、《嘉兴府志》有载。

际慧 (1723—1799)字静生,号雪舟、静荪。吴门（今江苏苏州）人。俗姓程。年十三依苏州法华寺纯白削发。依杭州灵隐寺巨涛受具足戒。初学经教,继谒憨初、淡如诸尊宿,复造无锡南禅,参长庆安蒙印可,遂嗣法席。清乾隆四十九年(1784)退居苏州支硎山法音精舍。有梵行,擅山水,(见图38)工杂画,墨菊尤佳。著有《禅宗心印》。《海上绘画全集》、《墨香居画识》、《历代画史汇传》有载。

图 38

治 字雪炉。俗姓陈。江苏常熟人。游历江苏扬州、安徽黄山、陕西华山,后还里住持常熟白雀寺。游心绘事。寂年四十。《常熟县志》、《历代画史汇传》有载。

苁水 江苏常州人。善画山水,位置点染,直抵宋、元神髓。康熙三十八年(1699)过江苏常熟,又二年(1701)访王翚于耕烟草堂,翚每与苁水商榷笔墨,亦相友善。《历代画史汇传》、《凌竹题跋》有载。

非台 字超然。安徽泾县幕山庵僧。幼不识字,年十七,见古岩画仿之逼肖,自是精进于学。惜早卒,未竟所业。能诗善画。著有《晓月山房诗钞》。《清画家诗史》有载。

些庵 亦称些庵和尚。湖南桃江人。俗姓郭,名都贤,字天门。16岁中秀才,19岁中举人。明天启二年(1622)中进士。历官吏部稽勋、验封司、考功司主事、文选司员外郎,官至江西巡抚。明亡(1644)入浮邱山落发为僧,流寓湖北十九年,客寂于江陵(今湖北荆州)承天寺。为人笃实,严于律己,宽以待人,长于诗词,工书画。书法瘦硬苍劲,画擅兰竹,片楮为珍。《湖南近现代书画家辞典》有载。

贤卓 字惕瑕,号铁崖。浙江人。道光(1821—1851)时僧人。住浙江平湖乍浦怀橘庵。后移居神圣宫。性耽风雅，工山水，喜吟咏，晚专写梅，皆其余技也。著有《铁老人遗稿》。《平湖续志》、《中国美术家人名辞典》有载。

具益 号无念道人。山西阳城人。工画能诗。所画墨竹，丰神潇洒，直追文与可。光绪版《山西通志》、《中国佛教人名大辞典》有载。

昙树 字香初。广东人。广东广州海幢寺僧。工画梅，善吟咏。《桐阴清话》载有昙树诗，有句云："晚风移柳港，凉月过花田。"《桐阴清话》、《中国美术家人名辞典》有载。

昙辉 江苏松江（今上海松江）人。住松江西林寺。善山水，能鼓琴。《墨香居画识》、《中国佛教人名大辞典》有载。

果如 （1854—1907）俗姓薛。浙江定海人。少时家贫，落发柳行善济寺。住持僧见其聪慧，每晚教果如读书习字学画。遂以擅书法和画梅著名，年稍长，任普济寺主客僧。20岁时云游，求教佛学和书画技能。30岁时回浙江，任奉化雪窦寺方丈。光绪三十二年（1906）奉诏至京谒慈禧太后，封为国僧。赐袈裟、龙钵、玉印、玉佛各一件，宫藏经书数百函。旋回雪窦寺仍任方丈，建藏经楼及法华殿。寂于寺。《定海县志》、《四明书画家传》有载。

果庵 江南人。祝发于四川峨眉山，住锡四川江安西林寺。年九十余，行步轻健，寒暑仅一葛衣，或询其姓氏里居，泣而不答。一夕忽不见。能诗文，善书法。著有《果庵晚录》、《心经注释》。《益州书画录续编》、《中国美术家人名辞典》有载。

昌显 字宏道（一作宏达）。上海青浦人。住青浦珠溪圆津寺。寺中先世皆工诗画，昌显雅好制艺，发为文章。并工岐黄术，有就医者，不分贫富悉心诊视。善山水，乾隆五十三年（1788）尝仿倪瓒《疏林远岫图》尺幅赠冯金伯，笔甚清丽。《墨香居画识》、《青浦县志》有载。

昌泰 安徽六安人。主江苏扬州法净寺。善书。以三指撮管端作书。字体法元朝书家鲜于枢。《扬州画舫录》有载。

明中 （1711—1768）初名演中，字太恒，号　虚（一作焚虚），一号啸崖。浙江桐乡人。俗姓施。7岁落发于浙江嘉兴楞严寺，师事含明和尚习儒释诸书。尝侍雍正讲禅学。乾隆四年（1739）得法于无阆永觉。六年主杭州西湖圣因寺，移山阴（今浙江绍兴）乾峰，归杭州天竺。二十二年主杭州西湖净慈寺。乾隆

（1736—1796）帝南巡，三赐紫衣，并赐诗一首，刊石净慈。性好画，尝谓结习未能除。寄意篆刻，画山水得黄公望缜密，倪瓒之疏秀。兼善写生，亦工写照。尤长于诗，与厉鹗、杭世骏（？—1733）等结吟社。著《 虚诗钞》。《国（清）朝画征续录》《新续高僧传》有载。

明本 俗姓陈，字东悟，江苏苏州人。幼好读书，性至孝。矢志不嫁，托迹空门。得法于维摩山。尝礼四大名山，数至京师，于石梅辟智林法苑。晚复住锡燕都灵官庵。蒲团静摄，间为吟咏，或绘佛像山水花卉。《语录》、《鉴云录》、《留迹录》、《续比丘尼传》、《中国佛教人名大辞典》有载。

明印 字久芳，一字九芳，号雪幢。江苏常熟人。吴中（今江苏苏州）怡贤寺住持。诗僧莲峰徒。工诗，善书画。学书之余，作寓意山水，淡远有别趣，士夫推重。著有《听松窝吟草》。《清画家诗史》、《虞山画志》有载。

明光 俗姓王，字上中（一作号）。少业儒，后落发于福建晋江开元寺涌（一作海）幢庵。勤于参究，礼亘信和尚得法。工诗善书。为诗清灵幽静，远离尘俗。尤工草书，求者无虚日。时有同寺僧如寿，精于楷书，与明光齐名，时人称曰"明光草，如寿真"。晚年于阮旻时相唱和，选其诗三百余诗，名为《偶然草》。（见图39）乾隆版《泉州府志》、《中国美术家人名辞典》有载。

明辰 字问樵。俗姓江。江都（今江苏扬州）人。扬州建隆寺方丈。灵隐京口（今江苏镇江）八公洞半塈庵。道光（1821—1851）初以操琴

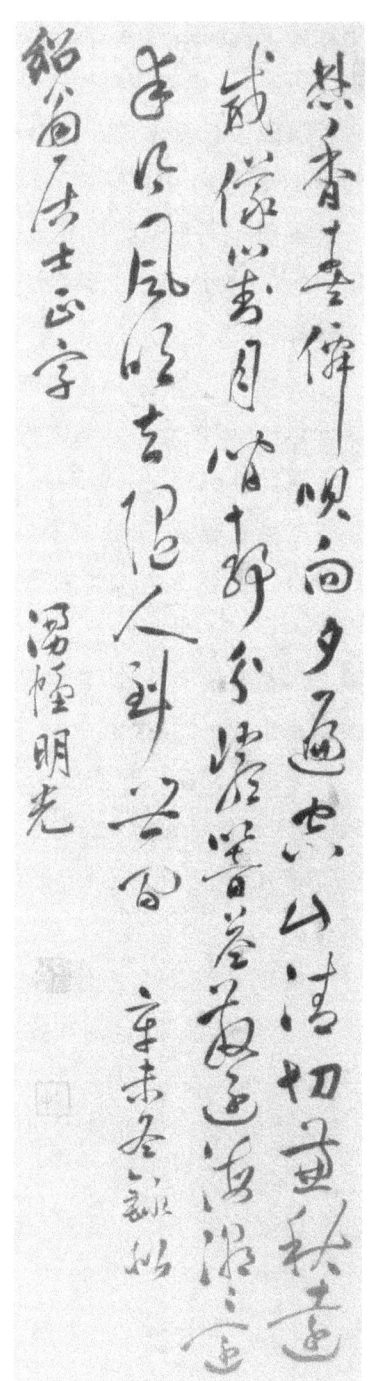

图39

名闻大江南北。好画梅,不必远师古人,下笔辄有逸趣。亦工草书,为包世臣(1775—1855)一派,八分书摹邓石如(1739—1805),几可乱真。按《画林新咏》有僧问樵,善山水,疑即其人。《墨林今话》、《扬州画舫录》有载。

明怀 字苇江,号石巢。里籍无考。住浙江临平金粟庵。能画,善诗,山水得元人法。《清画家诗史》、《杭郡诗续辑》有载。

明远 字惟善。俗姓王。江苏无锡人。祝发无锡文溪庵。赋性高迈,志在林泉。乐禅修,重戒行,善属文,工绘画。著有《半溪诗草》。《清朝书画家笔录》、《中国佛教人名大辞典》有载。

明奇 字具如。浙江杭州人。工诗善书能画。诗宗皎然,书宗怀素,画仿苏轼。《清画家诗史》、《杭郡诗辑》有载。

明明 字髡残,一字石船。上元(今江苏南京)人。俗姓艾,初为羽流,晚岁始祝发为僧,居不二庵,即龚贤(1599—1689)半亩园故宅。工花卉、人物,尝种菊花百种,对花写照,各级形似。有印曰"白头皈依一生心",汤贻汾(1778—1853)最重之。圆寂后,汤挽一联曰:"出了家成了艺传了名;安得心撒得手暝得目。"《墨林今话》、《中国美术家人名辞典》有载。

明净 字逸梅。湖北襄阳人。龙泉寺方丈。曾寓沪上。工画墨梅,多玉骨冰肌之美。《海上绘画全集》、《历代画史汇传补编》、《中国美术家人名辞典》有载。

明俭 字智勤,号几谷。丹徒(今江苏镇江)人。俗姓王。幼年出家于城南小九华山真武殿。能诗,善摹晋人法帖,尤工山水、花卉。其山水出入关、荆、马、夏,运笔如风,墨彩沉郁,与海昌六舟僧友善,其尝客浙江黄岩总镇汤贻汾(1778—1853),偕游雁荡,绘有《雁山双锡图》,雪瀑云岚,跃然纸上,一时推为奇作。(见图40)咸、同(1851—1875)间来往镇江焦山。住海云庵。《墨林今话》、《中国美术家人名辞典》有载。

明度 (1674—1747)初名福度,字一苇,号铁船。江西瑞金人。依狮子禅林落发。遍参丛林,末见秀水(今浙江嘉兴)普明浪祖,传以心印。出住浙江嘉兴福善、江苏兴化罗汉、浙江秀水普明诸寺。道风远被,日本遣使礼请说法,以信众坚留,未能成行。工书法,能诗。著有《一苇度禅师语录》。《如皋县志》、《中国佛教人名大辞典》有载。

图 40

明悦 俗姓李,号愚溪。江西南昌人。先后六开戒堂。主持明白庵。圆寂后杨寅为铭。好书法,尤善怀素书,笔致超逸。亦工诗。著有《总集语录》及诗集若干卷。《临川县志》、《中国佛教人名大辞典》有载。

明通 字达一。里籍无考。住锡浙江嘉兴迁胜(一作善)庵。学通内外,工吟咏,善写真。著有《墨隐遗稿》。《画家知希录》、《清画家诗史》有载。

明基 里籍无考。光绪(1875—1909)时主持京师松筠庵。精篆刻,善书画,山水竹石师石涛,花木宗李日华,气韵疏隽,笔有灵机。《近代名人小传》、《中国美术家人名辞典》有载。

明景 湖南芷江人。清康熙(1662—1723)间景星寺僧。工书。《湖南近现代书画家辞典》有载。

明彻 (1775—1825)俗姓沈,字观性,号懒庵,又号一石庵主。《墨林今话》作明澈。长洲(今江苏苏州)人。年二十落发郡之南禅寺为僧。住狮子林。退隐善庆庵。潜心宗乘,复工诗画。山水宗董其昌、王鉴,脱略绳墨,秀净雅洁。尝画小景自娱,曰:"吾于此中作汗漫游,不必蜡屐登山也。"《墨林今话》、民国《吴县志》有载。

明贤 字无方,号剩山。俗姓卢。江西人。工书画,不古不今,随意挥洒,神机活泼,别有天趣。《读画辑略》、《中国美术家人名辞典》有载。

明照 字漏云。江苏吴江人。翰林陈沂震次子。当家难时,逸出为僧。初侍文觉禅师,晚游上海,住铎庵。戒律精严,能诗,善画梅。著有《漏云诗草》二卷。《海上墨林》、《墨香居画识》有载。

明瑜 俗姓蔡,字昀(一作炳)熙。江苏无锡人。落发于无锡保安寺。清康熙(1662—1723)时主持灵岩寺。善书,工诗。著有《随云草》。《清朝书画家笔录》、《清画家诗史》有载。

罗眉峰 上海青浦人。青浦圆津寺僧。通证父。从事丹青,有名三吴。《青浦县志》、《中国美术家人名辞典》有载。

知赞 字默成,号绪庵。明末进士。明亡(1644)落发为僧,师事常宁且拙。住大义山。工诗,善楷书。《方外诗选》、《中国佛教人名大辞典》有载。

秉正 字止一,号止庵。丹徒(今江苏镇江)人。俗姓杨。瓜州(今甘肃敦煌)青莲庵僧。工书,善诗文。书法有龙蛇飞动之势,体近米芾。著有《秋窗偶稿》。《晚晴簃诗汇》、《江苏诗征》有载。

秉诚 俗姓计,字书田。秀水(今浙江嘉兴)人。住嘉兴德水禅院。性好游,尝北至京口(江苏镇江)探金山、焦山之胜,南溯曹娥江登天姥峰,游浙江赤城山清凉寺诸名胜。飘笠所至,辄有题咏。晚主浙江盐官资圣寺。工诗善书。著有《西竺轩稿》、《谷水集》、《天台行草》、《书田诗稿》。《两浙輶轩续录》、《中国佛教人名大辞典》有载。

佳慧 字如如。甘泉(今江苏扬州)人。年未二十削发为尼,至江苏淮安湖心,叩见南庵老人,学习禅法。参话头,茅塞顿开,圆融无碍。后冒充僧人,挂单到江苏镇江金山寺。据传尝在寺壁挥写对联:"天镜照晴空,谪仙去后来坡老;石钟留胜迹,小姑依旧对彭郎。"被某贵官看出是好手笔,要求招见,佳慧遂头戴笠帽,匆匆下山,渡江北上,回到淮安,建拈花社。在拈花社弘扬禅法,几十年如一日。佳慧平日开讲禅法的话,由一导禅师编进《廪山正灯录》中。工诗善书,书法清秀雅丽。《中国古尼》有载。

岳 字邃岩。江苏人。江苏常熟白雀寺僧。善画罗汉,有水墨《布袋和尚图》传世。《虞山画志》、《海虞画苑略》有载。

侃峰 浙江嘉兴人。住嘉兴莲花庵。工写墨兰。《墨香居画识》、《中国美术家人名辞典》有载。

念深 字竹隐。浙江杭州人。性耽林泉,往来西湖诸寺。士大夫为游。工诗,能山水。《清画家诗史》、《画家知希录》有载。

周容 （1619—1679）字鄮山，一字茂三，一作茂山，号躄堂。鄞县（今浙江宁波鄞州区）人。明诸生。明亡(1644)落发为僧，后以奉母还俗。工书画，负才使气，人以徐渭比之。初受知于戴殿臣御史，戴为海寇所掠，以身为质，代受刑桎，足为之跛。康熙十八年(1679)以词科荐不就，旋卒。书法欧、褚，画枯木竹石，自率胸臆，萧然远俗。著有《春涵堂集》。《清画家诗史》、《国（清）朝画征录》有载。

周齐曾 （1603—1671）字思沂，号唯一。鄞县（今浙江宁波鄞州区）人。明崇祯十六年(1643)进士，官广东顺德知县。有政声。顺治三年(1646)入剡源落发，号无发居士。旋受具足戒，法号囊云，人称囊云大师。画山水，超脱畦径，槎枒突兀，孤峭绝人。《明画录》、《中国佛教人名大辞典》有载。

净子 （一作净子）字空幻，号寄痴。明末诸生。明亡(1644)落发为僧。武进（今江苏常州）人。顺治(1644—1662)初寓上海浦滨顾氏家。喜以左手作行、草，又临米芾书作反手字，于纸背向日观去，其妙倍于正面。《海上墨林》、同治版《上海县志》有载。

净玉 字靡瑕，号也山（一作也白）。福建莆田人。康熙(1662—1723)中普惠寺僧。后主福建黄檗寺。禅行高洁。善山水，泼墨淋漓。诗亦超脱。著有《吴越草》。《福建画人传》、《中国佛教人名大辞典》有载。

净孝 字此山。俗姓周，名廖，字淡城。吴江（今江苏苏州）人。明诸生。明亡(1644)出家为僧，为渔庵明开和尚法嗣。能诗，善画梅。与南潜友善。著有《岁交诗》、《枯林吟》。《浔溪诗征》、《中国美术家人名辞典》有载。

净莲 一名岳莲，号韵香，又号清微道人。俗姓王。江苏无锡人。福慧双修庵尼师。善书，书学《灵飞经》，秀骨天成。工画兰竹，娟精疏朗，别具风格。四方名流，一见为幸。有《空山听雨图》册，一时名俊题者几遍。《墨林今话》、《清朝书画家笔录》有载。

净范 （1620—1692）字为则，号蔗庵。姑苏（江苏苏州）人。俗姓嵇。年十五出家为僧。看竹篦话致疑，谒弁山音和尚。一日，闻雷声有省。后参云门三宜明盂，遂与记莂。住嘉禾（今浙江嘉兴）东塔寺。工诗文，善书法。著有《蔗庵禅师语录》三十卷。《正源略集》、光绪版《嘉兴府志》有载。

净宪 字匡雪，号岫峰。秀水（今浙江嘉兴）人。俗姓蒲。开法梵受禅院。得法于三宜和尚。后主持浙江嘉兴西郊香萃庵。善诗工画。山水摹巨然，五言诗得唐法。有《语录》及《栖贤诗集》。《嘉兴府志》、《中国美术家人名辞典》有载。

法礼 亦作法理,字敬安,亦署敬庵。里籍无考。内外兼通,雅好吟咏,复工绘事,画善花鸟。《中国佛教人名大辞典》有载。

法智 (1599—1671)亦名行诏,字允中,号破门,一号石浪,别号法智和尚,南岳七十二老人。破门和尚。湖南衡阳人。原籍江苏维扬(今扬州)。明亡(1644)削发为僧。清顺治(1644—1662)时住南岳飞来石下石浪庵中,因以石浪为号。工书,精狂草,高处落墨,远处养势,有怀素之风。与方外石涛、石溪齐名,因有"三石"之称。亦工画,远师唐、宋,无近人习气。擅诗,尝自书《山居诗》二十二首。《湖南近现代书画家辞典》有载。

河 字雪鸣,号萍香。湖北黄梅人。善写兰石,题字与诗,俱超然尘外。有常用印曰:"行脚三十年。"《墨林今话》、《畊砚田斋笔记》有载。

怡 吴县(今江苏苏州)人。苏州穹窿寺僧。工画,画山水笔致在衡峰之上。《吴门画史》、《中国美术家人名辞典》有载。

性仁 (？—1788)字慈恒,号懋膺。浙江海宁人。俗姓陈。幼落发为僧。乾隆二十六年(1761)于润州江天寺受具足戒。至淮扬(今江苏扬州)建隆寺礼梦因和尚有年,得印证,嗣法席。工书法,善诗文,缁素向慕。《江苏诗征》、《晚晴簃诗汇》有载。

性礼 字敬庵。江苏常熟人。少习儒,后礼佛。母丧,入江苏南京栖霞山落发为僧。励行甚严,四众悦服。晚住常熟虞山寺,专修净土至寂。善琴,工画花鸟兼山水。许虹桥有诗赠之。《虞山画志》、《历代画史汇传》有载。

性华 一名超华,字　树。毗陵(今江苏常州)人。俗姓徐。明遗老,明亡(1644)落发为僧。爱枞阳山水因居此山。书法怀素,轶妙造神。好吟咏,五言近体,最为擅长。著有《半舫吟稿》、《蛟台近草》。《桐旧集》、《中国佛教人名大辞典》有载。

性洁 字冰壶。秀水(今浙江嘉兴)人。秀水天宁寺僧。学贯群经,通明世典。善画佛像人物及写真,为鲍嘉入室弟子。亦能山水,虽非所长,而鉴赏独精。寂年五十余。《国(清)朝画征录》、《两浙名画记》有载。

性恺 字天茨。江陵(今湖北荆州)人。俗姓徐。幼年落发为僧,长通经史,兼善草隶。师事莲月和尚于天皇。康熙四十六年(1707)主持玉泉。有文集。

《新续高僧传》、《中国佛教人名大辞典》有载。

性慧 （1710—1764）字幻云,号炳一（一作字）。江苏泰州人。俗姓黄。年八岁,其父携至金陵(今江苏南京),寄养于地藏精舍道公处。年十二,双目失明,番僧杜喇嘛治愈之。礼道公和尚落发,登宝华受具足戒。雍正十二年(1734)随文海入京,未几南回。乾隆二十九年(1764)主泰州光孝寺,政禅为律,称中兴第一代。工诗善书画。书画在黄源、董其昌之间。著有《幻云诗钞》。《江苏诗征》、《中国美术家人名辞典》有载。

性融 俗姓李。仁和(今浙江杭州)人。工人物。《中国画学全史附录》、《中国美术家人名辞典》有载。

性默 字默僧。江苏睢宁人。俗姓武,名元默,字吉公。少为儒,举试不利。明亡(1644)落发为僧。诗与书画俱佳,山水得元人心法,世人以"三绝"誉之。年七十一,寂于山东峄县。《中国佛教人名大辞典》、《山东通志》有载。

宝筏 字莲西。韶州(今广东韶关)人。居广州海幢寺。喜藏名画,所居曰"画禅堂"。工山水,师王翚,有诗题杨椒坪《添茅小屋图》,甚佳。张之洞(1837—1909)、汪鸣銮宴集海幢寺,闻筏名,请一见,辞以病,人服其高。著有《莲西诗词钞》。《尺冈草堂遗诗》、《中国佛教人名大辞典》有载。

宗元 号若谷。江苏昆山人。俗姓王。于昆山青莲静室落发为僧。善诗,精书画。书学欧阳询《醴泉铭》；画山水学倪瓒、王翚派,画耕牛群猴,笔尤生动。文士多与之交游。光绪版《昆新两县续修合志》、《中国佛教人名大辞典》有载。

宗安 字止善,号格庵。里籍无考。主浙江嘉兴南翔白鹤寺。善指头画枯木竹石,有幽致。《练水画征录》、《中国美术家人名辞典》有载。

宗泰 俗姓繆,字白山,号古笠。浙江海盐(一作平湖)。年十八受具足戒于华山三昧。归侍费隐通容,久之受法。后住径山高庵,自称高庵道人。濡墨作草书,法张旭；善写花卉兰石,自饶生趣。亦工诗。寂年五十一。著有《阅世堂稿》。《当湖历代画人传》、《嘉兴府志》有载。

宗海 俗姓左。湖北沔阳人。幼习儒,后落发为僧,旋受具足戒。参白兆禅师,发明心地。住河南信仰白云寺。归沔阳住天保寺。六时念佛,礼忏不辍。能诗善书。《中国佛教人名大辞典》、《黄陂志》有载。

宗道① 俗姓金(一作全),字本如,号一庵。吴淞(今上海松江)人。住白沙西林禅院。持戒律,工诗、书、画。入白沙社,挥毫泼墨,清言娓娓,拟慧远之莲社。著有《西林草》。《嘉定志》、《中国美术家人名辞典》有载。

宗道② 字洪闻。江苏无锡人。住东墅。工画,善绘山水,有名于时。《中国佛教人名大辞典》有载。

宗渭 字筠士,又字绀池,号芥山,又号芥舟,一号华亭船子。华亭(今上海松江)人。落发于松江超果寺,礼青壁和尚,寓嘉定(今属上海市)之西林庵。善画山水,笔墨超俊。尝学诗于宋琬(1614—1673)、尤侗(1618—1704),遂工诗,诗有禅理,得唐人三昧。著有《绀池小草》、《茎香诗钞》。《历代画史汇传》、《墨林韵语》有载。

定 字磊园。江苏常熟人。林屋徒。雍正(1723—1735)间往来吴中(今江苏苏州),流水禅居。乾隆(1736—1796)时圆寂,年七十余。工画,山水宗倪瓒,又善水墨兰竹。《虞山画志》、《中国美术家人名辞典》有载。

定义 里籍无考。主持江苏丹阳嘉山寺。持过午不食戒。能诗善书。《丹阳县志补遗》、《中国佛教人名大辞典》有载。

定志 字鹰巢。江苏六合人。江宁(今江苏南京)承恩寺方丈。工诗,善指头画。许香岩也尝招集西楼,共作诗画,时贤称之。著有《竹香楼稿》、《据梧集》。《晚晴簃诗汇》、《莫愁湖志》有载。

定南 法名济行,号素亭。嘉定(今属上海市)护国寺僧。善画。《练水画征补录》、《中国佛教人名大辞典》有载。

定禅 浙江瑞安人。瑞安城西天王寺僧。小默徒孙,能传其学。亦善画,精医。与李孝廉漱梅友善。《瑞安艺术传》、《中国美术家人名辞典》有载。

定涛 字量云,号莲衣。湖北武昌人。学通内外,能诗,又善草隶。道光(1820—1850)任浙江杭州天竺寺方丈。《中国佛教人名大辞典》有载。

实印 字也白。江苏人。住无锡梅溪。工画,尤善山水。《中国美术家人名辞典》、《梅里备志》有载。

实如 字二泉,号寄舟(一作字)。浙江平湖人。历主杭州西湖灵隐、松江(今上海)龙门、上海法华、邗上(今江苏扬州)小金山。工诗词,书法被张照(1691—1745)所称,画善墨兰。师其笔墨者甚多。《书画纪略》、《上海县志》有载。

实荫 (1719—1791)字佛裔。汉阳(今湖北武汉)后。俗姓钟。住德安(今湖北安陆)准提庵。受法于浙江杭州圣因寺琴公。历主乾峰、圣因、净慈诸寺。工画山水,笔致淡远。寂于净慈丈室。有《语录》四卷。《德安府志》、《中国佛教人名大辞典》有载。

实乘 号柏庵。江苏常熟人。依名印得法。后继席江苏苏州怡贤寺。工画兰竹。《虞山画志》、《清代画史》有载。

实旃 一作续旃,字旭林。青浦(今属上海市)人。俗姓周。落发圆津禅院。后游江苏扬州,住维摩院。以书画名,尤善写竹。为卢见会(1695—1768)所称。精篆刻。《广印人传》、《历代画史汇传》有载。

实源 初名三友,号一泉,又号梅花船子。青浦(今属上海市)人。居白鹅江,投来青庵出家。尝主来青庵,居停横云山张氏山庄最久。寓上海奉贤。后游京师,往礼五台山,遂不复返。书法董其昌,写梅瘦劲多纵横气,亦工诗。《清画家诗史》、《湖海诗传》有载。

实踪 字指西。浙江人。住浙江杭州仙林寺。明中大恒弟子。山水守师法,书亦工美。《读画随笔》、《中国佛教人名大辞典》有载。

学成 江苏人。由江苏太仓南广寺挂锡嘉定(今属上海市)昭庆寺。善画。《练水画征补录》、《中国美术家人名辞典》有载。

诠修 (？—1665)俗姓李,名子柴,字二胜,自号蒙泉道人。江苏昆山人。初业儒,为诸生,奉母至孝。顺治二年(1645),昆山城被清军攻破,遂落发为僧。始叩剖石弘璧,后嗣法牧云通门。喜居深山,有处士黄钝者,请至云门寺。又说法于福建莆田灵岩凤山,缁素云集。能诗,工八分书,善画人物及花卉翎毛。著有《树下草》,同里葛芝作《蒙泉子传》。《国(清)朝画识》、《昆新合志》、《中国美术家人名辞典》有载。

房辰 字问樵。道光(1821—1851)间江苏扬州建隆寺方丈。初以琴名大江南北。好画梅,不远师古人,下笔辄有意趣。又工草书,为包世臣一派,八分书摹邓石如几可乱真。《扬州历史人物辞典》有载。

居易 汉口(今湖北武汉)人。善诗画,山水花卉,水墨双勾并工。《图绘宝鉴续纂》、《中国佛教人名大辞典》有载。

居溟 (？—1670)字去息。俗姓徐。江苏苏州人。落发苏州邓尉山,依苏州灵岩弘储和尚受法。机悟敏捷,历主祥符、宝华诸刹,继主灵岩山寺,退居锡山。尝读《宗镜录》,谓宗门,净土本无异旨。居常凭几独坐,人不知其所为。能诗工画。《五灯全书》、《新续高僧传》有载。

函全 字全人,俗姓陈,名学伶。广东东莞人。明崇祯六年(1633)乡试解元(第一名)。明亡(1644)愤而出家为僧。依长庆宗宝、道独得法。后嗣其席。曾住广东广州广孝寺。善文工画,画善佛像人物。著有《无异禅师广录》九十卷。道光版《广东通志》、《中国美术家人名辞典》有载。

贯庵 江苏人。住江苏娄县(今上海松江)海慧院。苦志梵修,重建精进阁为诵经所。能诗,兼工书法。《娄县续志》、《中国佛教人名大辞典》有载。

弥本 字淡庵。微山(今安徽歙县)人,一作广东佛山人。俗姓马。少年入道,后入黄山,结茅以居。善制砚,山水法元人,疏落有致。《画林新咏》、《中国佛教人名大辞典》有载。

药根 江苏扬州祇园庵僧。工诗善书,善刻符。书学蒋湘繁。有诗句"雨窗话鬼灯光暗,酒肆论仇剑忽鸣"为人传吟。与乾隆二十八(1763)癸未探花韦谦恒友善,韦于家中构玉山心室,延药根校书五年。《扬州画舫录》有载。

珂轮 号西林老衲。里籍无考。善画。《国(清)朝画识》、《中国佛教人名大辞典》有载。

赵宗 字觉悟,号省三。河北通州人。乾隆(1736—1796)时僧人。善指头画,从傅雯学。《读画辑略》、《中国美术家人名辞典》有载。

胡照 字见明,号古岩。安徽泾县人。居泾县长春庵。能诗善画,山水学王原祁,兰竹学石涛,俱能得其形似。年未三十,足迹遍历楚、越,所至名士争相酬赠,汇刻之,名《韫玉集》。著有《古岩诗钞》。《清画家诗史》、《中国佛教人名大辞典》有载。

南林 青浦(今属上海市)人。珠溪圆津寺僧。语石和尚四代孙。工山水。圆津寺自语石以画开山,得娄水正派。其法嗣如南林等喜翰墨,工点染,将及数传,宗风勿替,亦禅门所罕见。《墨香居画识》、《墨林今话》有载。

相润 俗姓朱,字秀林,一作琇琳,号竹荄(一作竹庵)。广东新会人(一作南海人)。道光(1820—1850)时住锡广东南海海幢寺。博物儒佛,善诗画,能属文,诗格清妙,画宗石涛、石溪,博大浑成,别开蹊径。著有《竹荄吟卷》。《清画家诗史》、《岭海诗钞》有载。

柳溪 吴门（今江苏苏州）人。住上海楞严寺。工山水，笔近四王，艺林推重。并善细笔青绿，尝为上海青浦居福田绘《焦山图》纨扇，于长江浩淼中，居峦突起，一树一石，长仅寸许，佛寺僧寮，隐约可辨，风帆沙鸟，天水混茫，可谓极工笔之能事。《海上墨林》、《寒松阁谈艺琐录》有载。

栎庵 山阴（今浙江绍兴）人。善画，工画水墨梅菊，深得徐渭、陈淳法，花卉亦佳。《越中历代画人传》、《中国佛教人名大辞典》有载。

显义 字云亭。里籍无考。海昌（今浙江海宁）安国寺堂头。工画墨梅。《六舟画记》、《中国美术家人名辞典》有载。

显更 字改庵，号过也。海虞（今江苏常熟）人。善兰竹。《清画家诗史》、《中国美术家人名辞典》有载。

显果 字澈尘（一作彻尘），又字澈澄（一作彻澄），号数沙。浙江杭州人。俗姓赵。住杭州西湖净慈寺。山水入神，为世所重。《两浙名画记》、《中国佛教人名大辞典》有载。

显相 字达尊，号埜亭。浙江平湖人。俗姓俞。年十三依天台祖义出家。参普明宗意受具足戒。继参东林允辉，豁然顿悟，因号半痴道人。通释典，好儒书，能诗，工大草，善兰竹。平生无箧笥，不私一钱，通俗重之。年六十余坐化。《朱泾志》、《金山县志》有载。

显配 湖南湘潭人。居湖南湘潭。本章慧晟徒。清康熙（1662—1722）时以书、画著称。所画巨鱼，今传宝之。又工篆刻，书画入能品。兼解琴。游于吴、越。《湘潭县志》、《中国美术家人名辞典》有载。

皆空 姚江（今浙江余姚）人。本籍安徽，与父及弟均出家为僧。历主娄县（今上海松江）白龙潭天后宫、湛然庵。诵经持戒，蔬食终身。寂年五十余。通内典，善楷书。《娄县续志》、《中国佛教人名大辞典》有载。

是式 字四古，自称廓不老僧。江苏常熟人。住常熟东塔寺。善画芦雁，笔力苍劲。《虞山画志》、《历代画史汇传》有载。

则峰 字燽。武陵（今湖南常德）人。嗣法古风然。工诗能画。《五灯全书》、《中国美术家人名辞典》有载。

思义 字芷庵。江苏扬州人。住扬州龙王庙。从吴筱庄学画兰竹，绰有可观。《扬州画苑录》、《中国美术家人名辞典》有载。

思文 字汇藻,号笠山。俗姓张。江西南昌人。本为三湘名流,淹贯古今,纵横翰墨。受法于退翁弘储。住浙江天台灵鹫、兴化二寺。工诗善书。著有《复存草》。《五灯全书》、《两浙輏轩续录》有载。

品高 (1765—1821)名峰。俗姓陈。浙江杭州人。得法于宝林鉴。晚承师资,兼得笔法,亦工书画。嘉庆十年(1805),宝林告退,品高继席杭州胜果寺,阅十五载。后以病乞退。《新续高僧传》、《中国佛教人名大辞典》有载。

复显 字梦因,号雪庐(一作喜庐)。浙江桐乡(一作浙江海盐)人。俗姓张。住浙江海宁庆善寺,主持江苏扬州建隆寺。禅诵之暇,善画山水,写倪瓒山水意韵。能诗。著有《雪庐吟草》,蒋士铨(1725—1784)为之序。《扬州画苑录》、《清画家诗史》、《江苏诗征》有载。

重恒 字午月,号雪荪。江苏常熟人。住常熟长寿庵。工山水,松竹尤佳。能诗。留心儒典,杨晋(1644—1728)极推重之。《虞山画志》、《清代画史增编》有载。

复参 上海人。住上海青浦关帝庙。俗姓王,名福智。能诗。善画兰竹。寂年七十一。《宝凤阁随笔》、《中国美术家人名辞典》有载。

重鉴 字宝林,号耕云山人。浙江杭州人。住武林(今杭州)胜果寺。工墨梅,为一泉弟子。《六舟画记》、《中国美术家人名辞典》有载。

修梅 江西人。住庐山。性高雅,善绘梅花。《寒松阁谈艺琐录》、《中国佛教人名大辞典》有载。

信修 番禺(今广东广州)人。海幢寺僧。书画极佳,番禺吕坚赠其诗云:"居然法属古沙弥。烟雨名家米虎儿。"《岭南画征略》、《中国佛教人名大辞典》有载。

信愿 字文在。江西新建人。俗姓程。因病出家为僧。居云峰寺。通韵学,善书法,尤喜吟咏。著有《喝石稿》。同治版《南昌府志》、《中国佛教人名大辞典》有载。

律月 字品莲,号藕船。江苏扬州人。嘉庆(1796—1821)间主持浙江杭州灵隐寺。善琴,工兰竹,能诗。丹徒(今江苏镇江)王柳村采其诗作入《群雅二集》。著有《品莲吟草》。《清画家诗史》、《杭郡诗续辑》有载。

律梅 字品高。浙江武林（今杭州）人。为武林圣果寺重鉴和尚嗣法弟子。工画墨梅，有逸气。《六舟画记》、《中国美术家人名辞典》有载。

勉之 里籍无考。大佛寺僧。善画。博罗韩荣光赠诗云："樽开白社招元亮，画写青山学巨然。对酒合称无量佛，披图同证上乘禅。"《清代画史》、《岭南画征略》有载。

独明 字善谓。江苏靖江人。俗姓卢。少业儒，后为僧。卓锡鹤云禅院，参悟之暇，或临帖，或弹琴，或与客品茗谈诗。《靖江县志》、《中国佛教人名大辞典》有载。

闻一 里籍无考。善琴能画，说法广东曹溪，年九十余。陈恭尹赠诗云："行脚轻千里，高年近百春。虽云方外士，犹是老成人。水笔随山笠，孤琴伴独身。曹溪亲到后，何者是尘埃？"84岁时，尝画扇赠屈大均（1630—1696），大均有诗答之。《道援堂集》、《中国美术家人名辞典》有载。

闻信 字重云，号声庵。长洲（今江苏苏州）人。善山水及竹石，取法前人，颇有韵致。《畊砚田斋笔记》、《中国美术家人名辞典》有载。

语山 新安（今安徽歙县）人。宦家子。与兄石舸，并落发于江宁（今江苏南京）永寿寺。善书、画。《江宁府志》、《中国美术家人名辞典》有载。

首月 字心印。江苏兴化人。曾于鼓山闭关九年，后住浙江温州江心寺。能诗善画，尤工兰竹。《墨香居画识》、《中国佛教人名大辞典》有载。

洪如 （1592—1664）字无住（一作号）。俗姓邓。定远（今云南牟定）人。家居自课，恒持《金刚经》。礼大千落发为僧，复侍彻庸和尚有悟。至金陵（今江苏南京）请藏，历叩诸方。返滇，创宝华寺于水目山，弘施法化，宗风凛然。工书，行草颇秀逸。著有《苍山集》、《空明集》、《苦海慈航集》、《宗门语录》、《南灯续焰》。《滇释记》、《云南通志》有载。

洪音 字云硕。浙江海宁人。住持越中大善、五云，晚主持嘉禾（今浙江嘉兴）东塔寺。善诗、画。《清画家诗史》、《杭郡诗续辑》有载。

洞明 江西玉山人。幼出家。后住持白云寺。从姜黍谷明经，又读儒书。工书擅画，善吟诗。年二十七圆寂，时值隆冬，大众闻金粟香满座。《玉山县志》有载。

济瓠 一作大瓠，字邛在。安徽宣城人。俗姓沈，名麐生。明孝廉。明亡

(1644)后投江苏苏州灵岩弘储落发。参究得悟,获三峰正传。出居姚江(今浙江余姚)佛寺。寂于江苏苏州虎丘甘露院。博学善画。著有《诗文集》。《五灯全书》、《中国佛教人名大辞典》有载。

恒 字午月,号雪荞。江苏常熟人。住长寿寺。严持戒律,留心儒典,既娴吟咏,更善山水,松竹尤佳,杨晋(1644—1728)极推重之。《虞山画志》、《中国美术家人名辞典》有载。

恒一 里籍无考。住广东广州长寿寺。博通儒释,能诗善书,尤精勒石刻印之技。篆若绳头铁线,刚健袅娜,后以其术授士人谭衡(湖南衡山人),衡遂以享大名,时称"并世无两"。《中国佛教人名大辞典》有载。

恒昌 字大伦。江都(今江苏扬州)人。住河北献县开元寺。善草书,工画山水,亦能吟咏,士人皆喜与游。《献县志》、《中国佛教人名大辞典》有载。

觉华 号茂荨。俗姓戴。浙江象山人。幼年多疾,父母将其送入空门。20岁时发心参禅,遍访名刹,后谒浙江奉化岳林寺真承法师,付以衣钵,继席三年。善书法,工吟咏。《奉化补义志》、《四明书画家传》有载。

觉吾 四川雅州(今雅安)人。住雅州金凤寺。善书法。《益州书画录附录》、《中国美术家人名辞典》有载。

觉初 里籍无考。幼读儒书,精研六法,摹王规董,曾参南北诸家,颠迷迂倪,合宋、元为一手。亦工书。后落发出家,风月常新,襟抱自古,云游江海,迹扫尘埃。空叹瓶钵萧条,喜砚田可耕,聊籍丹青而润色,无伤雅道,用结墨缘。(见图41)《申报》(1895年5月1日)、《书画杂咏》有载。

觉徵 字省也,号白汉,又号眉道人。浙江嘉兴人。住浙江杭州西湖高峰。工书画,山水秀整,泼皴重染,虽一树一石,过于重峦叠峰之妙。曾为张唐曾祖《荆泉独坐小照》卷补景,颇具森蔚之气。居上海,其画迹多流入日本。《国(清)朝画征录》、《图绘宝鉴续纂》有载。

觉朗 四川彰明福田墹人。苦行修持,得悟禅宗,尤工书,曾见知于学使聂蓉峰以诗持赠。年九十余坐化。《益州书画录补遗》、《中国美术家人名辞典》有载。

觉堂 字血舫,号水晶庵主。浙江余姚人。镇江焦山诗僧借庵法嗣。善书画,兰竹纵放,草法矫健,颇似铁舟,所至鬻书画自给。著有《绿天诗意小影》。

图 41

《练水画征续录》、《中国美术家人名辞典》有载。

觉铭 字慧照,号静远,自署云间方外画史。青浦(今属上海市)人。俗姓谢。依青浦圆津寺振华落发,为语石四代法孙。喜吟咏,善山水,得祖师之传。梁同书(1723—1815)钱大昕与订方外交。圆津自语石以画开山,得娄东正派,其法嗣若南林、雪搓、丹崖咸喜翰墨,工点染,将及数传,宗风勿替。《墨林今话》、《墨香居画识》、《清画家诗史》有载。

觉清 (？—1853)字九峰。江苏镇江人。道光(1820—1850)中住长兴龙华寺。能诗善画,为时所称。清咸丰三年(1853)寂于兵乱。年六十余。《长兴县志》、《画林新咏》有载。

觉普 字照月。湖南湘潭人。乾隆、嘉庆(1736—1821)间僧人。工诗,善画。《湘潭县志》有载。

觉禅 (1862—1909)字普超,号了尘。江西庐山人。俗姓戴。庐山海会寺僧。苦行精进,尝刺指血书《华严经》八十卷。工画,花鸟杂卉博古极肖竹禅和尚。《中国美术家人名补遗辞典》、《闲敲棋子赏书画》有载。

觉愿 浙江人。浙江嘉定(今属上海)集庆寺僧。善画。《练水画征补录》、《中国美术家人名辞典》有载。

觉慧 字涤尘,别号湘岚。湖南湘潭人。俗姓吕。有凤慧,8岁削发,师事本照竹轩。时邑人张礼谦授徒庵中,受其颖隽,教之韵语。年十四,所作已近千篇,才名动江汉。尝登湖北武汉黄鹤楼赋诗,人以神童目之。精篆刻,楷法秀整。画翛然有远致。惜年方十六卒。著有《茸香诗草》。《方外诗选》、《清画家诗史》有载。

炳一 号幻云。里籍无考。主江苏泰州光孝寺。工画山水,在董源、董其昌之间。亦工诗。著有《幻云诗钞》。《清画家诗史》、《中国美术家人名辞典》有载。

宣澍 字甘亭。江宁(今江苏南京)人。住江苏扬州桃花庵,迁江宁承恩寺。淹通百家,能诗善画,工画山水,亦能篆刻。《墨香居画识》、《中国佛教人名大辞典》有载。

祖江 字东林,号苇波。住陕西西安弥陀寺。尝流寓浙江杭州西湖灵隐。工书善画。《清画家诗史》、《中国美术家人名辞典》有载。

祖观 字觉阿(一作阿觉,误)。俗姓张名京度,字莲民。长洲(今江苏苏州)人。初为诸生,弃儒入释,与父母与弟同时出家。受具足戒于江苏长洲天宁寺。参学江苏镇江金山,归长洲建通济庵,绕屋种梅五百,曰:五百梅花草堂,课诵其间,不辍吟咏。太平天国反清,避乱山中,见民灾苦,筹建义仓,为饥开赈,德被一方。工书画(见图42),能诗。汤贻汾(1778—1853)尝赠以诗,道光(1821—1851)进士王定甫(1815—1876)亦有诗乞祖观画梅。著有《通隐堂诗》、《梵隐堂诗》。《清画家诗史》、《中国美术家人名辞典》有载。

姚涛 字清溪,号松山。江苏常熟人。少为僧。工画山水兼传神,为王翚(1632—1717)弟子。《虞山画志》、《中国美术家人名辞典》有载。

素文 名心一。俗姓裴。江苏泰州曲塘人。慧根宿植,幼即不食荤腥。年及笄,将纳婿,闭户拒之。其父永度因无嗣,乃改宅为报本庵,素文遂削发为尼。既而劝父母受戒,同修净业。素文善翰墨,才高识远。后收青年数人,督课甚严。既长使参学丛林,率皆成材。清同治(1862—1875)间圆寂,年八十九。《续比丘尼传》、《中国佛教人名大辞典》有载。

素清 浙江海盐人。海盐惠力寺僧。善画兰竹。《历代画史汇传》、《清代画史增编》有载。

素蕉 亦称素蕉和尚。湖南人。因慕怀素蕉叶学书事,故自号素蕉。与八指头陀并称于时。工画人物、山水、花卉。光绪(1875—1909)年间尝绘《小绿天庵图》,郭嵩焘、邓辅纶、王闿运、易顺鼎等名人为之题咏。光绪八年(1882)所作《岁朝图》横披藏于湖南省博物馆。《湖南近现代书画家辞典》有载。

顽石道人 里籍无考。清溪夕照庵僧符字之师。工诗善画,写菊尤工。尝画《顽石图》,遍求题咏,多一时名士。《集虚斋诗》、《中国美术家人名辞典》有载。

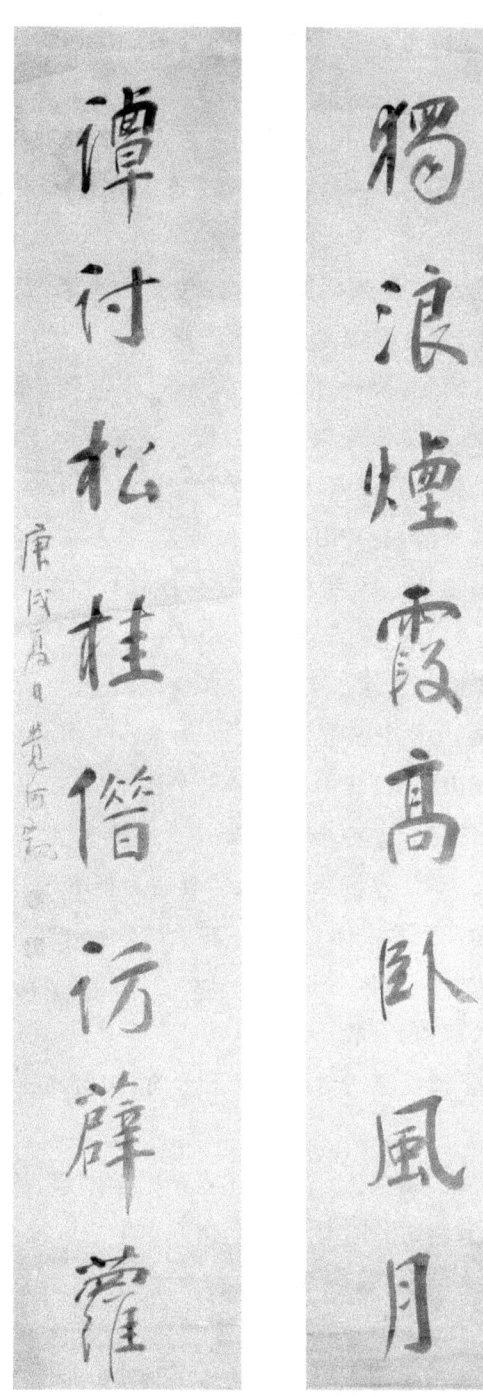

图 42

真达 上海超果寺僧人。善画,尤工水墨花鸟,笔意清雅。《古代上海艺术》有载。

真怀 四川人。四川罗江飞仙观僧。工写巨幅古佛、飞虎、长松,以阴森见长。为光宣(1875—1911)间方外之大手笔。《益州书画录附录》、《中国美术家人名辞典》有载。

真空 字问渠。重庆大足人。俗姓彭。重庆铜梁寿隆寺僧,为智昙五传弟子。好读经史,手不停批。工书法,耽吟咏,喜与文士唱和。善叩信施,笃于孝友,至性天成,有古德遗风。著有《屿峒吟》一卷。《新续高僧传》、《中国佛教人名大辞典》有载。

真觉 俗姓朱,字见心。长洲(今江苏苏州)人。住吴中(今苏州)文心阁(《瓯钵罗室书画过目考》、《清朝书画家笔录》均作江苏扬州人,主文昌阁)。初从谈廷芳学书法,遂学其山水画,继而苍秀入古,放斅钱杜(叔美)、袁尚统(叔明)两人之笔。道光三年(1823)后绘有《南园耕读图》,彭蕴灿为之记。《畊砚田斋笔记》、《中国佛教人名大辞典》有载。

真耸 福建人。其头前嵌后堕,左右长不及前后之半,人尽呼为扁头陀。能诗,士人多与之游。画菜尤工。梁悬小篦器,贮钱可满百,客至设食,与共畅洽。所居壁,粘满名流题咏。《福建画人传》、《中国美术家人名辞典》有载。

真然 (1816—1884)(《历代画史汇传》作真茹,疑误。)字莲溪,号野航,别署黄山樵子。室名木莲精舍。俗姓丁。江苏兴化人。道光二十四年(1844)同安徽歙县汪仰霱至江苏扬州。吴幼莲见其所画盈丈人物、仙佛,不用朽稿,落笔稳成,惊为绝技,于是知名。亦善禽鱼、花卉、走兽,山水有华新罗遗意,画荷尤翛然出尘。兼工篆刻。扬州诸画人屡邀画会排挤,而不能撼。中年游黄山,又得纵观歙之故家宋、元名迹,以故下笔兀岸苍老,冠绝一时。奈以画为生计,不得不就时附趋,大为具眼者所疵议。道光状元张之万推为无体不备。60岁后率兰竹应人,并皆佳妙。汪鋆跋其画兰卷,谓用笔取《黄庭》,有静穆之度,至形似又合赵孟頫、文徵明模范。后削发入释,尝居上海一粟庵。以卖画为生。有《兰竹谱》传世。(见图43-1、43-2)《海上墨林》、《扬州画舫录》、《扬州历史人物辞典》有载。

真靖 字雪林、一字孤屿,号幻存,又号砚圃。削发于江苏太仓隆福寺。后住江苏常熟虞山东塔寺。工诗善画菜,用渲染法。《虞山画志》、《清画家诗史》

图 43-1

有载。

真蕴 俗姓王。云南人。明末副将,崇祯(1628—1644)时屡立战功,后兵败隐于四川昭觉寺为僧。康熙(1662—1723)初,至云南姚安建寺于寿山以居。通文辞,善书法,精禅理,与浙江宁波天童寺丈雪无住齐名。《云南通志》、《中国佛教人名大辞典》有载。

真鉴 (？—1890)字志明,号听泉。自号莳溪老人。吴江(今江苏苏州)人。少从陆绍曾(清乾隆、嘉庆间书法家)游,书法工绝。妻卒,挈其子入浙江余杭景

图 43-2

福庵削发为僧。与觉阿并世,阿以诗名、鉴以书誉,交相友善。晚岁住吴江之东竹堂寺。著有《竹堂寺志》。民国版《吴县志》、《中国佛教人名大辞典》有载。

根雨 吴门(今江苏苏州)人。住上海楞严寺。性通脱,饮酒食肉无所不可。善画兰,风枝露叶,洒洒自如。《清代画史增编》、《寒松阁谈艺琐录》有载。

根定 字竹堂。江苏扬州人。依石庄出家为僧。住江宁(今江苏南京)天界寺,与清凉寺僧海岳皆以诗、画自娱,亦善篆刻,尤能刻竹根图书,为名人叹赏。《江宁府志》、《中国美术家人名辞典》有载。

莲芳 号藕船。台湾人。住闽(福建)中三官堂。好吟咏,工书画,通医术。著有《浣花吟诗》。民国版《福建高僧传》、《续修台湾县志》有载。

破门 号石浪。湖南衡阳人。住南岳飞来船下。工书画,其狂草高处落墨,远处养势,得怀素之神韵;画入晋、唐堂奥,绝无近人蹊径。亦工诗,尝自书山居诗二十二首。《广阳杂记》、《中国美术家人名辞典》有载。

振愚 字拙庵,号丰溪。浙江海宁人。江苏扬州石塔寺僧,寂于该寺。能诗,工书画,为卢雅雨(1690—1768)、程午桥所称赏。著有《丰溪诗草》。《清画家诗史》、《杭郡诗续辑》有载。

振锡 (?—1822)字鹤浦(一作号)。上海人。落发于上海慈云禅院。通禅理,工真、草书,画亦入妙,旁及琴棋,无不精熟。邑中名士及诸寓公,皆乐与之游。《海上墨林》、《中国佛教人名大辞典》有载。

振寰 名照福。大兴(今属北京)人。俗姓孟。幼近佛教,依延禧寺剃度,于北京广济寺受具足戒。精究律学。康熙二十五年(1686),敕往北京潭柘寺岫云寺。大驾幸临,问对称旨。兴建殿宇、巨刹。能书法。《律宗灯谱》、《中国佛教人名大辞典》有载。

耿莲 浙江人。海昌(今浙江海宁)延思寺僧。工画墨梅、翎毛。《六舟画记》、《中国美术家人名辞典》有载。

轼侣 俗姓郭,字再印,号无无道人。江苏丹阳人。年十六(一作年十八)削发于江苏常州天宁寺。后主持江苏常熟虞山慧日寺,又主江苏昭文方塔寺。幼时未尝读书,自皈依佛门,始博览群籍。善鼓琴,工诗画。山水初师法吴镇、沈周,既厌其烦,乃写梅、菊自遣,而画梅尤擅长。巨幅尤见魄力。著有《云壑集》。《墨林今话》、《中国佛教人名大辞典》有载。

圆明 云南昆明人。削发于会理州镇南寺。能书善画,深明释典,梵修之余,遍种花木,晚年愈了悟性命之旨,70余岁说偈而寂。《益州书画录续编》、《中国美术家人名辞典》有载。

圆珏 字无暇。福建泉州人。住持泉州香炉寺。寺占一方山水之胜,幽竹茂林,清泉曲径,圆珏吟诗作画其间,一时名士乐与之游,颇为推重。著有《炉山诗集》四卷。民国版《福建高僧传》、《福州画人传》有载。

圆显 字一性,一字文晦,号檞巢。江苏无锡人。俗姓陆(一作陈)。明末诸生,明亡(1644)削发为僧,得法于江苏苏州灵岩山寺,康熙(1662—1722)初主无锡惠山,住忍草庵。戒行精勤,博通梵典,不出山门五十年,为时所重。善画能诗。著有《檞巢吟稿》。《无锡县志》、《中国美术家人名辞典》有载。

圆通 号杲道人。江苏人。受度于江苏无锡福慧庵。传为明崇祯(1628—1644)进士,明亡(1644)为僧。文章、诗、画无不精。《无锡县志》、《清朝书画录》有载。

圆能 (1740—1803)字西林,一字墨庵,晚号香雨道人。江苏兴化人。俗姓张。自幼落发,年十七至江苏泰州,依光孝寺炳一师。27岁为总持。寺年久失修,能毅然兴修,不十年而告成,于佛殿后建香雨楼,添建左右长廊,又以宋宁宗所书碧云二字为方丈额。年六十退居兴化瓢庵。善书法,工画兰竹。著有《香雨楼诗钞》。《正雅集》、《中国佛教人名大辞典》有载。

圆照 字大宗,号伊目,又号东林。江苏常熟人。落发于常熟方塔寺。能诗,工画善画,得顾文渊指授,尤擅墨竹。《虞山画志》、《历代画史汇传》有载。

晓谷 浙江人。居浙江瑞安城东塔院寺。小默徒。承师学,善画,知医。所与游者皆一时知名人士,周小莲、鲍溟秋、张鹤缘其最著者。《瑞安艺术传》、《中国美术家人名辞典》有载。

晓峰 浙江嘉兴人。俗姓姚。竹里太平寺僧。善画,作小幅乱筠窠石,幽味无穷。《竹里画者词》、《中国美术家人名辞典》有载。

积良 字香国。广东人。住广东海云寺。工画山水,藏名画甚多。《瞎堂集》、《中国美术家人名辞典》有载。

铁翁 字祖门。昭文(今江苏常熟)人。游日本,住长崎春德寺。善山水,法南宗,有潇洒出尘之致。性狷介,不喜与人交,萧然一室。客至,乞其画者,闻文人雅士则赠之,若富家豪族,虽持多金不易得。(见图44)《墨林今话续编》、《中国美术家人名辞典》有载。

乘三 字萍僧。四川人。四川成都文殊院高僧。善说法。工书法,书学董其昌(1555—1636),风流潇洒,气韵超妙。《益州书画录》、《中国美术家人名辞典》有载。

乘车 字素清,号瞎漏。俗姓姚。浙江嘉兴人。祝发于浙江海宁硖石怡云庵,晚主海宁惠力寺方丈。善画兰,能诗。《清画家诗史》、《中国佛教人名大辞典》有载。

唐映 湖南兰山人。俗姓黄,号百川。善讲佛经,工书能诗。《湖南近现代书画家辞典》有载。

图44

海明 字破山。四川大竹人。居四川昭觉寺。工书法。《益州书画录》、《中国美术家人名辞典》有载。

海金 俗姓任。山西榆次人。祝发于延寿寺,得法于浙江宁波天童寺。尝刺舌血书《华严经》。善书法,工于诗。《中国佛教人名大辞典》、光绪版《山西通志》有载。

海岳 字中山。江宁(今江苏南京)清凉寺僧。与天界寺僧根定皆以诗、画自娱,为名人叹赏。《江宁府志》、《中国佛教人名大辞典》有载。

溦清 名某涵。江苏常熟人。俗姓蔡。主常熟智林寺。工画,善墨竹。《虞山画志》、《历代画史汇传》有载。

悟本 字云衫。安徽怀宁人。工书,邓石如(1743—1805)及门弟子。《枕经堂题跋》、《中国美术家人名辞典》有载。

悟贤 字愚岭。俗姓周。重庆铜梁人。襁褓多疾,寄养空门。稍长披衲城北寿隆寺为僧。性资颖悟,讽诵之余,能诗书,兼习文翰。著有《六寅唱和集》。《中国佛教人名大辞典》有载。

悟彻 号留云。德化(今江西九江)人。年少即削发于江西庐山弥勒堂。性聪慧,工诗画。淡泊洁静,敝衣疏食,戒律精严。主持庐山西林寺七年。著有《闲草诗本》。《德化县志》、《中国佛教人名大辞典》有载。

悟宗 字竹堂。俗姓钱。江苏如皋人。于如皋护国寺削发为僧,司职江苏常州天宁寺、润州(今江苏镇江)之夹山。为恒赞法嗣。嘉庆二十二年(1817)主夹山,道光四年(1824)迁主通州(今属江苏)白蒲法宝。善诗,工画兰竹。著有《语录》二卷、诗集若干卷。《中国佛教人名大辞典》有载。

悟诠 浙江人。嘉庆、道光(1796—1850)时僧人。浙江湖州南浔东藏寺僧达受弟子。本儒家子,嗜古精鉴赏,所蓄端砚多上品。尤工书法。《墨林今话》、《中国美术家人名辞典》有载。

悟朗 字镜峰。四川华阳人。主持寺院非一所,晚岁忽又返俗。性嗜酒,善画兰,作狂草题诗其上。《益州书画录》、《中国美术家人名辞典》有载。

朗涵 名澄显,一字借云。施相国六世孙。削发于浙江平湖妙严山房。能诗,工书画。著有《借云窝诗草》。《中国美术家人名辞典》有载。

祥生 号汲庵。江苏人。康熙(1662—1722)初受戒于河南开封大相国寺。

能琴，工画。《江湾志》、《中国美术家人名辞典》有载。

祥师 字主云。浙江人。与梁同书(1721—1815)同时。归安(今浙江湖州)演教寺主持。以寺久废，发愿重建，乃绘山水画千余幅，广赠信善，人爱其画，又念其诚，仅一年，功德圆满。一夕亡去，不知所往，四众绘像供之。善书画，山水宗法董其昌。《中国佛教人名大辞典》、《墨香居画识》有载。

祥守 字星照，号雪溪。浙江人。浙江平湖三武庵僧。戒律精严。工画，善绘葡萄，学于夕照庵顽石道人(黄思睿)，风姿露态，逸趣横生。寂年四十余。《龙湫嗣音集》、《中国美术家人名辞典》有载。

读体 (1601—1679)字见月。俗姓许。江南句容(今江苏句容)人。出生于云南楚雄。幼禀性清奇，敏悟若神。长喜游览，擅长绘画，尤精山水、人物。父母早丧，20多岁时伯父想让他袭职为指挥，他却笃信道教，钦慕赤松子，并出家当了道士。三年后，有老僧送他一部《华严经》，当读至经里《世主妙严品》时，忽然有所省悟，遂舍道奉佛。明崇祯五年(1632)投奔宝洪山亮如门下，披剃为僧，法名读体。皈依佛门的第二年，读体一瓢一竿，离开云南，到湖南宝庆五台庵，参礼颛愚(观衡)。此后遍历黄梅、庐山、潜山等。尤推崇三昧律师释其为师，学习律藏。随之至安徽九华山，到南京报恩寺，又到陕西五台山塔寺院。崇祯九年(1636)随三昧到江苏镇江，在镇江海潮庵从三昧受具戒。十一年随三昧到江宁(江苏南京)宝华山隆昌寺，任监院。顺治二年(1645)三昧寂，嘱读体住持隆昌寺。之后，更加夙兴夜寐，励精图治，庄严殿阁，整顿僧纪，遂使隆昌寺名扬大江南北。为中兴律学，端正僧范，勤于著述，著有《毗尼日用切要》一卷、《毗尼止持会集》、《毗尼作持续释》十五卷、《度正范》一卷、《传戒正范》四卷、《僧行规则》一卷等。寂后御史李模撰写《见月大师塔铭》，尤侗撰写《见月和尚传》。《古今100高僧》、《中国佛教人名大辞典》有载。

通机 字阔玺。中州(今河南)人。善画竹石，笔劲苍劲，但未脱蔬笋气味。《读画辑略》、《中国美术家人名辞典》有载。

通证 (《瓯钵罗室书画过目考》、《清朝书画家笔录》作通真)俗姓罗，字超澄，初字月江，号语石。上海青浦人。父眉峰，字超澄，从事丹青，有名三吴间。通证祝发于青浦圆津禅院。禅诵外，嗜画山水，师王鉴(1598—1677)。王时敏尝匾其居曰"墨花禅"。一时名流如恽寿平、王翚、王原祁等皆赠以诗，称道其画。

世称墨画尊者。《国（清）朝画识》、《历代画史汇传》有载。

通初 字贞朗，号雪庵。新安（今上海青浦）人。俗姓程。年十三投慈门寺出家。旋迁圆津禅院。朝梵夕呗，暇游心书画，并集名人诗文翰墨，盈笥累箧。《青浦县志》、《中国佛教人名大辞典》有载。

通明 字别峰。云南人。云南昆明妙高寺僧。工诗，善行、草书，雅近王铎（1592—1652）。《滇南书画录》、《中国美术家人名辞典》有载。

通城 字觉先。宣州（今安徽宣城）人。削发于宛津庵，依普智和尚入道。淹贯佛儒，擅书画，萧萧拔俗。《宛雅》、《中国佛教人名大辞典》有载。

通微 （一作通徵）字恒彻。钱唐（今浙江杭州）人。削发于浙江杭州西湖南屏净慈寺。通达内外，肆力参究，得悟本源。历主东南名刹，晚居松江（今上海松江）雨花庵。能诗，工画，花卉禽虫，极苍秀精能之致。《书画纪略》、《中国美术家人名辞典》有载。

通醉 号丈雪。四川内江人。破山弟子，演化于昭觉寺，门徒甚众。工书，善画山水。寂年八十余。著有《青松集》。《益州书画录》、《中国美术家人名辞典》有载。

能威 俗姓吴，字神凤。武进（今江苏常州）人。恽玉弟。能书画，传恽氏法。笔墨秀雅。与钱维城（1720—1772）司寇为戚属。维城以画供奉内廷，因之能威至京，为之捉刀。传世维城画笔，半出其手。维城卒后，不久亦示寂。《骨董琐记》、《中国美术家人名辞典》有载。

能越 字荔村。江苏兴化人。江苏扬州宜陵慈云寺僧。能诗，工画兰竹，得郑燮（1693—1765）遗韵。《清画家诗史》、《江苏诗征》有载。

能静 字寄庵。江苏人。为江苏南京西城扫叶楼住持。工诗。继其师星悟从杨复明（1869—？）画兰，出笔清劲可喜，与张祥河（1785—1862）为近。《兰言》、《中国美术家人名辞典》有载。

陶汝鼎 （1601—1683）字仲调，一字夑友，别号密庵，又号石溪农。湖南宁乡人。少奇慧，工诗文词涵，海内有"楚陶三绝"之誉。文隽逸，有奇气，词赋尤工。书法初出入米芾，晚师法颜鲁公（真卿），所过寺院辄为制碑铭联榜，至今宝贵。明崇祯六年（1633）中举人，十六年中乡试副榜，官广东教谕。明亡（1644）落发湖南大沩山，号忍头陀。《宁乡县志》、《中国佛教人名大辞典》有载。

隆彩 字一素。里籍无考。能刻印。著有《古今印商》。《广印人传补遗》、《中国美术家人名辞典》有载。

焉文 山阴(今浙江绍兴)人。削发为僧于径山。工书画,画仿大痴(黄公望),书善小楷。《越画见闻》、《图绘宝鉴续纂》有载。

理通 字朗然。俗姓虞。浙江镇海灵峰寺僧人。自幼颖异,翻阅佛经,多所领悟,便生皈依之念。年二十剃度出家。工书法,遒劲有趣。亦能诗,兼擅绘画,善写牡丹、兰、竹、梅,一时士夫皆乐与交往。曾以八年时间续修《灵峰寺志》。《镇海县志》、《四明书画家传》有载。

理昌凤 俗姓李。幼孤贫,削发为僧。复又为道,晚年乃返初服,易姓理氏,字南桥。江苏兴化人。郑燮(1693—1765)弟子。工书画,书法怀素;画兰竹,苍莽之气,溢于楮墨间。《墨香居画识》、《扬州历史人物辞典》有载。

梵林 字宏修。山阴(今浙江绍兴)人。主云门寺。工诗善画,山水宗倪云林、吴仲圭,为时所称。《国朝画征录》、《画髓元诠》有载。

梵果 上元(今江苏南京)人。南京鹫峰寺僧。博学工诗,画善兰竹。嘉庆(1796—1820)时与朱鲁南(沂)等90余人,于南京结金陵画社,马掬村(士图)有画社丹青引咏之。《莫愁湖志》、《兰言》有载。

梅谷 号天台山人。浙江天台人。出家浙江余姚。工画能诗。画善墨荷、梅竹。诗稿辄弃去,浒山沈补庵尝问其为何不留稿,曰:"到岸不须舟。"尤好弈,高杲《题谷仙弈图》有"薜衣松杖蓬壶乐,皓首朱颜黑白耽"之句。《六仓志》、《四明书画家传》有载。

梅根 俗姓杜。和州(今安徽和县)人。安徽芜湖三昧庵僧。善书、画、篆刻。《和州志》、《中国美术家人名辞典》有载。

雪芝 福建人。福建泉州香炉寺僧。工草书,兼精墨兰。《福建通志》、《中国美术家人名辞典》有载。

雪庄 又名悟、道悟,号通源(一作号雪庄),又号有惺堂沧溟道者、黄山野人、青溪后学、铁鞋道人。楚州(今江苏淮安)人。(一作安徽歙县)。晚居安徽黄山。善画,尝以黄山所产诸花卉,绘而为图。吴菘各为作笺,成《笺卉》一卷行世。又绘黄山百图。《中国美术家人名辞典》、《中国佛教人名大辞典》有载。

雪岛 字萍乡。湖北黄梅人。善画兰石。《墨林今话》、《历代画史汇传》

有载。

雪岑 字惟静。四川人。工画山水,有奚冈(1746—1803)遗意。《益州书画附录》、《中国美术家人名辞典》有载。

雪林 字砚圃。江苏常熟人。善写菜,烘染有法。《虞山画志》、《历代画史汇传》有载。

雪舫 字觉堂(一作名),号水晶庵主。浙江余姚人。江苏镇江焦山诗僧借庵法嗣。兰竹纵放,草法矫健,颇以铁舟。所至鬻书画自给。著有《绿天诗意小影》。《墨林今话》、《练水画征续录》有载。

雪笠 江宁(今江苏南京)人。善画兰竹。《图绘宝鉴续纂》、《中国美术家人名辞典》有载。

雪搓 青浦(今属上海市)人。青浦珠溪圆津寺僧。语石(通证)四代孙。工书善画。圆津寺自语石以画开山,得娄水正派,其法嗣若觉铭、雪搓辈将及数传,宗风勿替,亦禅门所罕见。《墨林今话》、《畊砚田斋笔记》有载。

雪蕉 江宁(今江苏南京)人。江宁永恩寺僧。善画梅。《莫愁湖志》、《中国美术家人名辞典》有载。

雪澄 俗名胡献卿。《历代画史汇传》谓又名海靖。福建南平人。工诗画。尝从使臣泛海至琉球,图其山水以归,并赋诗见志。后为僧。民国版《福建高僧传》、《支那名画宝鉴》有载。

掩麓 字再牧。娄县(今上海市松江)人。娄县广化寺僧。善山水,为沈宗敬(1669—1735)所称。《娄县志》、《中国美术家人名辞典》有载。

虚谷 (1823—1896)俗姓朱,名怀仁,法名虚白,字虚谷,别号紫阳山民、倦鹤、紫阳山人、三十七峰草堂,室名古柏草堂、一粟庵、觉非庵。新安(今安徽歙县)人。为清军中级军官,咸丰二三年(1852—1853)间,削发为僧,据海上画家汪仲山(1877—1946)云,虚谷的出家是因为"政策攻心",有问他:"明朝姓什么?"曰:"姓朱。"问:"明朝的江山是谁抢走的?"曰:"是清朝。"问:"你姓朱,为什么要帮清朝打自己人?"虚谷无言以对,终于"意有感触,遂披缁入山"。虚谷出家后,不吃素,不礼佛,可见他的出家并非出于信仰,而是借托身空门以退出清军。诗、书、画俱精。生平作诗不多,"作辄有奇句"。有云:"无端白雪落沙来,古本疏枝上粉苔。白雪以花花似雪,梅花又向雪中开。"诗寄托作者崇高、热烈的激情。书法以行书和隶书为最精擅,具传统功力和个性,"古冷绝俗"。绘画的题材范围很广,山水、花果、禽鱼,无所不能,而且善画肖像。山水细笔淡墨,明显的有僧渐江的风格。花果作品较多,技法精娴,离俗高远,清逸古秀,蕴藉风流。禽鱼尤精彩,写鹤大多取缩胫单腿独立的姿势,别出新意;金鱼方头大眼,鼓腹小尾,显得笨拙,但特别可爱。暮年多作松鼠,以干笔淡墨细勾轻皴松鼠的背部和尾巴,给人以毛茸茸的质感。尾巴往往上扬,很是精神。同时期的著名画家如任伯年、胡公寿辈皆极折服之。(见图45-1、图45-2)虚谷往来维扬(今扬州)、苏、沪间,客沪辄流连数月,求画者云集,画倦即行。《中国美术辞典》在"海上画派"条目中

图45-1

称:"鸦片战争后,上海辟为商埠,各地画人流寓上海日众,成为绘画活动的中心,有'海派'之称……代表画家有赵之谦、虚谷、任颐、吴昌硕、黄宾虹……"著有《虚谷和尚语录》和画集多种刊世。《海上墨林》、《近代六十名家画传》、《古今100高僧》、《中国美术家人名辞典》、《中国佛教人名大辞典》有载。

常谦 广东人。广东东莞佛寺僧人。工画兰。《翦淞阁随笔》、《中国美术家

人名辞典》有载。

常默 字槎庵,号雪裘。湖南人。隐于僧流,放浪山水。工诗,多警拔之句,书法亦遒古。尝居湖南衡山南岳百余日,从郭些公游。著有《花里过唱和诗钞》。民国版《南岳志》、《湖南通志》有载。

野蚕 名崖,字启祥。俗姓宋,安徽合肥人。乾隆(1736—1796)间诸生。父母殁,遂削发为僧。居河南开封大相国寺。能诗、工书、善画,与石涛、瘿瓢(黄慎,"扬州八怪"之一)齐名。亦精篆刻、弈棋。眇一日,尝自刻一印曰"只眼"。貌丑陋,衲衣敝垢,不喜与贵人交。著有《梦缘诗草》。《晚晴簃诗汇》、《中国佛教人名大辞典》有载。

最林 名桷。钱塘(今浙江杭州)人。弱冠至京,落发于北京卧佛寺。后驻锡浙江

图 45-2

杭州西子湖。能诗、善画,有儒者风。《读画辑略》、《中国美术家人名辞典》有载。

啸溪 浙江杭州人。住杭州南屏壑庵。善画竹,不减韵可(铁舟)。亦能诗。著有《口头吟》。《晚晴簃诗汇》、《画林新咏》有载。

崇远 字性明,号云坞。四川新繁人。祝发于龙藏寺,师法印水和尚。在新繁僧会弘法三十三年。能书、工诗。著有《云坞试帖》、《云坞古今体诗钞》各二卷。《方外诗选》、《中国佛教人名大辞典》有载。

崇修 俗姓吕。江苏人。落发于江苏常熟智林寺。山水静雅,兼通书史。《中国佛教人名大辞典》有载。

笠云 湖南长沙人。能诗文,善画,尤工画兰。《湖南近现代书画家辞典》有载。

爱庵 名某巨。江苏常熟人。工画花鸟。《虞山画志》、《历代画史汇传》有载。

望云 上海人。住上海一粟庵。工画人物、山水。《海上墨林》、《中国美术家人名辞典》有载。

旋湛 字山樗。湖南邵阳人。俗姓孙。博通经藏。工诗,书法亦遒劲。《湖南近现代书画家辞典》有载。

清月 又名律月,字品莲,号藕船道人。江苏扬州人。住浙江杭州云林寺。通禅理,慎戒行,梵行高洁。善琴,工诗,尤精兰竹。《墨香居画识》、《扬州画苑录》有载。

清彻 字睿开,号笠庵。俗姓唐。上海人。住黄渡罗汉庵。善画兰,工篆隶。《清朝练音初集》、《中国美术家人名辞典》有载。

淡成 江苏南汇(今上海南汇)人。住南汇超果寺。善写意水墨花鸟。《墨香居画识》、《中国佛教人名大辞典》有载。

淡然 湖南零陵(今永州)人。能诗,善书。《湖南近现代书画家辞典》有载。

惟虚 字璆门(一作瑶门)湖南湘潭人。俗姓文。工书画。《湘潭县志》、《中国美术家人名辞典》有载。

深度 字孟容。广东佛山人。俗姓赖,原名镜,读书增城白水山,因号白水山人,款署白水镜、罗浮老衲。明末诸生。明亡(1644)后落发为僧,驻锡万寿寺。性淡雅,善山水,笔力遒劲,气格苍凝,有沈周风致。一时声噪岭南。吴越人官粤者,往往欲求一笺一篆而不可得。诗清削幽异,书法近文徵明,远法苏轼,时称三绝。著有《素庵诗钞》。《广东通志》、《图绘宝鉴续纂》有载。

涵 一名作涵师。江苏常熟人。俗姓蔡,字鉴清。尝主常熟智林寺法席。善画墨竹,规摹雪坡(顾文渊)。寂年四十余。《虞山画志》、《中国美术家人名辞典》有载。

淞雪 浙江杭州人。抚院东辕关帝庙僧。工画梅,有时名,花工而枝干未老。《怀古行藅书画记》、《中国美术家人名辞典》有载。

寄尘 （？—1800）俗姓彭，字衡麓，号敬安，又号八九山人、八指头陀、寄禅和尚。湖南湘潭人。幼诵佛经，即晓其义。既长，能诗工书，善画兰竹及杂卉，如败荷残菊，纵笔皆佳。有《载将书画到江南图》，一时题者如云。嘉庆四年（1799）入福建挂锡乌石山，书"寿山福海"四大字刻于石上。五年（1800）随李鼎元副使游琉球，名传海外。后殁于舟中。又尝游沪游粤，亦以书画享誉于时。与韵可称"南北和尚"。随所驻锡处易名，居粤曰广麓，居衡山曰衡麓，居长沙之铁佛寺曰湘滨。倜傥不拘戒律，服饰豪奢。游长寿寺有诗句："净坛风扫地，清课月为灯。"钱塘袁枚极赏之。著有《湘麓诗钞》。《墨香居画识》、《海上墨林》、《墨林今话》有载。

密安 浙江人。俗姓褚。住浙江嘉兴梅里自在庵。工画。《嘉兴县志》、《中国美术家人名辞典》有载。

密藏 （1851—1910）字隐儒，号秋崖。俗姓姚。江苏兴化人。落发于兴化报恩寺。同治九年（1870）参学江苏镇江金山。光绪十年（1884）主持江天寺。善画，工兰竹。著有《续金山志》、《隐儒禅师语录》。《扬州历史人物辞典》有载。

寂传 （1664—1731）字道本，号苣亭。福建福清人。俗姓陈。康熙五十八年（1719）受其师灵源海脉之召，东渡日本，住长崎圣寿山崇福寺。擅长诗画，多与文人墨客交游。著有《萧鸣草》一卷。《黄檗东渡僧宝传》、《中国佛教人名大辞典》有载。

参石 金陵（今江苏南京）人。工画，善山水。《图绘宝鉴续纂》、《中国佛教人名大辞典》有载。

续行 字德源，号墨花。江苏昆山人。俗姓罗。禅学之余，得印心之解，遂工篆刻。宗文彭、何震法，集生平所篆印为《墨花禅印谱》，王述庵称其于篆学渊源，颇有心领神悟之妙。《广印人传》、《中国佛教人名大辞典》有载。

续宏 云南剑川人。心援老人弟子。习梵诵，能清淡。颇善书画吟咏。结交官士，列充僧正，声噪禅林。《鸡足山志》、《中国佛教人名大辞典》有载。

巢敬 字林可。浙江嘉兴人。工画，写真得僧性洁之传；山水师康熙、雍正时画家薛宣。《国（清）朝画征录》、《两浙名画记》有载。

隆升 字云樵。江陵（今湖北荆州）人。俗姓陈。从湖北当阳玉泉寺柱和尚披度，受具足戒于东山。习演经律，兼悟禅观。旋受柱衣钵，主持玉泉寺。寻移江苏六合，众盈二千。诗文经义，靡不淹通。既妙词翰，尤擅草隶。著有《语录》。《新续高僧传》、《中国佛教人名大辞典》有载。

琛 字天则。云间(今上海市松江)人。住江苏常熟,受法费隐。继主持维摩寺。能诗善画,孤洁有品。《海虞画苑略》、《虞山画志》有载。

越凡 湖南沅陵人。道光(1821—1851)时沅陵万寿宫住持。工绘事,尤精兰竹。《湖南近现代书画家辞典》有载。

越尘 号六净和尚。上海人。工画,善山水。《申报》、《近现代金石书画家润例》有载。

超一 俗姓殷。广陵(今江苏扬州)人。夫卒后始持斋念佛,几年佛心转浓,遂削发为尼。工吟咏,善画。入空门三年于邑之某庵坐化。有《诗偈》一卷传世。大诗人渔阳山人王士禛为述其事,以传后人。《续比丘尼传》、《中国名尼》有载。

超凡 字雪堂(一作号),号铎夫。浙江海宁人。俗姓查。住浙江兰溪广长庵。主江都(今江苏扬州)某寺。能诗善画,为毛奇龄(1623—1716)、施闰章所重。著有《芝崖集》。《清画家诗史》、《江东诗征》有载。

超永 字九如。里籍无考。落发于河南嵩山少林寺,为无言堂头之嫡派。卓然有异志。工书画,通法律,志在朝山,不惮跋涉,恒山、衡山、华山、岱山、江、汉、潇、湘诸水,足迹几无不到。后返少林寺,退居永化堂,为修真栖静之区。戒行冰洁,机辩泉流,或开堂普说,或入室小参,莫不推彼疑城,登之觉岸。寂后,数传而渐就式微。乾隆二十三年(1758)始为立塔。《少林塔志》、《中国美术家人名辞典》有载。

超际 (?—1732)字衍灯。通州(今属江苏)人。住通州兴化寺。后主江宁(今江苏南京)蕊幢庵。寂于西佗岭。工诗,善书画。著有《烟波阁江梅诗》。同治版《江宁府志》、《江苏诗征》有载。

超乘 (1651—1724)号伟载。俗姓苏。浙江鄞县(今浙江宁波鄞州区)南乡人。年十五于宁波金峨寺出家。曾任宁波天童寺住持。善书能诗。《横溪文化大观》第二卷有载。

超揆 又名同揆,字轮庵。长洲(今江苏苏州)人。俗姓文,名果,震亨子。尝佐桑格总戎定镇,得官不仕,弃而为僧。康熙十七年(1678)住浙江绍兴大能寺。康熙南巡召入京,敕住古华严寺。工诗画,其山水别开生面,多写平生游历之名山异境。年七十余寂,赐塔玉泉山,谥文觉禅师。著有《洱海丛谈》、《寒溪诗稿》。《国(清)朝画征录》、《江苏诗征》有载。

超然① 字友莲,号松壑(一作松豁)。浙江海宁人。住海宁白马庙。书学董其昌,善绘兰竹,以缣素请者,必局户为之,勿令窥视,故其书画多有静妙之至。《墨林今话》、《中国佛教人名大辞典》有载。

超然② 号无相子。四川人。住四川尧光寺。工隶善诗,与蜀中文人互为酬唱。《益州书画录》、《中国美术家人名辞典》有载。

超源① (？—1745)字莲峰。仁和(今浙江杭州)人。俗姓洪。9岁出家西源寺,得法茆溪行森。习台贤宗旨,遁迹灵峰,不入城者八载。后受龙居天彝嘱,住杭州乐间。康熙五十六年(1717)移居浙江湖州梵行寺。雍正十三年(1735)敕住江苏苏州怡贤院,赐号明道正觉禅师。乾隆十年(1745)圆寂。工书画诗文。山水点笔秀润,诗有空山冰雪气象。著有《未筛集》一卷、《语录》二卷。《浙江通志》、《江苏诗征》、《清画家诗史》有载。

超源② 字乾一,号寓园。俗姓陆。浙江平湖人。住浙江嘉兴东塔寺。善书画。《画家知希录》、《中国美术家人名辞典》有载。

超谭 字淼粟。俗姓方,名载赓。安徽休宁人。未落发时曾入槎溪诗社。初居华光院,后住持净因堂,晚游浙江富春未回。工画能诗。《练水画征录》、《中国美术家人名辞典》有载。

超瀚 字瀚海,号墨仙。奉贤(今属上海市)人。住杏泾(一作溪)静室。喜吟咏,工书画,皆有逸趣。尝自题其梵修之室曰"梅子熟也",其精于禅悟可知。《奉贤县志》、《历代画史汇传》有载。

敬安 (1851—1912)字寄禅,号八指头陀。俗姓黄,名读山。湖南湘南石潭村人。少贫,家业农。7岁丧母,12岁丧父,始替农家牧牛,继以学艺谋生。不久又到塾师周云帆家里煮饭打杂,抽空学习诗文。同治七年(1868),敬安看到白桃花被一阵风吹过,花瓣纷纷吹落,不觉触景生情失声大哭,于是萌发出尘之想,遂投湖南湘阴法华寺出家为僧,释东林为师。是年冬,又投迹湖南南岳祝圣寺,在贤楷律师处受具足戒。后又参衡州(今湖南衡阳)岐山恒瑞寺。五年后曾去巴陵(今湖南岳阳)探访舅父,览岳阳楼,吟成"洞庭波送一僧来",得此佳句,若有神助,从此开始学诗,最终成为我国近代著名诗僧。之后行迹吴越,参禅学法十余年,游尽江南名刹,遍参海内尊宿。光绪三年(1877)秋,在浙江宁波阿育王寺佛舍利塔前烧二指并剜臂肉燃灯供佛,自此号"八指头陀"。十年挂锡浙江宁波天童寺,任副寺之职。翌年回湘,师事湖南长沙岳麓山寺笠云法师,嗣其法。以后相继住持长沙上林寺,沩山寺、湘阴神鼎山资圣寺,衡阳大罗汉寺、南岳上封寺,衡山大善寺等六大名寺。光绪二十八年(1902)二月,应天童寺首座幻人率两序班首之礼请,从长沙赴宁波主持天童寺,三十三年六年任期满,应僧众恳请再任,直至圆寂。禅余不废吟咏,当时名士陈百香,叶德辉等与他时相唱酬。曾任在上海设立的中华佛教总会(民国元年成立)第一任会长。因法门多故,冬初为维护寺产,赴北京政府请愿,与内政部杜关司长争辩。由于谈判没有结果,敬安忧愤交加,大发胸痛,入寂于北京法源寺。不久,弟子道阶等奉龛南归,在天童寺前青龙冈筑塔瘗骨,取名"冷香"。禅修吟咏之暇,亦善书法,书擅行书,有八大山人遗韵。著有《嚼梅吟稿》、《八指头陀诗集》,另有《文集》二卷等。(见图46)《新续高僧传》、《古今100高僧》、《中国近现代人物名号大辞典》有载。

图 46

韩芝 上海南汇县(今南汇区)僧人。能画,专工花卉。《古代上海艺术》有载。

喝涛 原名亮,号鹿翁。江宁(今江苏南京)人。驻锡姑山,世称亮禅师。工诗、善画。《宁国府志》、《历代画史汇传》有载。

智力 广东人。住广东广州光孝寺。工诗,善画梅石。高古绝伦。《图绘宝鉴》、《中国佛教人名大辞典》有载。

智水 河南人。居河南嵩山。咸丰、同治(1851—1874)时有名豫中,晚居河南洛阳关帝庙。工书善画。所画古松苍茫雄浑,气势颇壮。《艺林月刊》、《中国美术家人名辞典》有载。

智生 四川人。住四川成都骆公祠。精鉴别,工书法,尤长于词翰,亦善琴。《益州书画录附录》、《中国美术家人名辞典》有载。

智先 初名兴上,字古樵。江苏仪征人。俗姓张。落发于江苏镇江焦山松寥阁。嗣法破 灯。后主焦山。工画,善写大士像刻石,自为之赞。《新续高僧传》、《焦山志》有载。

智阜 号了空。辽州(今山西左权)人。云游访道,顿悟宗旨。工绘事,画佛像精妙。光绪版《山西通志》、《中国佛教人名大辞典》有载。

智函 字雪筏。上海人。住西林忏院。通佛典。书法二王,尝书《乔将军诗册》。工诗。著有《草兰龛遗物》。《海上墨林》有载。

智度 广东人。住广东番禺(今广州)长寿寺。性旷逸,工山水,尤长于临摹。清道光(1821—1851)初黎二樵(简)画最有名,人争购之。骨董商时时乞智度所仿拦人,多不能辨,于是求画者日众。癖喜栽植,以画理参之,于水仙花尤出新意,创为蟹爪、辣鳌、拥剑,厥状维肖。中年移居花埭鹜峰寺,寂寥人外垂三十年。《番禺县志》、《中国美术家人名辞典》有载。

智得 湖南人。住湖南衡阳南岳。善画山水,层峦叠嶂,皆得古法。《图绘宝鉴》、《中国美术家人名辞典》有载。

智舷 号秋潭。安徽人。善画山水。《虹芦画谈》、《中国美术家人名辞典》有载。

智潮 字香水,号北麻。震泽(今江苏吴江)人。俗姓杨。年十七削发于永乐寺。住高峰净名院。勇猛参究,一夕五更闻篱边虎声,豁然开悟。平生瓢笠无定踪、晚年归永乐寺,遂不出。能诗善画。著有《归来堂诗稿》。《清画家诗史》、《江苏诗征》有载。

智澄 字渠隐,一字樵隐。湖南沅陵人。江苏镇江焦山僧。工书法。《湖南近现代书画家辞典》有载。

智遥 字一峰。居浙江湖州南翔某庵。沉静简默,能诗工书,兼精篆刻。《南翔镇志》、《中国美术家人名辞典》有载。

智操 (1626—1686)字寒松,号隐翁。安徽桐城人。俗姓严。嗣法百愚斯。历住松江(今上海市)青龙、隆福,长洲(今江苏苏州)深栖,浙江湖州龙华,江苏宜兴善权。善丹青,有诗名。著有《语录》、《方外英华》、《拈来草》等。《湖州诗钞》、

《中国佛教人名大辞典》有载。

等月 字印子,又字守心。浙江象山人。诸生,尝应象山知县李郁之聘,以法律佐其吏治。后出家为僧。工诗,善书画。著述多奇古。《象山县志》、《四明书画家传》有载。

筱庵 江苏常熟人。住常熟某寺。工画花草。《虞山画志》、《中国美术家人名辞典》有载。

释汛 江苏扬州某寺僧。善书,尝在扬州东园中题名。《扬州画舫录》有载。

释亮 字虚白。江苏人。精绘事,墨竹枯梅,宗文同(与可)。光绪版《昆新合志》、《中国佛教人名大辞典》有载。

善田 字小石。江苏扬州人。师事甘亭和尚。居扬州桃花庵。善琴,尤善画柏树,工画山水,得袁慰祖之传。《墨林今话》、《扬州历史人物辞典》有载。

善林 广东人。住广东广州海幢寺。善画兰。《绿筠堂诗草》、《中国美术家人名辞典》有载。

善解 上海嘉定人。住嘉定清凉寺。善画。《练水画征补录》、《中国美术家人名辞典》有载。

善锡 一作善谒。西昌(今属四川)人。工画,仿赵孟頫。《莫愁湖志》、《中国佛教人名大辞典》、《中国美术家人名辞典》有载。

普汰 号纯如。山西人。住沁州(今山西沁县)灵泉寺。戒律精严,兼通文翰。顺治(1644—1662)间游都城,御书佛字赐之。圆寂前十日,手书素扇十柄,遍遗知交而寂。光绪版《山西通志》、《中国佛教人名大辞典》有载。

普周 字月斋,号鹤亭,别号飞泉隐者。鄞县(今浙江宁波鄞州区)人。住浙江舟山普陀山,后居蒙山顶。精拳术,能诗文,工书画。《画家知希录》、《中国美术家人名辞典》有载。

普泽 号昙润,一作昙上人。上海人。住上海铎庵。工书,宗东晋;画善山水、花鸟,法宋、元。及谈禅,意旨微远,有支遁风,时人以为书画禅。《海上墨林》、同治版《上海县志》有载。

普荷 (1593—1673,一作 1683)一名通荷,字担当。俗姓唐,名泰,字大来。宁州(今云南华宁)人。五龙山人解元唐尧官孙。明天启(1621—1628)诸生,以明经入对大庭。尝师事董其昌,并访陈继儒,侍砚席,称门下士。明亡(1644)后削发为僧,隐居鸡足山。从无住和尚受具足戒。遥嗣法湛然。往来鸡足、点苍、水目、宝台间,随地吟赏,发诸禅悦。尝云游华亭(今上海松江)工书画。书法董其昌,豪放有韵致;(见图 47-1、图 47-2)山水法倪瓒,风格荒率纵放。有自题云:"老衲笔尖无墨水,要从白处想鸿濛。"寂后塔于苍山佛顶峰,天台冯甦为撰塔铭。著有《翛园集》、《橛庵草》、《拈花百韵》、《担当遗诗》。《新续高僧传》、《国(清)朝画征录》、《清画家诗史》有载。

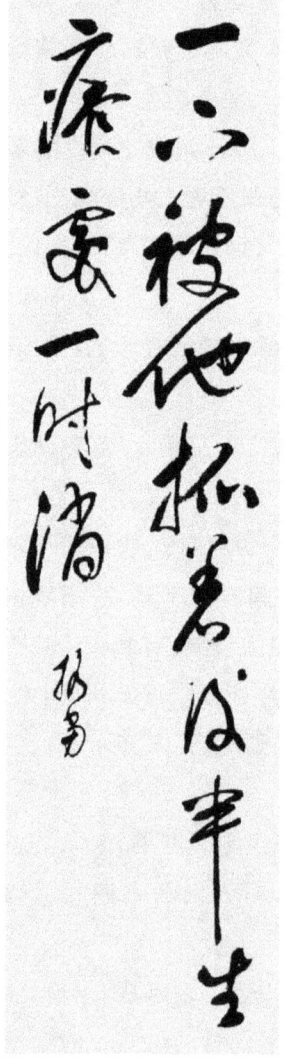

图 47-1

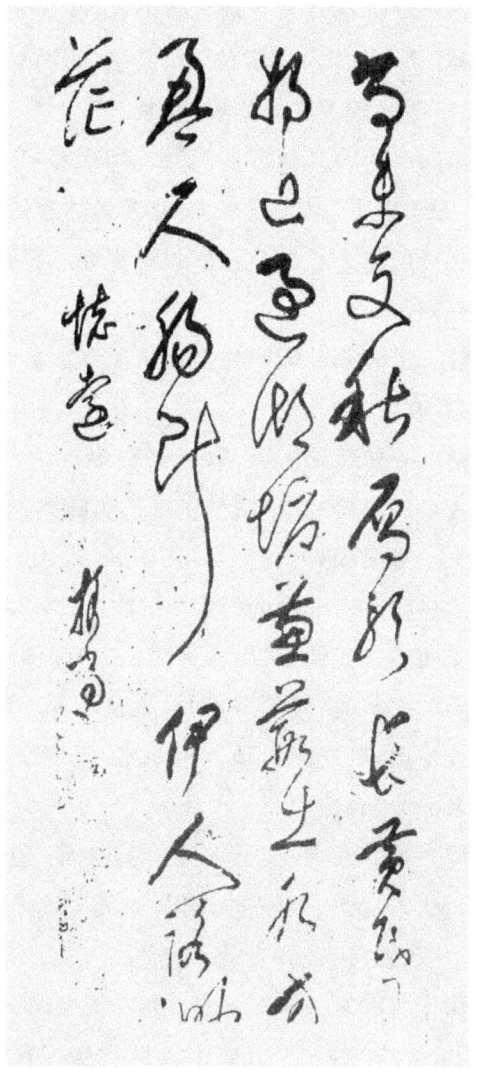

图 47-2

图48

道白 （1601—1677）字雪厂，号冷翁。江苏苏州人。俗姓钮（一作张）。年十九投崇义寺月林、智定落发。礼博山受具足戒。力事参究，得牧云心印。住吴兴（今浙江湖州）云门、越州（今浙江绍兴）宝掌等处。工书画。著有《语录》、《雪响集》、《救正录》、《云门方外志》。《五灯全书》、《中国佛教人名大辞典》有载。

道存 （？—1732）字石庄。上元（今江苏南京）人。《画史汇传》作石庄号石头和尚。住江苏扬州桃花庵。善吹洞箫。工画，（见图48）以查士标为师。所交皆名家。其徒西崖、竹堂、古涛皆工画。康熙四十八年（1709）尝作仿古山水册。《扬州画苑录》、《中国佛教人名大辞典》有载。

道吾 四川人。住四川成都文殊院。工书法，近王羲之、王献之。《益州书画录附录》、《中国美术家人名辞典》有载。

道冶 字雪炉。江苏常熟人。俗姓陈。年十九削发于三峰，侍檗庵杖锡。又参硕揆于江苏扬州。生平酷爱绘画，后经硕揆规劝，遂不复画。久之还檗庵处。机锋迅捷，道器沉敏，开法安徽黄山。又数年，住常熟白雀寺寂。著有《黄山诗》。《五灯全书》、《海虞画苑略补》有载。

道忞 （1596—1674）字木陈，号山翁，晚号梦隐。俗姓林。广东人。明诸生。年弱冠即放弃举业，投匡庐（江西庐山旧称）开先、若昧、智明。受具足于憨山德清。得法于浙江宁波天童寺密云、圆悟。继席三载,退居浙江慈溪五磊讲寺,迁浙江台州广润、越州大能仁寺、吴兴道场、扬州净慧、青州法度、兴化龙珠等。顺治十六年(1659)诏至京,向法万善殿,赐号弘觉禅师。寻辞南还,习静浙江嘉兴金粟,营建会稽(今浙江绍兴)平阳。善书法,先后为顺治十七年(1660)《世祖诏书御札石刻》、康熙十一年(1672)《出家人不向国王父母礼拜宸翰刻石》碑书跋。书法秀逸,清远淡雅。著有《诸会语录》、《北游记》、《禅灯世谱》、《布水台集》、《百城集》等。《续灯正统》、《四明书画家传》有载。

道宗 (?—1808)字耀冶。江苏宝应人。俗姓胥。年十九依宝莲庵恒鉴落发。恒诵《法华》。随扬州高旻寺宝林入浙江天台,筑茅华顶。清乾隆四十九年(1784)继席天台山国清寺,居十三年。长翰墨,善吟咏。晚年退居江苏吴江横塘,创建阳山禅林,四众景仰。《新续高僧传》、《中国佛教人名大辞典》有载。

道昱 字香海。浙江鄞县(今浙江宁波鄞州区)人。俗姓陈。继单斗南居士后,精宗教,工诗律,偶作山水,不落前任窠臼。尤善书法,出入晋唐。每日拜读经书之余,便是临摹法帖,日书数时辰,娴熟如妙。居恒枯坐一室,长吟自乐。《墨林今话》、《中国佛教人名大辞典》有载。

道济 (1641—1715以后)俗姓朱,名若极,小字阿长。明朝宗室后裔,为靖江王的第十一世孙。靖江王朱守谦是明太祖朱元璋长兄南昌王的曾孙,封藩于桂林,此后即驻守繁衍于广西。明亡(1644)崇祯帝自杀,福王朱由崧在南京称监国,不久称帝,号弘光。次年五月南京失陷,弘光政权亦告结束。唐王朱聿键在福州称监国,旋亦称帝。与此同时,道济生父朱亨嘉在桂林也称监国,但被唐王发兵击败,亨嘉被活捉,解至福州被处死。此时年仅6岁的道济由太监庇护,逃往武昌,不久因生活无着,与哥哥一起出家,法名原济(亦作元济),字石涛。别号常见的有苦瓜和尚、瞎尊者、大涤子、清湘老人、清湘陈人、清湘遗人、粤山人、湘源济山僧、零丁老人、一枝叟等。十余岁,道济即同哥哥喝涛云游,登湖北武汉黄鹤楼,荡舟湖南岳阳,从湖广到江西,登庐山,旋又游赣、苏、浙、皖诸地。康熙元年(1662),23岁的道济来到松江(今属上海市),皈依临济宗大师本月。本月禅学精湛,工诗文,书法尤佳,道济的禅学和诗文均得益于本月。道济十几岁画便可观,他自题兰竹诗有:"十四写兰五十六。"又有一本山水、花卉画册,是顺治十四年(1657)十八岁时所作。康熙五年(1666)前后,经本月介绍,道济与兄喝涛移居安徽宣城附近的敬亭山广教寺。道济在此居留十余年,而这时正是新安画派最为辉煌的时期。由于本月与名画家梅清(1623—1697)有私交,道济便与之亲近,后来成为莫逆之交。在道济早、中期作品中的用笔,取意和章法中,都能找到梅清的影子。道济又通过梅清广交文人雅士、名流俊彦,加之行万里路,读万卷书,大大开拓了道济的诗文书画境界。这期间受弘仁、程邃及梅清的影响,山水多据实写生,坚持不懈地从黄山汲取营养,单写黄山七十二峰就有七十二幅之多。康熙十九年(1680)闰八月,道济至金陵(今江苏南京),居城南门外的天禧寺达六年之久。髡残和金陵八家对他颇具影响力。康熙二十三年(1684),皇帝首次南巡,曾游天禧寺,道济得见皇帝。五年之后,康熙再度南巡,道济再次迎驾于江苏扬州平山道上,并赋接驾诗,又作《海宴河清图》,颂扬康熙圣德,并钤上"臣僧元济"的印章。是年,道济应邀至京。滞京都三年,周旋于王公贵族之间,饱览了不少文物和书画珍品。并与宫廷画家王翚、王原祁合作绘画,王原祁尝云:"海内丹青家不能尽识,而大江以南,当推石涛为第一。"康熙三十一年(1692),道济沿大运河南返,最后定居在扬州。交往于名士、富商、官宦之间,以卖字鬻画为生,生活很宽裕。三十五年(1696),在扬州大东门外建"大涤堂",自此取别号曰"大涤子",他在致八大山人函请山人为他画《大涤草堂图》时说:"济为有发有冠之人,向上一齐涤。"道济是要将过去一切洗涤除去,恢复他的本来面目。或许那时他已还俗,故有此"涤"。书画创作外,(见图49-1、图49-2、图49-3)道济穷毕生经验,写出精辟绝伦,前无古人的画论著作《画语录》,提出"搜尽奇峰打草稿"。"我自用我法","笔墨当随时代"等等革命性的主张。书法工分隶,极具功力逸趣。《古今100高僧》、《中国美术家人名辞典》、《中国佛教人名大辞典》有载。

道统 浙江嘉善人。善画兰石。《清画拾遗》、《中国佛教人名大辞典》有载。

曾沂 一作曾圻。鲸子。福建莆田人。明天启(1621—1628)诸生,崇祯(1628—1644)孝廉。明亡(1644)流落白门(今江苏南京),翌年投牛头山永兴寺削发为僧,号懒云(《谭扫庵诗存》作号潄云)。善山水。《明画录》、《画史会要》、《福建画人传》有载。

湛苇 俗姓叶,号月林。浙江长兴人。自幼落发福建福州开元寺。主席禅智、白雀等寺。工画善书,俱不染俗。《东茗编》、《中国美术家人名辞典》有载。

图 49－1

图 49－2

图 49-3

湛性 一作湛泛，又作湛汎，字药根，又字药庵。俗姓徐。丹徒（今江苏镇江）人。住江苏扬州祇园庵。习台教，好参禅。有文字结习，而尤嗜诗，书法精美，兼工篆刻。颇自贵惜，不轻为人落墨。著有《药庵集》、《双树堂诗钞》。《广印人传》、《续丹徒县志》有载。

湛莹 字微山。广东人。住广东广州海幢寺。能诗，山水笔致超浑，书法近谢兰生（1760—1831）。《留庵随笔》、《中国美术家人名辞典》有载。

湛福 字介庵。云南昆明人。幼入报国寺从溥畹披剃。雍正（1723—1736）初侍从其师至京都，得交方苞、戴亨、陈景元、马大钵，相与讲《尚书》、《毛诗》及庄、屈、贾、马之文。工楷、隶书，方苞谓"别饶天趣"。又喜以杭扇画泥金梅花，自集唐句题其上，人争购之。兼精鉴别。寂年九十六。《滇南书画录》、《中国佛教人名大辞典》有载。

湘烟 名圣欣。上海人。出家小武当。住上海朱霞殿。工山水，意在法外。善弹琴，性喜养兰，自辟一圃，皆浙产，多异种。有洁癖，独处一室，翛然远俗。民国版《上海县续志》、《中国佛教人名大辞典》有载。

湜云 字定湖。香山（今广东中山）人。俗姓黄。削发于留霞寺。善画能诗,求者户限为穿,因烦避居隆都聚龙庵。自题《枯树图》云:"色相俱空悟本无,东西何必问荣枯。寄言樵子不须伐,留与山僧作画图。"晚住羊城(今广东广州)大佛寺。《香山高僧传略》、《中国佛教人名大辞典》有载。

禅一 字心丹,一字法喜,号小颠。浙江桐乡人。幼落发于浙江杭州南屏万峰山房。为岭云入室弟子。性嗜酒,遇人傲岸。能诗,善草书,得怀素草法。博通内外典。四方名流过西泠者,往往相访。著有《万峰山房稿》、《法喜集》、《唾余集》。《晚晴簃诗汇》、《两浙輶轩续录》有载。

禅学 毗陵(今江苏常州)人。俗姓王。毗陵赵家庵尼僧。精勤修持。性聪慧,善画竹,喜吟咏。《续比丘尼传》、《畊砚田斋笔记》有载。

瑞龄 四川人。乾隆(1736—1796)时住四川郫县西郊乡集寺。尝独居一室,十年足不出户。善飞白书,求书者踵至,有应有不应,不应者多致金币,愈不染毫。《益州书画录续编》、《中国美术家人名辞典》有载。

韫坚 原名昌印,号石生。俗姓韦。甘泉(今江苏扬州)人。江苏镇江焦山超然和尚法孙。画山水,笔趣淹润,妙于用墨。亦能诗。《墨林今话》、《清画家诗史》有载。

楚庵 四川人。嘉庆(1796—1821)时僧人,居四川三台白衲庵。庵外石坊有"西天佛国法雨慈云"八字,元气浑沦,为楚庵所书。孝廉方正魏子翚善书,为其高足。《益州书画录续编》、《中国美术家人名辞典》有载。

楚琛 字青壁。华亭(今上海松江)人。礼华亭超果寺珂雪莹公落发。随浙江宁波天童寺密云受具足戒。同师住吴兴(今浙江湖州)栖云山,后归隐超果西来堂。杜门养道,兼游情翰墨,工诗善画,清雅超俗,见重于世,人称之为"方外芝兰、宗门巢许"。《云门酬唱》、《国朝画识》有载。

髡残 (1612—1673)字介丘,号石溪(一作字),又号白秃、(古"天"字)壤、电住道人、残道人,晚署石道人。俗姓刘。武陵(今湖南常德)人。钱澄之《髡残石溪小传》云,髡残母亲生他之前梦见和尚入室,残从次认为自己的前身乃是和尚,所以幼即喜读佛书。及长,父母为他议婚,坚不从。母去世,便有出家之心。明崇祯十一年(1638)削发投龙山三家庵为僧。旋至江南各地云游,问道高僧大德。至江苏南京时,遇云栖大师弟子,遂于云栖大师像前礼拜为师,取法名智果,于是便成云栖派僧人。云游归,卜居湖南桃源余仙溪上。明亡(1644),清兵南下，髡残避入深山中。山中三月，受诸苦恼，更强他反清的思想。顺治十一年（1654），又至南京，受衣钵于觉浪禅师，得器重，"其慧解处，莫能及也"。从此驻锡南京聚宝门外大报恩寺，参与修藏，时或代理修藏主持。十五年，易法名为大果，并迁居南京城南祖堂山幽栖寺。次年云游至吴越阁，后又回到牛头山，以法印心，以戒制行，以慈祥接世。一度曾游安徽黄山，住一年余。离开黄山后又回祖堂山，未入幽栖寺，而是在附近的白云岭上结茅独居。期间和程正揆、张怡、周亮工等文人常有往来。小筑独居十年，祖堂山一场大火把髡残的佛学经相、文具器物化为灰烬。寂后，僧人遵遗嘱将他骨灰沉入长江边上的燕子矶下。性喜书画，为人豪爽、耿直、刚烈，天资高妙，崇尚节气。每以笔墨作佛事，工山水，奥境奇辟，缅邈幽深，峰峦浑厚，笔墨苍茫，长于干笔皴擦，得元人胜概。（见图50）诗文书法亦古奥。绘画成就最突出，与石涛齐名，并称"二石"，又与弘仁、八大山人、石涛四人并称"清初四大画僧"，与程正揆（号青溪）并称"二溪"。顺治十四年（1657）尝作《赤林访友图》、十七年（1660）作《奇峰幽境图》、十八年（1661）作《黄峰千仞图》，均藏南京博物馆。著有《浮查集》。《中国书画鉴赏辞典》、《古今100高僧》、《国（清）朝画征录》、《中国佛教人名大辞典》有载。

槎庵 湖北人。居汕之沙湖。工诗，善草书。与郭都贤善。《湖北通志》、《中国佛教人名大辞典》有载。

鉴微 里籍无考。善画蔬菜。《渔篷小稿》、《中国美术家人名辞典》有载。

照尘 （1826—1910）字药龛。江苏常熟人。7岁投三峰寺，为觉海弟子。年渐长，能任事。清修有操，兼通儒书。觉海寂，即嗣其位。咸丰十年（1860）郡城被太平军攻破，即率僧众渡江至江苏南通法轮寺。事后返里重整寺院。好大乘经，有神悟。禅余吟诗作画，尤多收藏。刻有《宝积经》、《法苑珠林》等。著有《药龛集》一卷。《苏州民国艺文志》有载。

照远 字可一。浙江绍兴人。住会稽（今浙江绍兴）头陀庵。工诗词，善书画，山水颇得元人笔意，差乏流动之趣。文字悉佳。《图绘宝鉴续纂》、《中国佛教人名大辞典》有载。

照初 字贞朗，号雪庵。新安（今安歙县）人，住江苏昆山。俗姓程。年十三在慈门寺落发。旋住上海青浦圆津禅院。善画，工山水。亦喜搜集名人韵士诗文翰墨。《青浦县志》、《中国美术家人名辞典》有载。

图 50

照临 字喝若。福建人。住台湾鹿港三官堂。善画兰、菊,飘逸绝伦。《福建通志》、《中国美术家人名辞典》有载。

照音 字溯闻,一字雪岸。江苏吴江人。居震泽(今江苏苏州)平望兼葭庵。工诗画,与照影友善。庵近荻塘,多有名流题咏。《江苏诗征》、《中国佛教人名大辞典》有载。

照彻 字莲若。江苏人。康熙(1662—1723)间出家于磐山寺。后住江苏苏州开元寺。知医善画。《宜兴旧志》、《中国佛教人名大辞典》有载。

畹荃 字嵩来,号玉几,乾隆(1736—1796)间鄞县(今浙江宁波鄞州区)僧人。鄞县阿育王寺住持。曾积资为阿育王寺辟拾翠楼,造婆罗阁,以恢复原有殿宇建筑。对寺内苏东坡《宸奎阁记》和张九成《妙喜泉铭》等碑刻,亦悉为竖立珍护,并重修《阿育王寺志》刊行于世。通儒术,善诗,工书,能画。书法四体皆能。尤精行书,隽雅劲拔,有晋唐之风。画善花鸟,尤善画兰,用墨浓厚,设色古雅。书法存世作品有《阿育王寺十景诗石刻》、《秋水闲房石刻》、《畹荃诗石刻》、《释迦如来真身舍利塔记》、《开山慧达大师利宾菩萨传》等。《四明书画记》、《鄞县志》有载。

筱衫 江苏扬州人。善画竹,得郑燮(1693—1765)法,兼工花卉。《扬州历史人物辞典》有载。

解微 吴江(今江苏苏州)人。善画,有《邓尉观梅图》传世。《彭氏家珍录》、《中国美术家人名辞典》有载。

韵可 俗姓黄,字铁舟,号木石人。湖北武昌人。乾隆(1736—1796)主江苏苏州李王庙。善鼓琴,工书法,书法近苏轼、米芾,烂然天真。尤擅花卉竹石。水墨花卉似徐渭,笔意超脱,墨兰飞舞,墨竹尤挺劲,但过于驰骋,未能以蕴藉出之,故所作无静逸之致。画梅劲气直达。间作倪瓒、黄公望山水,亦萧寥荒率,数十幅俄顷立尽。题画诗随手而书,辄多疵句,然偶亦有风韵极佳者。渡江而东,晚年居上海太平寺。得润笔,辄赠寒素。喜医,亦用医术济世。著有《伤科阐微》,未刊而寂。《墨林今话》、《畊砚田斋笔记》、《上海续志》有载。

韵香 俗姓王,名岳连,号韵香(以号行)。江苏无锡人。嘉庆(1796—1821)间居江苏无锡东门内双修庵,自号清微道人。少年出家为尼。举止大方,吐属闲雅。工书善画,小楷仿《灵飞径》,善画兰。有人为她作《空山听雨图》,一时名流题咏殆遍,前后至500余家。因庵中常有男士出入与她交往,招来庵内诸徒讥议,愤而自缢寂,时年49岁。有友人悼诗云:"如何病榻都无分,海燕惊飞出画楼。"《尼姑谭》有载。

溥良 字去六,号合岩。湖南攸县僧人。工书法。《湖南近现代书画家辞典》有载。

溥畹 字兰谷。俗姓顾。江苏昆山人,一作广陵(今江苏扬州)人。明习释典。康熙(1662—1723)初奉旨开办云南昆明法界、报恩二寺,留住法界寺。工诗文词赋,善行、草书,工兰蕙,别具风韵,得文于禅理。《滇诗略》、《中国美术家人名辞典》有载。

源长 (1708—1758)字涵空(一作号),号性水。山东郯城人。俗姓张。幼投辽宁安东地藏庵削发。雍正十二年(1734)依京都法源寺文海得受具足戒。既而南返至江苏淮阴,参闻思、聚用,得其心印。主山阳(今江苏淮安)观音院。乾隆二十一年(1756)大饥,寺无余粮,率众饮水三日,人感其道,相依不忍去。聪慧善画,爱写雪中寒梅,枯枝冷淡,于笔墨中寓祥寂之意。《新续高僧传》、《中国美术家人名辞典》有载。

福宗 号散庵。安福(今湖南临澧)人。俗姓欧阳。削发于白杨。工诗画,创一粟园为精修所。知县庞骥造访,序其诗。康熙元年(1662)振锡京师。著有《禅宗总究》二十八卷、《白杨语录》二卷。《万载县志》、《中国佛教人名大辞典》有载。

福澄 字文清。湖南衡阳人。卓锡衡阳育王山。工书画,诗亦典雅。《方外诗选》、《中国佛教人名大辞典》有载。

碧岩 浙江平湖人。住涨沙桥庙。善写墨梅,笔意高迈,宗云间(上海松江)一泉和尚,名重当时。《芦浦竹枝词》、《中国美术家人名辞典》有载。

碧眼 四川人。住四川新繁章家寺。深目而紫眶,人称"碧眼和尚"。善写龙虎,风云出没,灵矫如生。画初成即可质库。《蜀画史稿》、《益州书画录》有载。

静照 俗姓曹。宛平(今北京市丰台区)人。明崇祯(1628—1644)时宫女。明亡(1644)随太监逃至白下(今江苏南京)。顺治二年(1645)看破红尘,投身到白下城郊一座尼庵,削发为尼,法名静照,字月士。精于书法,擅长诗词,当时在宫中是出类拔萃的。崇祯帝退朝之遐,也时或吟风弄月,吟好以后,看曹氏一手好字,往往让她誊写,书法飘美清雅。并自己写有《宫词》一百首。出家后一意焚修,道行精绝。晚年不知所终。《中国名尼》有载。

蔚然 浙江人。工翰墨。少时曾亲近䥇石宗伯,遂工兰蕙。光绪版《嘉兴府志》、《中国佛教人名大辞典》有载。

愿言 号苦吟僧。里藉无考。明亡(1644)削发为僧。行踪莫测。能书法,善吟咏。《中国佛教人名大辞典》有载。

毓恒 字雅南。武林(今浙江杭州)人。武林观音寺住持。尝于杭州西湖南屏净慈间筑别院为静居庵居之。善写兰,颇有秀致,兼工山水。《墨香居画识》、《中国美术家人名辞典》有载。

蜜安 名嵩。浙江嘉兴人。俗姓褚。落发于梅会里自在院。专志焚修,积久弗解。雅慕里中诸前辈,重其后裔,将贫者招至院读书。能诗,工画,不轻与人。光绪版《嘉兴府志》、《中国佛教人名大辞典》有载。

慧广 号相一。四川安县人。幼年祝发于四川成都昭觉寺。历访名山,后游鸡足,卓锡云南宜良,喜宝洪山幽静,遂建庵以居,御史朱泰正题额曰"梦月庵"。工行草,书有黄庭坚、苏东坡笔意。年五十六寂。《宜良县志》、《中国佛教人名大辞典》有载。

慧寿 (1603—1652)俗姓万,名寿祺,字介石,号年少。江苏徐州人。明崇祯三年(1630)举人。入清(1644)更名寿,字内景。儒衣僧帽,往来吴、楚间,世称万道人,自署沙门慧寿,又号明志道人。有志节,顺治二年(1645),参与江南反清起义。晚岁削发出家为僧。博览群书,明数理,通禅悦。棋、琴、剑器,百工技艺,细而女红刺绣,粗而革工缝纫,无不通晓。尤娴古文诗词,行、楷遒劲,法颜真卿而少异。工篆刻,精六书,作玉石章,俯视文彭、何震。善画仕女,作唐装,楷模周昉,得静女幽闲之态。山水木石,随意点染,迥然出尘。诗直入大历十子之室,时罕俦匹。著有《隰西草堂集》五卷、《文集》三卷、《遁渚唱和集》一卷。《清画家诗史》、《无声诗史》、《国(清)朝画征录》有载。

慧觉 字幻空,晚号青原老人。江西泰和人。卓锡江苏扬州旌忠禅院。工画。《湖海诗集》、《中国美术家人名辞典》有载。

慧真 俗姓黄,字惠珍。江苏人。居江苏无锡西延寿庵。乾隆、嘉庆(1736—1821)时尼僧。善书,工楷法,兼能作擘窠大字,结体严整,运笔坚凝,无闺阁柔脆态。《尼姑谭》有载。

慧道 字宝中。江苏人。江苏兴化般若庵僧。继其师主般若庵法席。善画墨兰,工诗。著有《萍香社诗集》。《扬州历史人物辞典》有载。

蕉土 青浦(今属上海市)人。青浦圆津院语石法徒。善写墨竹,可入能品。《青浦县志》、《中国美术家人名辞典》有载。

磊园 名定,世称定师。江苏常熟人。住吴中(今江苏苏州)流水禅居。山水宗倪瓒(云林),善水墨兰竹。乾隆(1736—1796)时寂。年七十余。《虞山画志》、《历代画史汇传》有载。

墨禅 里籍无考。山西五台山僧,云游至上海。禅余工画,精写兰竹,京邸名公,无不钦佩。曾在1890年5月12日上海《申报》上刊登鬻画润例,吴楚卿代为之订。《近现代金石书画家润例》有载。

墨颠 浙江人。居浙江灵峰寺。善画墨兰。《清画家诗史》、《中国美术家人名辞典》有载。

篆玉 (1705—1767)字让山,号岭云。仁和(今浙江杭州)人。俗姓万。年十七落发于杭州西湖净慈寺。受戒昭庆,嗣法雷岩。为临济下第三十五世。贯通经疏,精严戒律。雍正(1723—1736)住京师海淀法界观心佛堂。移万峰,迁栖水大善寺、秀溪龙翔寺。禅余游情诗文书画,喜与杭世骏(1696—1773)、丁敬(1695—1765)诸名流相唱和,与大恒结西湖吟社。工书行草,善隶书。闲涉摹印,别出机杼。能以心印印世。著有《让山语录》、《话堕集》等。《广印人传》、《清画家诗史》有载。

德日 俗姓蒋,名葵,字冰心,号药林。江苏泰州人。生而聪慧,为诗无师承而工。家人咸目为女书生。或时为女伴书笺,书笔婉媚。内庭宴集,饮酒高论,殊有名士风。后入空门为尼,住青莲庵、与周羽步、吴蕊仙(名琪,明末清初书画家)齐名。著有《镜奁十咏》、《拂愁集》。《清诗汇》、《扬州历史人物辞典》有载。

德立 字鹤臞,号西池。浙江乐清人。俗姓朱。幼投藻鉴照落发,受具足戒于弁山侣。闻截流老人宗教兼彻,志弘净土,特造虞山(今江苏常熟),一见服膺,随侍六载,深得禅、净之旨。后掩关石宝,昼夜弥陀,胁不沾席。康熙三十三年(1694)主普仁,继往江苏苏州怡贤寺寂,善画菜,工草书,亦能诗。著有《藕花园诗》,钱奉谷为之序。《虞山画志》、《清画家诗史》有载。

德峻 字花,世称千花和尚。里籍无考。有称德峻出家前为举人。住孝诚松霞源道人峰庵。能诗善书。书法赵孟𫖯、董其昌,一时士夫皆从其游,争索其手迹。咸丰(1851—1861)兵燹,有熟师避居庵中,与德峻交论。后不知所归。《余干县志》有载。

德峰 江宁(今江苏南京)人。住江宁护国庵。能琴,善画山水。《莫愁湖志》、《中国佛教人名大辞典》有载。

德堃 字载山。江西人。俗姓李。嘉庆(1769—1820)间居广东罗浮宝积寺。清苦自适。能诗,工画人物,亦善写照,尝为谭敬昭写《云泉雅集图》。广东广州六榕寺、肇庆梅庵均有其白描佛像人物,笔致超逸。尝为黄香石作《粤岳山人采芝图》,藏潘氏剪松阁。《中国美术家人名辞典》、《剪松阁随笔》有载。

德隐 俗姓赵,名昭,字子蕙。吴县(今江苏苏州)人,宦光(1563,一作1559—1625)女。适浙江平湖马班(仲子)。父母早殁,昭归葬之,乞名人志其墓。中年夫君卒,家庭破灭,遂遁入空门,削发为尼,一心向佛,结庵西洞庭山香林焚修,匿影二十余年。善诗、画,写生工秀,兰、竹不愧家学。尝为太守作《并蒂兰图》,并吟成七言绝句一首:"日照鲜肤露未干,轻罗徐酌唤人看。若因野客良缘好,两席花前看洛兰。"有诗集《侣云居遗稿》传世。《续比丘尼传》、《中国名尼》、《江苏诗征》、《国(清)朝画征续录》有载。

德喆 字慧光。里籍无考。善水墨山水,有类僧渐江。《畊砚田斋笔记》、《中国美术家人名辞典》有载。

德琨 字问石。江苏镇江人。俗姓柳。住镇江焦山石壁庵,善画兰竹。与冷秋江善,尝为作《石壁禅院记》。筑秋屏阁,藏名书画。能诗,扬州郑昂选载《山水清音集》。《焦山志》、《中国佛教人名大辞典》有载。

德新 字懒牧。江苏无锡人。俗姓宋。乾隆(1736—1796)中住无锡惠山寺。善书法,工诗、画。《江苏诗征》、《清画家诗史》有载。

德源 字巨泽。江苏泰州人。工书善画,精花竹虫鸟,宗法徐渭。亦能诗。《畊砚田斋笔记》、《中国佛教人名大辞典》有载。

德澈 一作重澈,字睿开,号笠庵。上海人。黄渡罗汉寺僧。从百愚禅师嗣曹洞宗法。画兰最工。范题书"墨兰禅"三字颜其居。工篆隶,诗学晚唐。著有《樵余草》。《练水画征录》、《中国美术家人名辞典》有载。

德曙 字敬止。太和(今云南大理西北)人。俗姓孙。世业儒,性颖悟。工吟咏,善绘事。每游名寺,辄流连不忍去。年近知命,礼云峰心安落发,旋受具足戒。尽弃前业,专志净修。后以微疾寂。有诗文偈颂以及《和宗本山居百韵》传世。《新续高僧传》、《中国佛教人名大辞典》有载。

澈明 字昱文,号愚庵。滇南(今云南昆明)人。善山水、人物、花鸟,俱可观。《读画辑略》、《中国美术家人名辞典》有载。

澄声 号石峰。台湾人。台湾海会寺住持。善书画,好吟咏,尤善围棋。《福建高僧传》、《画家知希录》有载。

澄园 一作澄圆,字文谷(一作号)。浙江人。住山阴(今浙江绍兴)天章寺,为懋方高足。善画兰竹,工诗,为诗窟十家之一。著有《雪痕录》。《两浙名画记》、《清画家诗史》有载。

澄照 上海人。上海青莲庵僧。精内典,能诗画,尤善鼓琴。巡抚宋荦延至吴閶,卓锡江苏苏州沧浪亭。晚年游历安徽黄山化去。《海上墨林》、《上海县志》有载。

澄瀚 字印明,号郢子。山东济宁人。工诗,善画。有《昨宵初罢上元灯》一绝,为时所称。《池北偶谈》、《中国佛教人名大辞典》有载。

鹤立 里籍无考。虽为僧,但不事行,酒肉高歌。善诗画,醉后挥毫,气势惊人,颇饶逸致。乾隆(1736—1796)初犹健在,后不知所终。《墨林今话续编》、《中国美术家人名辞典》有载。

鹤年 福建人。住福建福州涌泉寺。善行书,能绘画。活跃于同治、光绪(1862—1908)间。须眉白,偶有作品,但署"鹤年"二字。《中国佛教人名大辞典》有载。

樗叟 一字圣修,号木石道人。浙江人。住玉溪镇清莲庵。通内典,善写牡丹,为世所重。性尚枯寂,凡名刹延主讲席,皆辞不赴。寂年七十五。《嘉兴府志》、《中国佛教人名大辞典》有载。

默容 江苏人。江苏常熟兴福寺方丈。画善,尝从吴历(墨井1632—1718)学画,深得师法,几能乱真。惜英年早逝。《清代画史补录》、《中国美术家人名辞典》有载。

筱衫 江苏扬州人。住扬州。善写竹,得郑燮(1693—1765)法,兼工花卉。

《墨香居画识》、《中国美术家人名辞典》有载。

澹然 广东人。住广东博罗金湖庵。工画,韩荣光曾赠诗赞之云:"画法云山师北苑(董源),宗风衣钵继南能。松枝竖义如如旨,柏子参禅上上乘。"《黄花集》、《中国美术家人名辞典》有载。

澹盦 广东广州人。能画工诗。汤贻汾(1778—1853)论画诗云:"更从方外得三人。"原注其一澹盦也。贻汾去粤,澹盦与诸名士合作《云泉饯别图》。魏笛生舍人典试广东还朝,澹盦作《珠江送别图》赠。《琴隐园集》、《苏山馆诗钞》有载。

懒云① 俗姓杨,名永言,或曰澜,字岑立。云南昆明人。明崇祯(1628—1644)进士。官江苏昆山知县。严明有治声。明亡(1644),应南都诏,尝荐顾炎武于朝。南都被清兵攻陷,与顾炎武及参将陈宏勋等,起兵反清,事败后入广东黄埔依吴志葵。葵败,及于珠泾万寿庵祝发为僧。入中峰,复入浙江金华,寂于滇(云南)。能楷书。《小腆纪传》、《中国佛教人名大辞典》有载。

懒云② 上海人。上海南汇某寺僧。与杨晋(1644—1728)、徐致同时。善画花卉。《百幅庵画案》、《画史汇传》有载。

懒云③ 安徽人。安徽舒城桃镇南岳庙僧。工画。《庐州府志》、《中国美术家人名辞典》有载。

懒放 湖南人。本业儒,明末进士。明亡(1644)落发为僧。遁迹湖南衡阳岐山。与定南王孔有德有旧,孔高其节,檄于兹山建招提寺,即后之仁瑞寺,以终其隐。工楷书。《新续高僧传》、《中国佛教人名大辞典》有载。

懒庵 长洲(今江苏吴县)人。俗姓沈。为画僧寺方丈。能诗,工画山水。《履园学画》、《中国佛教人名大辞典》有载。

蹈光 江苏人。江苏宝应真武庙僧。能画,尝自画小像并题句。《清画家诗史》、《中国美术家人名辞典》有载。

邃岩 名岳。江苏常熟人。住常熟白雀寺。善绘罗汉,有水墨《布袋罗汉图》传世。《虞山画志》、《历代画史汇传》有载。

璧云 一作碧云,又称碧林高士。俗姓赵,名甸,字禹功。山阴(今浙江绍兴)人。明末诸生。明亡(1644)为僧。工为文,山水得云林(倪瓒)笔意。学针黹以养亲,刺绣精妙,曰"赵家绣"。世称孝子。尝游蕺山刘氏之门。卖画以活。晚年讲学山阴偁山,生徒称盛。尝修《显圣寺志》。《明画录》、《国(清)朝画征录》有载。

颢配 湖南人。住湖南湘潭。康熙(1662—1723)时以书、画著称,兼解琴,工篆刻。《湘潭县志》、《中国美术家人名辞典》有载。

馨山 字厂云。江苏兴化人。俗姓周。住持英武桥北小观音阁,移为江苏扬州万寿寺方丈。后遭兵乱害。工草书,善花卉,尤精山水。超脱绝尘,有云林(倪瓒)遗意。《扬州画舫录》、《中国佛教人名大辞典》有载。

露文 字素荫。江都(今江苏扬州)人。俗姓吴。年十八出家于浙江杭州灵隐寺。后主秀水(今浙江嘉兴)茶禅寺。工琴,善画,尤好写墨兰。禅诵之余,间事吟咏。著有《旧松诗草》。《清画家诗史》、《中国美术家人名辞典》有载。

第十二章
研究兴盛期的民国佛教及佛门书画家

清朝后期,在洪秀全领导的太平天国运动中,寺庙遭到了严重破坏,佛教似乎处于奄奄一息的状态。光绪二十四年(1898),湖广总督张之洞(1837—1909)执行"中学(儒教)为体,西学为用"的教育方针,采取极端的排佛政策,试图汲取各地佛寺的财产,以兴办各种学校,即所谓"庙产助学"运动,致使佛教深受打击。

民国(1912—1949)诞生之初,即有一批著名的僧侣、居士试图建立现代方式的宗教组织。1912年初,欧阳渐、李证刚、邱晞等居士发起组织了中国近代史上第一个佛教组织"中国佛教会",并得到临时大总统孙中山的认可。该会设在江苏南京,创立月刊,主张佛教徒不论在家、出家,应以能行为上。他们指责寺院僧众争寺产、讲应赴、收金钱的腐败行为,因而引起了江浙各寺僧人的反对。名僧太虚(1889—1947)一面反驳"中国佛教会"的主张,一面又与仁山等人在南京毗卢寺组织了"中华佛教协会"与之抗衡。他们也面谒孙中山,得到赞许。该会以教理、教制、教产三大革命为号召。在教理上主张清除两千年来人们附会在佛教上的鬼神迷信内容,反对探讨死后世界,提倡办好人间佛教,解决现实问题。另外,扬州谢无量办"佛教大同会"。该会提倡佛、道合一,建立中国统一的宗教组织。上述三会虽然有很大的分歧,但要求佛教改革的倾向都是一致的。有鉴于此,江浙诸山的长老请敬安和尚出面,组织统一的横向联合的"中国佛教总会",并商请欧阳渐、谢无量取消他们的组织。中国佛教总会于1912年4月在上海留云寺成立,提出了"保护寺产、振兴佛教"的口号,并得到南京临时政府的同意,下设 20 个省支部和 400 余个县支部。

袁世凯(1859—1916)夺权后,一些军阀、政客继续侵夺寺产,毁坏佛像。敬安代表佛教总会北上劝谏,反而受辱身亡。后经熊希龄等人出面调停,乃以大总统令的形式公布了中国佛教会章程。1913 年 6 月,北洋政府颁布《寺产管理暂行规定》,明令寺产不得变卖、抵押、赠与或强占,寺院经济得到了保护。

1915 年 10 月,袁世凯颁布《管理寺庙条令》,明令取消中国佛教总会,规定"遇有公益事业上必要及得地方官之许可",可以占有。中国佛教总会变通成"佛教会",勉强延续。1918 年北洋政府再次重申《管理寺庙条令》,取消佛教会。

1924 年,军阀立场稍弱,又成立了"中华佛教联合会",为全国性的佛教组织。1928 年,浙江大学一批教授,提出了"打倒僧阀,解放僧众,划拨庙产,振兴教育"的口号,内务部颇有赞许之意。太虚针对性地提出"革除弊端,改善僧行,整理寺产,振兴佛教"等改革主张,消除了社会上的误解,平息了风波。

抗日战争爆发后,佛教组织受到了极大的破坏。1943 年在四川召开监、理事会议,选举太虚为理事长,恢复佛教会的活动。1947 年 3 月,在南京召开了中国佛教徒第一次全国代表大会,成立了中国佛教总会,选举章嘉呼图克图为理事长。

民国期间,佛学的研究和培养佛教人才方面卓有成效。创办有佛教刊物多种,用现代传播媒介弘扬佛教。还创立了多所佛教大学和佛教研究所,专门培养高级佛教研究人才。著名人士谭嗣同、章太炎对佛学研究由表及里,水平极高。梁启超著《佛学研究十八篇》,胡适著《中国禅学之变迁》,熊十力著《新唯识论》、黄忏华著《佛学概论》、蒋维乔著《中国佛教史》、丁福保编《佛学大辞典》等等,都有很高的学术价值。

佛教徒还积极参与抗日救亡运动,号召全国僧民奋起抵抗。弘一法师广泛宣传"念佛不忘救国,救国不忘念佛"。

民国祚短,军阀混乱,日寇入侵,国共战争,致使佛教艺术没有什么特色和发展。但是,民国颇出了几位极著名的佛门书画家,如弘一、苏曼殊、谈月色等。

大休 (1870—1932)四川人。江苏苏州寒山寺住持。琴书诗画,靡不兼长,有高名于大江南北。工山水,用笔超逸荒寒,不殊石涛、八大,而奇险过之;画石

图51

尤为独立奇诡恣肆，得未曾有。（见图51）亦能治印。寂前，以名刺分送文友，并附诗缕述圆寂事。《枫园画友录》、《近现代金石书画家润例》有载。

大悲 号大雄山主。湖北人。毕业于湖北武昌中华大学政治经济系，旋从政，复皈依佛门成居士。民国十二年（1923）冬，于江苏镇江福兴堂出家为僧。二十五年主浙江宁波天童寺、又主北京广教寺、上海海潮寺、浙江杭州灵隐寺。精究佛典，亦工书画，尤擅墨荷。王震（1867—1938）颇推重。《墨海潮》、《近现代金石书画家润例》有载。

大智 上海人。工画善书。书善行楷、篆隶，尤善榜书。尝在1931年4月22日上海《申报》上刊登《鬻书赠画助佛学会》润例。亦工诗文。《申报》、《近现代金石书画家润例》有载。

太虚 （1889—1947）俗姓吕，本名淦森，法名唯心，别名悲华。浙江崇德（今浙江桐乡）人。出身贫寒，幼丧父母，由外祖母周氏抚养长大。光绪三十年（1904）于江苏苏州平望小九华寺拜士达为师，披剃出家。旋至江苏镇江玉皇殿祖师奘年处礼拜，奘年赐法名太虚。同年随士达到浙江宁波天童寺，在敬安处受具足戒。宣统元年（1909）随寄禅参加江苏省僧教育会，并于江苏南京金陵刻经处岁杨文会学佛经。三年主广东广州白云山双溪寺，组织僧教育会，始讲《佛教略史》。因参加革命党人朱执信等秘密活动，作诗凭吊黄花岗之役，不容于清廷，遂离粤至沪。翌年与同门仁山等在南京创立中国佛教协进总会，后并入中华佛教总会，被推举为会刊《佛教月报》的总编辑。是年在上海举行的寄禅追悼会上，太虚推出教理、教制、教产三大革命口号，并撰文宣传佛教改革，建立新僧伽制。民国六年去台湾弘法，并漫游日本，考察佛教。七年和蒋作宾、章炳麟、张謇、王一亭等联袂发起，在上海组织觉社，同时出版《觉社丛刊》。后来觉社搬到杭州，《觉社丛刊》改名《海潮音》。翌年至京讲《维摩》、《起信》。十一年在湖北创武昌佛学院，十三年于江西庐山开世界佛教代表大会，日本、欧美及东南亚各国均有佛教代表与会。十四年礼山西五台山，又赴北京、宁波等地讲经，旋率中国佛教代表团赴日本出席"东亚佛教大会"，在日本演讲中国佛学。十五年于南京创中国佛学会，秋天游英、法、德、比、美诸国，在法国巴黎筹组世界佛学苑。太虚是中国僧人出行欧美，传播佛学的第一人。十八年回国，先在南京成立世界佛学苑总苑，世界佛学苑图书馆，接着又把北京教理院立为世界佛学苑英文系。又遣学僧分赴藏、印度、锡兰（今斯里兰卡）等地研藏、梵、巴利等文，促进世界佛化新运动。旋主浙江奉化雪窦寺，分赴鄂、蜀、闽、陕、苏、浙、赣、粤、黔、滇等地讲学并著述，抗日战争（1937—1945）期间，组织青年护国团、僧侣救护队及中国宗教徒联谊会。抗战胜利后任中国佛教整理委员会常委，在镇江焦山筹设会务人员训练班。1946年元旦受国民政府的宗教领袖勋章。在佛教各宗中，太虚精研法相唯识之宗，主张把唯识思想推广到现实社会中去。能书法，青年时即勤练书法不辍，早年从临唐、宋名家法帖入手，汲古化己，自成一格。尤善行书，奔放飘逸，如行云流水，迥出尘俗。（见图52-1、图52-2）门人辑有《太虚大师行书》刊世。《宁波市志》、《中国佛教人名大辞典》、《古今100高僧》有载。

反白 （1887—1972）河南开封人。俗姓李，名子厚，号师古山人、一念居士，法号心慧。因家贫以书牍生涯了却前半生。民国二十五年（1936）削发受戒于北京广济寺。后任河南郑州佛学社修持。擅诗文，工书画。1959年加入开封市政协书画组。作品有《西施浣纱》、《昭君出塞》等。《中国美术年鉴1949—1989》有载。

图 52－1

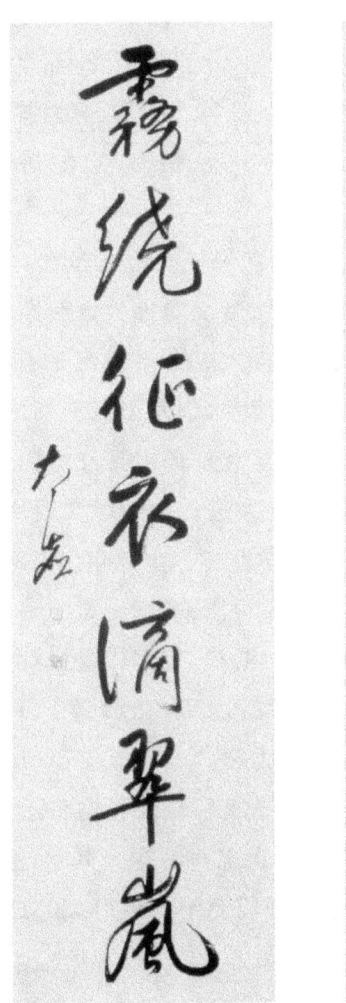

图 52－2

六净和尚 里籍无考。法号越尘。云游上海。工画,擅山水、人物。《申报》1929年1月6日刊登过其《润例》。《近现代金石书画家润例》有载。

六指头陀 里籍无考。法号寄禅。海角天涯,云游不知所止。禅暇寄情翰墨,擅山水人物,尝在1929年1月6日上海《申报》上刊登鬻润例。《申报》、《近现代金石画家润例》有载。

石明 浙江人。工画山水,吴徵(1878—1949)颇为推重,尝在1929年6月24日上海《申报》上为其订《山水润例》。《申报》、《近现代金石书画家润例》有载。

石侯头陀 湖南人。以旧家子遁入佛门。善画能诗,尝西入蜀,南游粤,东揽吴越山水之胜,所至必图之,或赋之以诗。山水设境既奇,而笔墨雅厚,所谓世外人别有会心耶。亦擅佛像。吴昌硕、曾熙、王震、于右任等为其同启润例,刊登在1928年4月2日上海《申报》和1930年9月《墨海潮》创刊号之上。《墨海潮》、《近现代金石书画家润例》有载。

印光 (1861—1940)俗姓赵,名绍伊,字子任。法名圣量,别号常惭愧僧。陕西郃阳(今合阳)人。幼年受韩、欧影响,一度反对佛教。后渐觉其非,改信佛教。15岁后,身体不好,一直卧病,在静养中忽然感到佛的伟大。光绪五年(1881)于陕西先终南山五台莲花洞拜道纯为师,削发出家。第二年在陕西兴安县双溪寺印海律师座下受具足戒。后北上至北京怀柔县红螺山资福寺,在念佛堂一心念佛,攻习净土教义,一住三年,净业大进。为继承江西庐山东林寺慧远创导的净土法门,印光还自号继庐行者,以承其志。十九年(1893)至浙江普陀山法雨寺阅藏,钻研佛理,并开讲《阿弥陀经要解便蒙钞》。又应谛闲邀请,协助浙江温州头陀寺请来《大藏经》。曾往来江苏、浙江、上海讲经说法,撰弘扬净土文章。民国元年(1912)起,有高鹤年、徐蔚如将其文章、信稿刊于《佛学丛报》,并辑成《印光法师信稿》、《印光法师文钞》,名声大振。民国七年(1918)至上海,住太平寺,继续在刊物上发表弘扬净土的文章,净土宗自此传遍沪上。此后,印光多次至沪。文印经书,泛结佛缘,教化弟子,由此名声愈振。其间,上海世界佛教居士林在印光的倡导下组织莲社,提倡念佛法门。十九年(1930)迁江苏苏州报国寺,闭关撰述大量弘传净土文章,完成《四大名寺志》的修辑。二十五年(1936)"九·一八"事变后,东三省沦陷,当时圆瑛任中国佛教协会会长,在沪启建护国

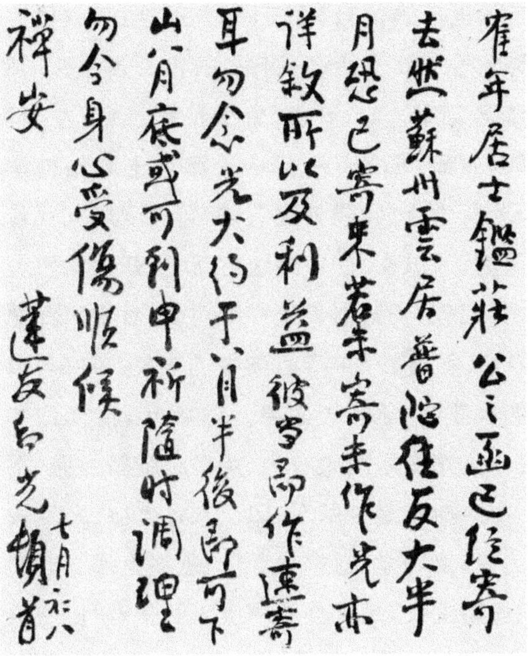

息灾法会,请印光出关说法,印光以76岁高龄,每天在沪开示两个小时,护国利生,不遗余力。1937年冬,苏州沦陷,印光避居山上,继续弘扬净土,并把灵岩山建为专修净土的大道场。寂后被后人尊称为我国净土宗的第十三祖。一生主张儒佛融会,认为"儒佛二教,合之则美,离之则双伤"。提倡佛法不离世间。生平不做寺院住持,生活节俭,严于律己。能书法,尤善行楷,(见图53)亦偶写墨竹。著有《净土决疑论》、《宗教不宜混淆论》、《印光法师嘉言录》等。《古今100高僧》、《中国佛教人名大辞典》有载。

图53

弘一 (1880—1942)祖籍浙江平湖,世居天津,遂为津人。俗姓李,幼名成蹊,一名广侯,字叔同,亦作漱筒、瘦桐、舒统、庶同、俗同,别号惜霜。入天津县学时,名文涛。弱冠奉母至沪,入南洋公学及赴浙江乡试,改为广平。鬻书时,称醸纨阁主。26岁丧母后,改为哀,字哀公。留学日本东京美术学校时,初名哀,继名岸。创立话剧团体"春柳社"时,艺名息霜,报刊署名作惜霜。归国后,任上海《太平洋报画刊》编辑,正称李叔同,后加入文学革命团体"南社",又名凡。任教杭州浙江省立第一师范学校时,名息,字息翁。民国五年(1916)试验断食后,改名欣,号欣欣道人;旋又名婴,字微阳,号黄昏老人。落发出家后,法名演音,号弘一,别署甚多,常可考者,有近二百个,兹仅取如下:昙昉、僧胤、弘裔、论月、月臂、一音、一相、一月、大慈、不著、月音、如空、智入、无住、胜力、晚晴、悲愿、离垢等等,常署别号有:李庐主人、醸纨阁主、黄昏老人、摩颐行者、晚晴老人、蒼葡老人、南社旧侣、淡宁道人、晨晖老人、尊胜老人、二一老人、无著道人、婆心庵主、贤瓶道人等。在家之时以李叔同之名,出家之后以弘一之法号为世所通称。5岁丧父，7岁从仲兄文熙受启蒙教育，日课《玉历钞传》、《百孝图》、《返性篇》、《格言联璧》等，又攻《文选》，琅琅成诵，人多异之。10岁始读《四书》、《古文观止》。13岁读《尔雅》，并学《说文解字》，开始临摹篆书。15岁读《史汉精华录》、《左传》等，致力篆书的同时，亦练小楷，常摹刘石庵（墉）。17岁从天津名士赵幼梅学词，从唐敬岩（一作静岩）学篆隶及篆刻，所学皆"骎骎日进"。期间喜读唐五代诗词，尤爱王维诗，并习八股文。"文理清秀，人咸奇之"。亦致力新学，开始学习英文，然因其父为清末进士，欲继承光大其门楣，仍甚热衷于科举功名，对山西浑源县恒麓书院教谕（思齐）《临别赠言》传本，手自抄写，奉为读书圭臬。18岁与俞氏结婚。同年以童生资格应天津县儒学考试，学名李文涛。1898年（清光绪二十四年戊戌），仍入天津县学应试。是年光绪帝采纳康有为、梁启超维新主张，下诏定国是。弘一极赞同变法，曾自刻"南海康君是吾师"一印。八月，戊戌政变失败，康梁亡命海外。京津之士有传其为康、梁同党，遂携眷奉母，避祸上海。时袁希濂、许幻园等假许氏城南草堂，组织城南文社，每月会课一次。弘一本"以文会友"之义，初次入社，诗赋小课《拟宋玉小言赋》，写作俱佳，名列第一，自是才华初露。次年与江湾蔡小香、宝山袁希濂、江阴张小楼、华亭许幻园结金兰之谊，称"天涯五友"。时慨国事，偶游风月，尝以诗词赠名妓雁影女史朱慧百，朱画扇为赠，并和其原作。诗妓李苹香亦有诗书扇为赠请正。1901年，入南洋公学，从蔡元培受业，同学者有黄炎培、邵力子等名流。因学生不满学校当局压制，发生罢课风潮，结果闹成全体退学，先后仅读二年。1905年母亲去世，扶柩乘轮回津，首倡丧礼改革，以开追悼会，尽除繁文缛节，提倡行鞠躬礼以移风易俗，当时天津《大公报》称"李叔同君广平，为新世界之杰士"。丧礼完毕，于8月份东渡日本留学，临行填《金缕曲》一阕，留别祖国。在日本，为留日学生高天梅主编的《醒狮》杂志撰写《国画修得法》与《水彩画法说略》。以个人之力，创刊《音乐小杂志》，在日本出版，寄回国内发行，视为"我国最早的音乐刊物"。是年冬，在东京曾作水彩画《山茶花》一幅，自题一词，为现存水彩画遗作之一。次年秋，考入东京美术学校油画科，不久，东京《国民新闻》记者特殊采访，其访问记题为《清国人志于洋画》，并登有弘一西装全身照片与速写画稿一幅。一般以为弘一为留学该校第一人。除了学习油画，又在校外从上真行勇学习音乐喜剧。冬，与同学友人创立春柳社演艺部。1907年2月，国内徐淮告灾，春柳社首演巴黎《茶花女遗事》，集资赈灾,日人惊为创举,啧啧称道,新闻多为谀词,洪深誉为"中国戏剧革命先锋队"。弘一男扮女装出演茶花女。松居松翁有赞:"中国的俳优,使我佩服的,便是李叔同君。"次年宣布退出剧社,专心致力绘画和音乐。1911年3月,在东京美术学校毕业。归国至天津,任直隶模范工业学堂图画教员。次年春自津至沪,初任教城东女学。旋入南社,并为《南社通讯录》设计图案及题签。又主编《太平洋报画报》,在画报上编辑刊登苏曼殊的著名小说《断鸿零雁记》。秋天,应旧友经亨颐之聘赴杭,任杭州浙江两级师范学校(越年后改为省立第一师范学校)图画音乐教员。同事著名者有姜丹书、夏丏尊、马叙伦等,学生著名者有丰子恺、刘质平、潘天寿、曹聚仁等。1913年夏,集师生诸作,编为《白阳》杂志,全部中英文,俱由弘一书写石印,浙江一师校友会出版。封面设计、刊名题字均为弘一,其封面设计图案,至为美观,是为中国杂志封面图案画的滥觞。有次与夏丏尊在西湖中的湖心亭吃茶时说:"像我们这种人出家做和尚倒是很好的!"这是他之后出家的一个远因。次年在任教之余,集合友生组织"乐石社",从事金石研究。1915年,又应南京高等师范学校校长江谦(易园)之聘,兼任该校图画音乐教师。是年作词颇多,著名者如《早秋》、《悲秋》、《送别》、《忆儿时》、《月夜》、《秋夜》等。次年冬,入杭州虎跑大慈山定慧寺断食二十余日,手书"灵化"二字,加跋语赠学生朱稣典。在断食期间,以写字为常课,所写有魏碑、篆书、隶书等,笔力毫未减弱。断食后下决心出家。1917年宣布辞职,是年岁暮,未回家,而在虎跑过年。次年皈依虎跑退居老和尚了悟为在家弟子,取名演音,号弘一。七月十三日,披剃于杭州虎跑寺。剃度之翌日,夏丏尊走访于虎跑,弘一写《楞严经》一节赠之,以为纪念。九月至灵隐寺受戒。1919年春居杭州玉泉寺。冬,在玉泉寺与程中和(即后之弘伞法师)结期修净业,共燃臂香,依天亲菩萨《菩提十论》发十大正愿。次年春,仍居杭州玉泉寺。四月初八日,手书《无常经》以资冥福。六月,赴新城贝山掩关。在贝山时,以假得《弘教律藏》三峡,将掩室山中,专研戒律。仅在贝山月余,以事缘未具,不能久居;中秋后即移居衢州莲花寺,在该寺校定《菩萨戒本》,并为题记。1921年春,至温州居庆福寺,俗称城下寮。入寺未久,拟即掩关,从事律学著述,与寺中约法三章,谢绝诸缘,初习四分律部,冀正法之重兴。六月,《四分律比丘戒相表记》初稿始讫。八月二十七日,辑《根本说一切有部毗奈耶犯相摘记》。次年岁朝,仍居温州城下寮,以依律须奉寺主为仰止师,遂尊寂山长老为仰止阿阇梨。寂公逊谢,弘一仍恳请,遂终身以师礼事寂山长老。1923年4月,居上海太平寺亲近印光法师。是年与印光法师通信颇多,印光劝他关中用功,当以不二为主,不可以妄躁心先求感通。心未一而切求感通,乃是修道第一大障。次年,恳求列为印光法师弟子。5月往普陀山参礼印光法师于法雨寺。观察印光一切生活情况,至为景仰。8月手书《四分律比丘戒相表记》脱稿影印,是时并立《遗嘱》由弟子刘质平保存。回温州后,续撰《根本说一切有部毗奈耶自行钞》,又辑《学根本说一切有部律入门次第记》。1926年,在沪应请至闸北世界佛教居士林,开示《在家律要》。又至庐山参加金光明法会,居牯岭大林寺,后移五老峰青莲寺。10月中旬回杭州。次年春闭关杭州云居山常寂光寺。时北伐初成,杭州政局唱灭佛之议,且有驱僧之说。弘一倩居士堵申甫转邀青年主政之剧烈排佛者若干人,往寺会谈。先备劝诫墨妙若干纸,人赠一纸,来议事者未足预约之数,而纸数适符,若有前知。各自默视其字幅,静默不言,中有甚至渐汗溢于面部者,弘一亦终席不发一言,因此灭佛之议遂寝。1928年秋,自温州至沪,与丰子恺、李圆净商议《护生画集》编辑工作。由丰子恺制画,弘一为之书,圆净撰集,三人合力夙同誓愿。次年正月至厦门南普陀寺,居闽南佛学院约三个月。秋末为太虚法师所撰《三宝歌》作曲。1930年,致力《华严》之研究,并缀成《华严集联三百》由上海开明书店出版。次年5月,白湖金仙寺主亦幻法师发起创办南山律学院,请弘一主持弘律,遂于5月移居慈溪五磊寺。允任课三年,后因与寺主意见未洽,飘然离去。居五磊寺时,撰成《南山律苑杂录·征辨学律义》八则。9月,在白湖金仙寺撰《清凉歌集》。1932年6月5日,为其先父百二十龄诞辰,在龙山敬书《佛说阿弥陀经》十六大幅,以为回向。又大写佛号偈句结缘。12月,在南普陀寺参加太虚法师主持的常惺法师受请住持典礼欢迎会。腊月在妙释寺念佛会讲《人生之最后》。时学律道侣性常、瑞今、广洽时来请益,遂于妙释寺度岁。次年秋,讲律闽南时,在潘山路旁,发现"唐学士韩偓墓道",登临展谒,至为惊喜。弘一佩服韩偓的忠烈,遂嘱高文显编著《韩偓评传》,自撰《香奁集辨伪》一章,可见其文学意趣仍未丧失。次年又请其天津俗侄李晋章刻印数方:亡言、吉目、胜音、无畏、大慈、音、弘一等。1936年正月,南闽佛教养正院开院,为讲《青年佛徒应注意的四项》。次年4月,到青岛湛山寺,为讲《律学大意》与《随机羯磨》。1939年,弘一六十寿诞,弟子广洽法师特请徐悲鸿为绘半身油画像一幅，以为六十纪念。澳门《觉音》月刊、上海《佛学半月刊》等佛教刊物，均出《弘一法师六轶纪念专刊》祝贺。次年春，仍在永春蓬壶普济寺闭关。时有衰病，谢绝访问，外间遂传其圆寂。仲秋为《王梦惺文稿》题词："士应文艺以人传，不应人以文艺传。"1941年冬，泉州大开元寺结七念佛，时值抗战期间，弘一为书"念佛不忘救国，救国必须念佛"警语，并加题记："佛者觉也。觉了真理，乃能誓舍身命，牺牲一切，勇猛精进，救护国家。是故救国必须念佛。"1942年8月23日，渐示微疾，犹为晋江中学学生写中堂百余幅。28日下午，自写遗嘱于信封上。九月初一日书"悲欣交集"四字与侍者妙莲，是为最后的绝笔。九月初四（即阳历10月13日）午后八时，安详圆寂于福建泉州不二祠温陵养老院晚晴室。火化时有舍利数百粒，一部分供奉于虎跑弘一法师塔中。《遗嘱》共三纸。一、嘱临终一切事务，皆由妙莲师负责，他人不得干预；二、细嘱临终助念及焚化等作法；三、嘱温陵养老院应优遇老人，并提具体意见。并将《遗书》附录"遗偈"二首，分别致夏丏尊及刘质平告别。偈云："君子之交，其淡如水。执象而求，咫尺千里。"又一偈云："问余何适，廓尔亡言。花枝春满，天心月圆。"诸艺中，最擅书法，书法学六朝写经，醇朴自然。又工诗文，词赋、篆刻、绘画、音乐、戏剧等。（见图54-1、图54-2、图54-3）叶圣陶评其书法："我不懂书法，然而极喜欢他的字。若问我他的字为什么教我喜欢，我只能直觉地回答，因为它蕴藉有味。就全幅看，许多字是互相亲和的，好比一堂谦恭温良的君子人，不亢不卑，和颜悦色，在那里从容论道。就一个字看，疏处不嫌其疏，密处不嫌其密，只觉得每一画都落在最适当的位置，移动一丝一毫不得。再就一笔一画看，无不教人起充实之感，立体之感。有时有点像小孩子所写的那么天真，但一边是原始的，一边是纯熟的，这分别又显然可见。总括以上这些，就是所谓蕴藉。毫不矜才使气，意境含蓄在笔墨之外，所以越看越有味。"弘一法师被定为我国历史上十八高僧之一，又被称为重兴

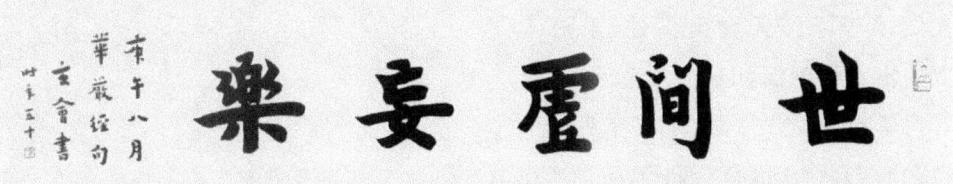

图54-1

南山律宗的第十一代祖师,1943年杭州虎跑公园建成李叔同纪念馆。著有《四分律比丘戒相表记》、《四分律含注戒本讲义》、《戒本羯磨随讲别录》、《在家律要》、《南山道祖略谱》,音乐作品有《李叔同所作歌曲》、《中文名歌五十曲》、《清凉歌》。书法集有《华联集联三百》等多种。《广印人传》、《古今100高僧》、《中国佛教人名大辞典》、《中国美术家人名辞典》有载。

机修 (1929—?)广东顺德人。生于澳门。自幼礼普济禅院慧因为师,并继慧因为住持。抗日战争(1937—1945)随其师慧因讨教于避居普济禅院的高剑父大师,耳濡目染,画事丕进。禅余习画自娱,尤以果蔬驰名。《岭南画派》有载。

华山 (1870—1918)字云泉。俗姓陈。浙江乐清人。12岁于乐清静济寺出家。受具足戒后游历讲习,能依所见所闻之义当众讲演,为众所敬。后闭关于静济寺,又结茅于浙江天台山深处,至30岁始出。尝于浙江成立僧教育会,开僧学风光之先。光绪三十四年(1908)与太虚和尚会晤于浙江慈溪西方寺。为之介绍梁启超、章太

图54-2

炎、邹容等人之书，对太虚佛教改革思想多有影响。嗜文学，工诗善画。著有《卍云诗稿》一卷。《新续高僧传》、《中国佛教人名大辞典》有载。

志圆 浙江人。寓上海报本堂下院。工书画，尤善写梅，亦擅兰、竹、荷、菊。吴昌硕、王震、程德全等名人同为其订《写梅润格》刊于1925年7月5日上海《申报》之上。《申报》、《近现代金石书画家润例》有载。

来果 （1881—1953）俗姓刘，名永理，字福庭，法名妙树，号静如。湖北黄冈人。自幼茹素，15岁从大智参禅。1905年投南京宝华山祝发。因不耐其他僧人的折磨而逃匿江干。后至镇江金山寺参禅，苦修十年得悟。旋赴终南山结茅潜修十年。接着去福建雪峰，掩生死关。1928年到扬州高旻寺，得法于月朗。誓言"生为高旻人，死为高旻鬼"。遂续任住持。从此整顿寺院，严行戒律，革除积弊，恢

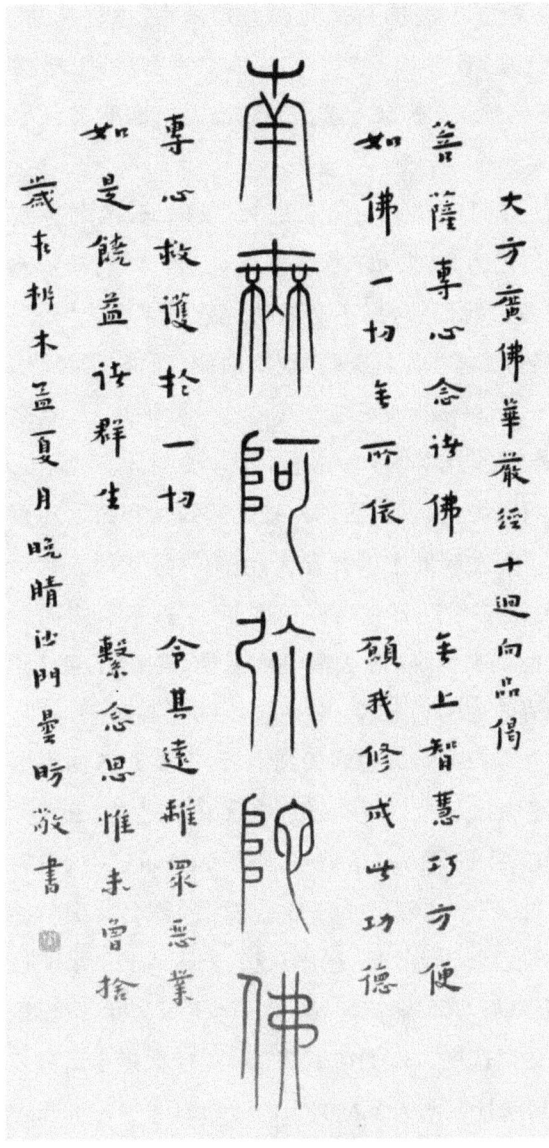

图 54-3

复旧制。三年使高旻寺初具规模，唯宝塔未及全部竣工。1950年移居上海崇福会，开辟茅蓬建净七道场，称盛一时。书擅行楷，有颜鲁公笔趣。有《来果禅师语录》、《自行录》、《开示录》。《中国佛教人名大辞典》有载。

岐昌 字水月。俗姓钱。浙江宁波僧人。幼剃度于永丰庵，及长先后住持

永丰庵、宁波天童寺、七塔寺等,并为建立宁波佛教孤儿院奔走出力,德行高洁,为僧众所推重。敬安曾云:"甬上(宁波)真和尚,岐昌一人而。"善书法,工整清劲,诗亦清正,一时有才僧之誉,然洒然远俗,不为名累。《鄞县志》、《四明书画家传》有载。

陈去病 (1874—1933)江苏吴江县同里镇人。原名庆林,字佩忍,改名去病(以汉代名将霍去病名言"匈奴未灭,何以为家"自勉),又字巢南(据古诗"胡马依北风,越鸟巢南枝"改字,他解释云:"南者对北而言,寓不向满清之意。"定字为"南",正是为了表达他反清的主旨),别署名号颇多,有名庆麟、别字伯儒,汲楼、拜汲、病倩、汲瘦,别署和笔名有大哀、天放、无名、东阳令史子孙、百如、老纳、陈季子、巢南子、病禅、醒师等,室名百尺楼、浩歌楼、崇文馆等。7岁入塾,22岁中秀才。光绪二十四年(1898)在同里组织雪耻学会,响应维新运动,活动一直延续到义和团运动兴起之后。二十八年(1902),参加蔡元培等发起的中国教育会,组织同里支部。次年新春,怀着"桑弧蓬矢,志在四方"的豪迈之情赴日本考察。同年4月,东京中国留学生为反对沙俄侵略东北三省,成立拒俄义勇队,陈去病签名入队,并在《江苏》刊物上发表《革命其可免乎》一文,批判清政府对外投降、对内镇压的反动政策,呼吁人们投身革命,推翻满清政府。二十九年(1903)陈去病回到上海,在蔡元培的爱国女学任教。次年春在周庄镇创办东江国民学校,6月下旬,应蔡元培之邀,出任上海《警钟日报》主笔。三十一年(1905)3月25日,报馆被封,陈去病被迫还乡,先后任教于苏州江苏女学和镇江承志中学。三十二年(1906)加入中国同盟会。次年春到上海主持国学保存会,编辑《国粹学报》,8月15日,邀集吴梅、刘三、冯沼清等11人组织神交社。三十四年(1908)在上海与刘师培、高旭、柳亚子等组织文社,次年积极筹组南社,10月28日发表《南社诗文词选序》,11月6日发表《南社雅集小启》,公开宣布召开成立会的日期和地点,9日,南社在明末复社文人的活动旧地——苏州虎丘召开成立会。会上决定出版《南社丛刻》,陈去病当选为文选编辑员。

清宣统二年(1910)春,陈去病到杭州任教于浙江高等学堂,次年6月离杭返乡,创办《苏报》。11月6日,苏州独立,陈去病应江苏都督程德全之邀,创办《大汉报》,反对和袁世凯妥协,主张北伐。

民国元年(1912)一月,陈去病至绍兴任鲁迅等越社同人创办的《越铎日报》总编辑。6月改任杭州《平民日报》总编辑,并在该报设立南社通讯处。次年7

月,"二次革命"爆发,黄兴在南京发难讨袁,陈去病出任江苏讨袁军秘书,为之起草檄文。不久,讨袁军失败,回乡隐居。五年(1916)护国运动爆发,陈去病在苏州策动军警响应,事泄,陈去病将檄文、旗帜藏在身上,在军警包围中从容脱走。七年(1918),陈去病随孙中山赴广州"护法",先后担任非常国会秘书长、参议院秘书长等职。护法运动失败返里,筑浩歌堂,吟咏其中。十年(1921)再赴广东,任大本营前敌宣传主任。6月,陈炯明叛变,陈去病离开广州到南京任南京大学讲师。十三年(1924)任国民党江苏临时省党部委员。后曾任江苏省文物保管委员会苏州分会主任、江苏革命博物馆馆长等。二十年(1931)以"年老多病"为由辞去各种职务,居家静养。二十二年(1933)因愤懑日寇侵略东三省和淞沪战争爆发,在苏州报恩寺祝发,旋受比丘戒。同年10月4日圆寂,葬于虎丘。

陈去病工诗文词,善书法,多著述。书擅行书,意态在褚遂良和苏东坡之间,随意挥洒,朴质而不拘系,洒脱而不失法度。在笔画劲利、结体端凝之中。透发出英爽之气。笔画之中处处充盈着清逸、俊爽、洒落的士气。(见图55)著名学者洪丕谟先生称誉陈去病的书法:"笔力健举,构架旷逸。"著有《巢南文集》、《浩歌堂诗续钞》、《五石脂》、《陈去病诗文集》等。《中国近现代人物名号大辞典》、《南社人物传》、《南社名家书画鉴赏》有载。

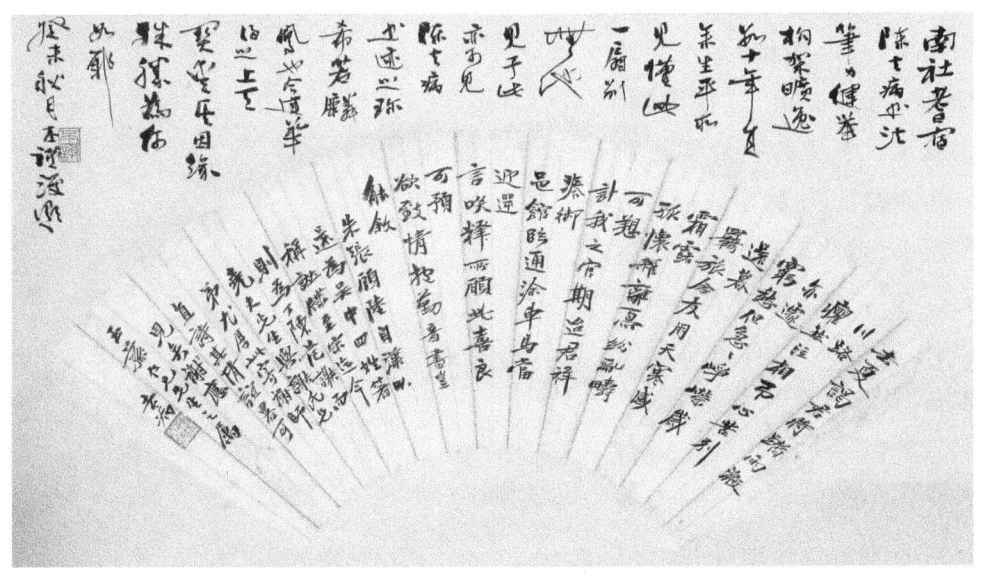

图55

妙道 （1872—1956）原名庄闲，字繁诗，一作綮诗。法名妙道。江苏武进（今江苏常州）人。蕴宽妹。幼失怙，聪颖好学。书法习北碑，家学渊源。长适陆稼轩，全家信佛。其十一岁时画观音像，极幽秀之致。早年曾与其妹曜孚在本邑合办书画展，有名于时。清宣统末年（1910）参加南洋第一次农工劝业书法比赛，获金牌。同年在上海《申报》上刊出《庄綮诗女士写字助赈》润例，云：

> 武进庄綮诗女士名闲，书法汉魏，深得包安吴及阳湖婉绷姊妹之传。其夫婿陆稼轩，精医术，悬壶海上，活人无算，女士从游，悯皖省水灾甚重，愿以写字笔资助急赈千元。慈善诸公欲得女士真迹者，当乐于赞助也。

十年后，庄闲又有写字助赈义举，此乃佛教救婴会启，仍是刊在上海《申报》之上。曾任常州女子师范书法教员，民国二十三年（1934）上海成立女子画会，庄闲为会员。晚年祝发出家，一心向佛，并多画佛像。（见图56）有"庄闲画佛"朱文印。曾受聘上海文史研究馆为馆员（不知出家前后）。有所书《莲华经》四册出版发行。《中国书法鉴赏大辞典》、《民国书法史》、《民国书画家汇传》有载。

若瓢 （1902—1976）俗姓林，名永春，别号昔凡。浙江黄岩人。曾任浙江杭州西湖净慈寺知客。期间与名画

图56

家唐云交往密切,从唐云学画兰竹。不持佛戒,尝云:"我不想成佛,只想成为画家,难怪巨赞说我凡心未净。"唐云对当年在净慈寺与若瓢的交往赋有《怀若瓢》诗,云:"苍水祠边负手行,一秋十日往南屏。寺僧与我都漂泊,剩有湖山入梦青。"若瓢后居上海吉祥寺,任住持。寺中常邀请沪上著名书画家进行笔会。为江南著名画僧,擅画兰竹,师法明代文徵明、夏昶,用笔沉着稳健,法度严谨,气息清旷。(见图57-1、图57-2)1961年被聘为上海文史馆馆员。《海上绘画全集》、《唐云传》、《中国近现代人物名号大辞典》有载。

图57-1

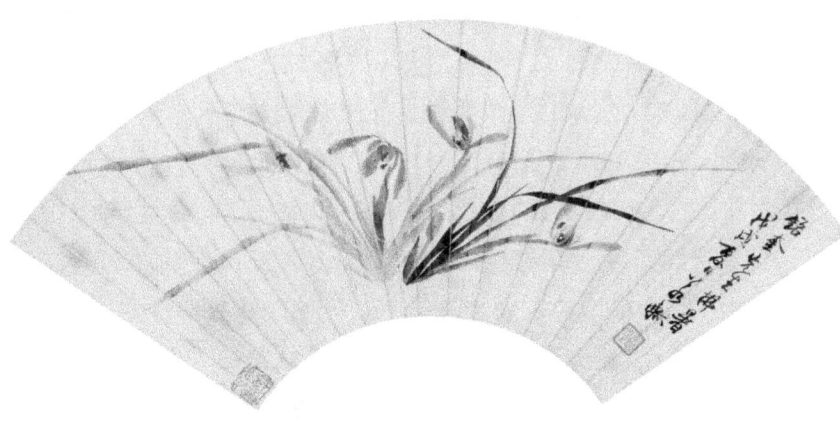

图57-2

卓梵 字破斋。俗姓李。浙江奉化人。幼年削发。民国八年(1919)时任浙江鄞县(今浙江宁波鄞州)金峨寺方丈。翌年新建大悲阁,由孙锵作记。十五年

(1926)修建天王殿及两厢殿亭。二十三年修《金峨寺志》。能诗，工书法。《横溪文化大观》第二卷、《四明书画家传》有载。

明旸 （1916—2002）俗姓陈，名心涛，号俊豪。福建福州人。幼聪慧，4岁启蒙教育，5岁入私塾求学，6岁到西峰小学读书，民国十五年（1926）念完小学。是年圆瑛大和尚应邀到福州白塔寺讲经，明旸随母亲听经。一个月后讲经结束，圆瑛接任福州太湖雪峰寺方丈，明旸毅然随圆瑛住进了雪峰寺。旋礼圆瑛皈依佛门，赐法名日新，号明旸。次年明旸随圆瑛到上海赫德路（今常德路）中国佛教协会，后来又随师到浙江宁波七塔寺等地。十七年，圆瑛在宁波天童寺正式为只有12岁的明旸授三坛大戒。受戒后每天礼佛诵经，埋头研究教典，同时还勇猛精进地旁及儒学、历史、诗文、书法等领域。13岁上寺里讲坛宣讲佛经，至此，明旸成为圆瑛身边的一个小小的助教。二十二年明旸随圆瑛到上海弘法，住进顾居士捐献的一处房屋，就是后来闻名远近的圆明讲堂。抗日战争（1937—1945）期间，明旸帮助圆瑛号召全国佛教徒积极参加抗日救国运动。曾随师两次飘洋过海到新加坡、印尼、马来西亚、菲律宾等地呼吁组织各地"华侨筹款救国委员会"。1939年10月，明旸和其师在上海被日本宪兵带走，以"抗日分子"的罪名进行问罪，遭受长达一个月的严刑拷打和威逼诱供。始终不屈，日宪兵无奈，只好放他们师徒出来。抗战胜利，圆明讲堂创办了楞严专宗学院和上海圆明佛学院。明旸主持学院的教务工作。这期间，还随师数次去位于南海群岛的星洲、吉隆坡、槟榔屿等地讲经说法，普渡众生。1953年9月圆瑛圆寂，明旸主持圆明讲堂。弘法利生，不遗余力。1958年圆明讲堂一度关闭，弘法事业遭受打击。1966年"文革"期间，明旸无奈脱去僧服，穿上工作衣，先后干起了缝纫工，收发工，以及书抄、刻写、油印等工作。1979年后，佛教又沐恩泽，明旸重着僧服，荣任上海玉佛寺首席和尚。之后明旸出任全国政协常委，中国佛教协会副会长，上海市佛教协会名誉名长，北京广济寺、上海龙华寺、宁波天童寺、福州西禅寺、福建莆田寺方丈和上海圆明讲堂住持，中国佛学院灵岩山分院院长等。寂于上海，建塔宁波天童寺。禅余以笔墨作佛事，书法佛号偈语广化众生，书善行书，温醇朴厚，蕴含禅味。（见图58）著有《佛法概要》。上海圆明讲堂出版有《明旸法师》一书，赵朴初居士题签。《佛教生活风情》有载。

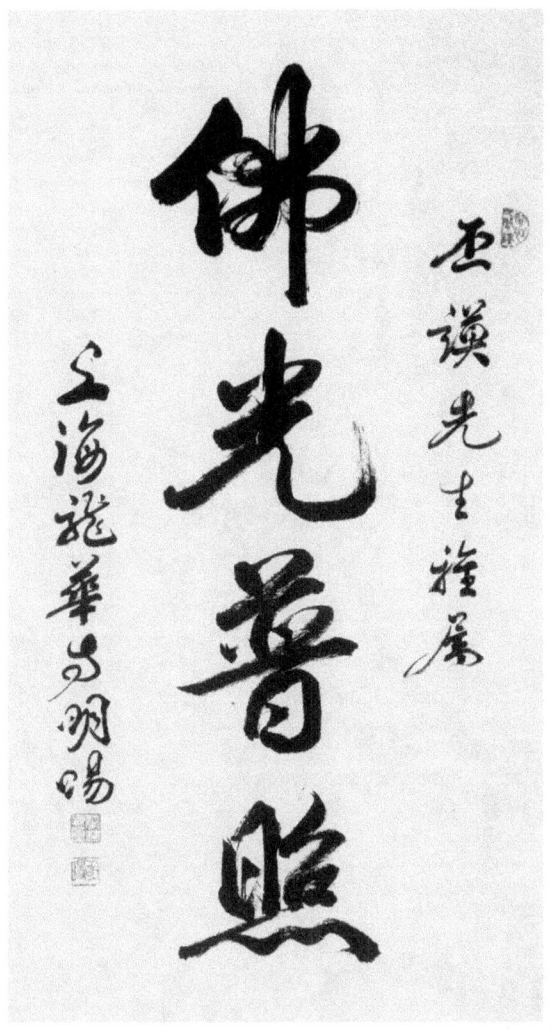

图58

明净 （？—1915后）字韵梅，号明净画禅。湖北襄阳（今襄樊人）。龙泉寺方丈。曾寓上海。工画梅，多玉骨冰肌之美。（见图59）《海上绘画全集》有载。

果如 （1854—1917）俗姓薛。浙江定海人。少入普济寺，读书练字绘画，以书法和画梅著名。年长，任普济寺主客。20岁时出外云游，求教佛学理论和书画技能。30岁时回浙江，任奉化雪窦寺方丈。光绪三十年（1906）封为国僧，升方丈。《二十世纪宁波书坛回顾》有载。

竺摩 （1913—2001）俗姓陈。浙江乐清人。为雁荡僧人。抗战（1937—1945）时期至澳门，挂单于竹林寺。善诗，能画，（见图60）与当地文化艺术界人士多有往来。拜高剑父为师学画，工人物。抗战胜利后又居雁荡。后弘法于马来西亚。

宗仰 （1865—1921）字中央，法名印楞，别号楞伽小隐，自署乌目山僧。江苏常熟人。俗姓黄。早年皈依常熟三峰寺药龛和尚出家。旋于镇江金山寺受具足戒，为隐儒和尚嗣法弟子。后遍游南北名山，参谒名宿。光绪二十五年（1899）赴沪，任中国教育会会长。成立爱国学社，主编《苏报》，鼓吹革命。同时广交朋友，和尚时聚集在沪的章太炎、蔡元培、吴敬恒、蒋维乔、邹容等学者名人，时相往还。光绪二十九年（1903）《苏报》案起，遭清廷通缉，乃避居日本。在横滨结识孙中山。当孙中山赴檀香山时，慨赠二百元以壮行。旋入同盟会，资助留日学生主

图 59

图 60

办的《江苏》杂志。宣统元年(1909),一度出任《商务日报》主编。这一年还接受柳亚子的邀请,加入南社。清亡(1911)不久,袁世凯侵吞革命成果,派人暗杀宋教仁,宗仰愤慨撰成《宋杀愤言》和《讨袁篇》。1914年讨袁失败,宗仰回到镇江金山江天寺,闭关息影,谢客读书,过了三年与世隔绝的生活。1918年,宗仰游匡庐(江西)、九华(安徽)、五台(山西)、雁荡(浙江)等山,后至栖霞(浙江),毅然挑起了重兴栖霞古寺的担子。在栖霞方丈任上,收回寺产,大兴土木。孙中山首助币万元,作为当年义助革命的回报。宗仰积劳成疾,一病不起。寂后章太炎为撰《栖霞寺印楞禅师塔铭》,后人奉他为栖霞寺中兴之祖。宗仰一生以禅宗而讲华严,主张教禅融合。习英、日、梵等文字,旁及诗、书、画等文艺。著有《上国父孙中山书》及部分诗稿。《中国佛教人名大辞典》、《古今 100 高僧》、《苏州民国艺文志》有载。

茗山 (1914—2001)俗姓钱,名延龄。江苏盐城人。自幼随母信佛,19 岁在家乡寺院祝发,20 岁到镇江焦山定慧寺受具足戒,当年秋天考入焦山佛学院,为开院第一届学僧。在佛学院三年毕业。1936 年至武昌考入太虚法师所设立的武昌世界佛学苑研究班深造。抗战(1937—1945)期间,茗山任过衡阳、耒阳、宁乡一带寺院住持。抗战胜利重返定慧寺,任监院,兼佛学院教务主任。1947 年当选中国佛教协会理事。1951 年任定慧寺第 98 代方丈。1982 年 6 月受中国佛教协会赵朴初会长委派,到南京栖霞寺筹办中国佛教协会栖霞山僧伽培训班。同年兼任栖霞山寺方丈。1983 年出任中国佛学院栖霞山分院第一副院长,主持日常工作。1989 年参加中国佛教协会赴美弘法团,到美国三藩市万佛城,参加三坛大戒法会。1993 年当选中国佛教协会副会长,1994 年当选江苏省佛教协会会长。茗山除佛学造诣高深,复精诗文,擅书法,书擅行楷,北碑的底子,甚有古雅之意。(见图 61)著有

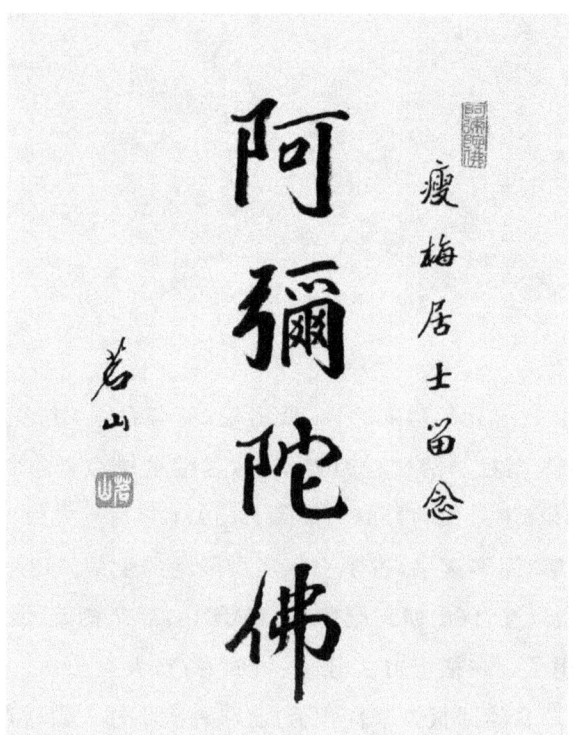

图 61

《茗山文集》，尚有《华严经普贤行愿品讲义》、《弥勒上生经讲义》等流通。

持松 （1894—1972）法名密林，密号入入金刚，自号师奘沙门。俗姓张。湖北荆门人。清宣统三年（1911）落发于荆州铁牛寺。民国元年（1912）入上海华严大学。次年于汉阳（今湖北武汉）归元寺受具足戒。后至湖北当阳玉泉寺谒祖印和尚叩天台大意。六年（1917）嗣法月霞，住持江苏常熟兴福寺。十一年东渡日本，入高野山依天德院金山穆韶学密宗，受古义真言宗中院一派传授，得五十一世阿阇梨位。回国后在浙江杭州菩提寺传法灌顶。十三年任湖北武昌洪山宝通寺住持，建法界宫、瑜祇堂，重建国内真言宗道场。次年秋赴日参加东亚佛教大会，被选为教义研究部理事。会后留日本考察日本佛教。旋住新潟县从权田雷斧受新义真言宗灌顶。十五年至比睿山延历寺学台密仪轨，又至高野山依金山穆韶受田三宝院安祥寺传授及口诀，兼习梵文文法。十六年或十七年回国，在上海讲经授法，后定居圣仙寺，专心著述。抗战期间，拒任日伪组织的佛教协会会长。二十五年第三次东渡日本。三十六年任上海静安寺住持兼佛教学院院长。1953年在寺内设真言宗坛场，复兴了我国自五代以来传失千载的密教。同年当选为中国佛教协会常务理事。1956年担任上海市佛教协会会长。为上海市人民代表。寂于沪，葬于江苏常熟虞山。学识渊博，通日文、梵文，善诗词，工书法。著有《密教通关》、《华严宗教义始末记》、《大日经住心品笺注》、《金刚顶大教王经疏》、《摄大乘论义记》等二十六种。真禅和尚编有《持松法师论著选集》。《中国佛教人名大辞典》、《中国近现代人物名号大辞典》有载。

真禅 （1916—1995）字妙悟，号昌悟，尊称真禅法师。俗姓王，名鹤树。江苏东台人。民国十年（1921）依东台净土庵净修和尚出家，二十年于江苏南京宝华山依德浩受具足戒。先后入东台三昧寺启慧佛学院、江苏镇江焦山定慧寺佛学院、镇江夹山竹林寺佛学院、江苏泰州兴孝佛学院、上海佛学院、上海圆明讲堂楞严专宗学院、南京中国华严速成师范学院等学习。三十四年至镇江竹林寺记莂，为守之、震华、窥谛法徒。先后亲近应慈、圆瑛、霭亭、智光、南亭、常惺、持松、震华等，常随应慈左右，得甚心印，为入室弟子。曾任江苏苏州狮林寺住持、镇江竹林佛学院院长。抗日战争（1937—1945）期间在苏北参加抗日僧侣救护队，并为东台县《民铎报》撰文针砭时弊。1951年秋由应慈推荐而进上海玉佛寺，历任信众部副主任、寺务处副主任及主任等职。1979年6月，被推选上海市佛教协会会长、上海玉佛寺住持。1983年秋任上海佛学院院长。先后到日本、印度、美国、加拿大、韩国、新加坡、中国香港等地参加宗教活动和弘法利生。1988年任上海静安古寺住持。1992年兼任河南开封大相国寺住持。1993年10当选中国佛教协会副会长。善书法，尤擅长楷书和行书。(见图62)楷书古厚温淳，有颜鲁公风貌。著有《般若波罗蜜多心经讲义》、《普贤行愿品讲义》、《试述菩提达摩的生平和禅法》、《惠能的禅之一，之二，之三》、《天竺纪行》、《玄奘法师传略》、《玉佛文集》、《禅藻集》等。《中国佛教人名大辞典》、《中国近现代人物名号大辞典》有载。

晓云 （1915—？）俗姓游，名云山。广东人。工书，擅画，早年从岭南派大家高剑父游，后负笈印度，游学欧美，考察彼邦文教艺术。创源泉出版社。游欧后始入释门为僧，宏扬六度般若。曾以《般若禅》和《禅画》论文提供国际

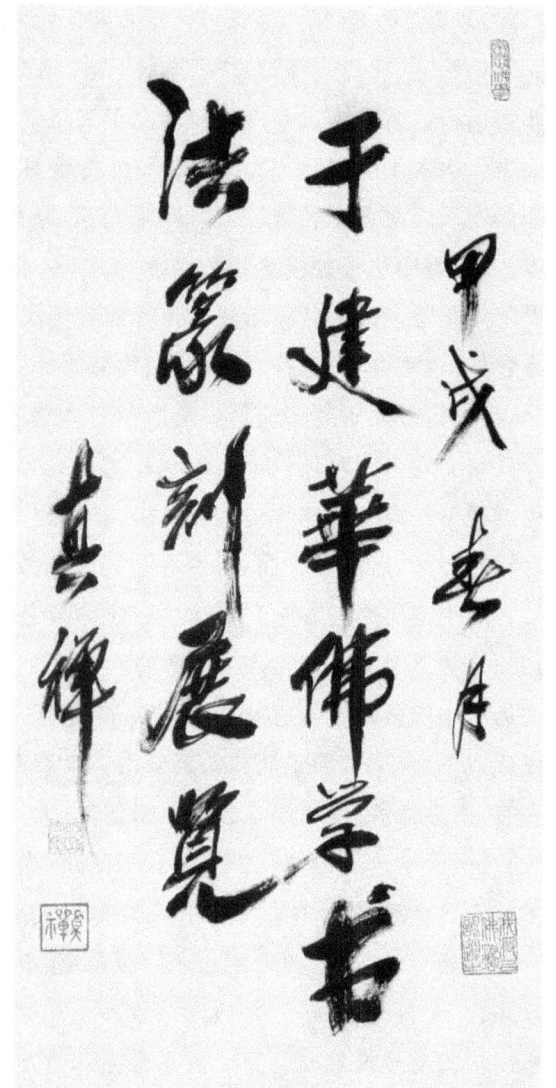

图62

画学会议，博得好评。曾任台湾台北中国文化学院哲学教授及艺术学系教授。《民国书画家汇传》有载。

圆瑛 （1878—1953）法名宏悟，字圆瑛（以字行），别号韬光，又号一吼堂主人。俗姓吴。福建古田人。幼父母亡故，在叔父指导下学习儒书。光绪二十二年（1896）于福建福州鼓山涌泉寺出家，礼福建莆田梅峰寺增西为师。翌年又依

涌泉寺妙莲和尚受具足戒。二十四年起,遍谒高僧冶开、敬安、通智、谛闲、祖印、慧明等,并精研《楞严》。三十四年首次讲经于福州涌泉寺,翌年办佛教讲习所于浙江宁波接待寺。民国三年(1914)任中华佛教总会参议长。曾讲经于大江南北及台湾香港,并至日本、朝鲜及南洋一带弘法。历任宁波七塔寺、天童寺,福州雪峰崇圣寺、鼓山涌泉寺、法海寺、林阳寺及南洋槟榔屿极乐寺等住持。民国六年任宁波佛教会会长。十三年重兴福建泉州开元寺。十八年与太虚等共创中国佛教会,连任七届会长。二十四年在上海延安西路创立圆明讲堂。抗日战争(1937—1945)期间在上海、汉口、宁波组织僧侣救护队,办难民收容所,并数次前往南洋各地募集经费,援助抗战,救济难民。1939年回到上海,被日本宪兵逮捕,严刑不屈,一心念佛,进行绝食抗议。宪兵无奈,只得释放。后在圆明讲堂闭户开始《楞严经讲义》的撰著。1945年办圆明楞严专宗学院,亲自主讲《楞严》。1952年代表全国佛教徒出度在北京召开的亚洲及太平洋区域和平会议。1953年被推举为中国佛教协会第一任会长。会后到宁波天童寺疗养,未几圆寂。一生主张台、贤并弘,禅、净双修。著述外,善书法,亦能诗。书学赵孟𫖯,笔力苍润,深得其妙。(见图63)著有《首楞严经讲义》、《大乘起信论讲义》、《圆觉经讲义》、《金刚经讲义》、《佛说阿弥陀经要解讲义》及《一吼堂诗集》、《一吼堂文集》等二十种,后合编为《圆瑛法汇》行世。《古今100高僧》、《中国佛教人名大辞典》、《中国近现代人物名号大辞典》有载。

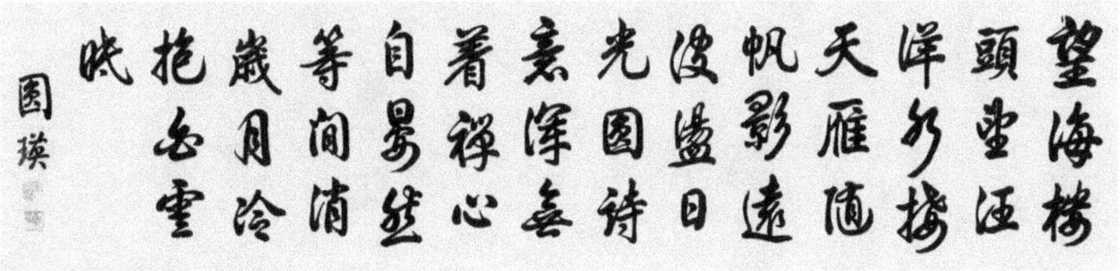

图63

铁禅 (1865—1947)俗姓刘,名梅秀(一作秀梅)。法号心镜,又号铁头陀。广东番禺(今广州)人。幼务农,后在乡塾习读,好书画。光绪十年(1884)入刘永福黑旗军,曾参加二京山之役。十二年解甲归田,并以书画辅助生计。二十年遁入广东广州六榕寺礼当家和尚削发出家,法名铁禅。未几任六榕寺住持。二十九年(1903),铁禅捐献寺产,为黄埔武备学堂毕业生赴日本留学经费。旋结识孙中山,开始倾向反清革命。又入南社。入民国(1911—1949),铁禅组织广东省佛教总会,任会长。1912年孙中山回广州,铁禅率广东佛教徒参加迎孙大会,孙中山赠予"平等自由博爱"和"阐扬佛教"匾。1938年广州被日寇攻陷,铁禅避居番禺、佛山等地。1940年6月,铁禅投靠日本人,并由日本人护送返回六榕寺,当上了"日伪和尚",并任日华佛教会会长。同年8月,铁禅随日僧东渡日本,谒见日本天皇,接受天皇裕仁赠授的《大正藏经》。在日本近半年,于年底回广州。1941年元月,在六榕寺召开国际佛教协会岭南支部成立大会,任岭南支部长。旋又举办平民义学、佛教演讲员演练所。1943年7月又赴日本,在东京参加大东亚佛教会议。回国后主持出版《佛教辑要》、并主编《华南新少年》刊物。1945年抗日战争胜利,以汉奸罪被逮入狱,次年8月被广东省高等法院判刑七年。1947年9月27日病死狱中。工书画,书学黄庭坚,略变其体,大字行、楷,异常浑厚,晚年写山水、花卉,亦能人物。(见图64)居恒结交权贵,饮酒食肉,是空门中怪僧。《画人轶闻》、《中国美术家人名辞典》、《书情画趣》有载。

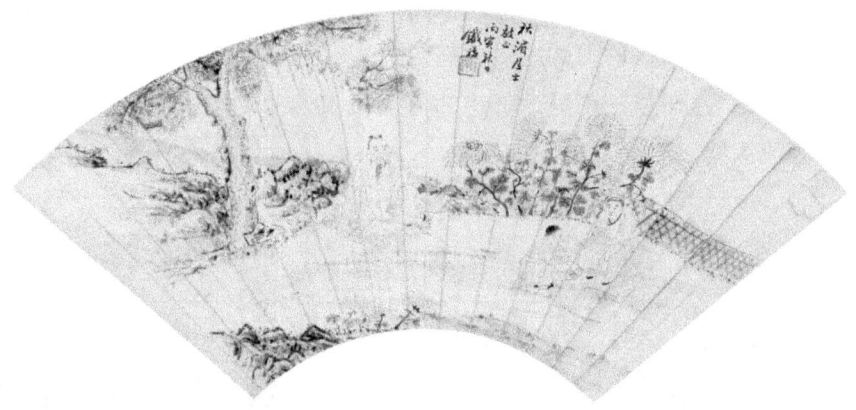

图64

乘贤 字震华。江苏兴化人。上海玉佛寺住持。工诗、能画、尤擅兰竹。博通内典,著作等身,《佛学大辞典》一书,尤为毕生心血汇萃。年未五十,遽然而寂,人皆惜之。《民国书画家汇传》有载。

涤心 江苏人。江苏镇江焦山海西庵住持。能画,曾作《如此江山第三图》。收藏书画颇富。抗日战争(1937—1945)期间寂。《枫园画友录》、《中国美术家人名辞典》有载。

谈月色 （1891—1976）原名谈溶、谈古溶,字月色(与谈溶名并行),号溶溶,晚号珠江老人,室名旧时月色楼、汉玉鸳鸯池馆等。广东顺德人。幼出家为尼,居广东广州月色庵。善诵经,每有斋醮,必居正坐。民国(1912—1949)初年,广州教育局一度取缔尼庵,蔡守亦参与其事,见月色而喜之,迎为妾,授以墨拓全形之术。与蔡守同为南社社员。擅画梅花,习瘦金书,兼工治印,一时誉满羊城(广州)。晚寓南京。为江苏省文史馆馆员。为黄宾虹及门弟子,诗、画、印皆精,有三绝之誉。《榆园画志》、《中国近现代人物名号大辞典》、《民国书画家汇传》有载。

雪相 （1913—1997）俗姓朱。浙江海盐人。1935年于浙江杭州半山显宁寺依华清出家,翌年于浙江天台山国清寺受具足戒。后入国清寺佛学研究社学习,并于浙江温岭小明因寺任维那。因学习努力,被研究社社长静权委以监学之职。抗战期间,赴上海玉佛寺参加中国佛教会灾区救护团第一京、沪僧侣救护队,在前线救护伤员,输送难民。上海沦陷后,曾写下"不做倭奴脚下人,无心再醉春申梦"诗句,旋返温岭,闭关养病,精研佛学。1938年复至上海,住中华崇德会念佛堂,初任维那,后任主讲。1940年谒圆瑛,成为受法弟子,从此追随左右。先任上海圆明讲堂知客,后任楞严专宗学院监学。上海解放前夕,与其师圆瑛、师兄明旸坚留上海。1949年10月后,历任江苏苏州药草庵住持、西园寺首座,苏州市佛教协会副秘书长。曾至北京中国佛学院讲学。"文革"中被迫离开寺院。1979年重返苏州市佛教协会,复任副秘书长和西园寺首座。1986年至浙江嘉兴任觉海寺方丈。翌年任杭州净慈寺住持,杭州市佛教协会常务理事,杭州市政协委员。晚年兼任嘉兴市佛教协会会长。常赴江苏、上海、奉化、广州等地寺院弘法讲经。精于佛法,擅长诗词、书法。著有《楞严百问》、《般若歌》五十三首。《中国佛教人名大辞典》有载。

虚云 （自称生于1840,又屡称1846、1852—1959,一作1871—1959。另有说1959卒时已120岁左右,今并录)法名古岩,又名演彻,字德清,别号幻游,尊称佛慈洪法大师(光绪三十二年间,经肃亲王善耆等奏请,降旨将云南迎祥寺赐名护国祝圣禅寺,并赐此号)。俗姓萧。湖南湘乡人。出家于福州鼓山涌泉寺,翌年依妙莲受具足戒。后云游浙江、江苏、安徽诸名山寺院,又北上经泰山,至五台山,赴西安,继续西行经川、藏等地折至云南。曾出国去暹罗、南洋,并经台湾往日本。辛亥革命(1911)后至上海,与寄禅和尚协商,将寄禅等倡之中国佛教协会改称为总会。民国九年(1920)重兴昆明西山华亭寺并改名云栖寺。十八年起历任鼓山涌泉寺、广东南华寺、云门寺等住持,并在涌泉寺设立佛学院。1952年应邀赴上海参加和平法会。次年被推举为中国佛教协会名誉会长,并为全国政协委员。旋应请复兴江西云居山真如寺,并任住持。为现代中国禅宗代表人物,曾传法曹洞,兼嗣临济,中兴云门,匡扶法眼,延续沩仰,以一身而兼五宗法脉,其禅悟和苦行为海内所敬重。且又宗说兼通,定慧圆融,参禅之余,著书立说。能书法,尤善行楷。(见图 65)书法平和清虚,得静穆之气。有《楞严经玄要》、《法华经略疏》、《遗教经注释》、《圆觉经玄义》、《心经释》等传世。后人辑有《虚云和尚法汇》、《虚云和尚禅七开示录》等。《中国佛教人名大辞典》、《中国近现代人物名号大辞典》有载。

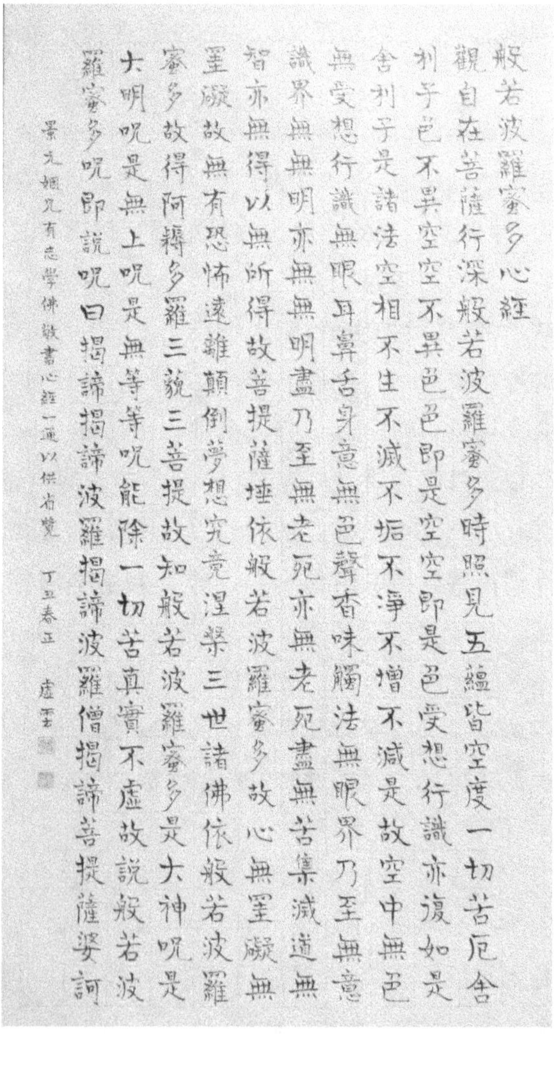

曼殊① (1884—1918)初名宗之助,小字三郎(为生父宗郎所取。后作笔名,见于 1914 年《民国》等刊),原名苏戬(生父宗郎未几亡故,5 岁时随母改嫁在日经商的香山人苏胜,遂姓苏,并着籍香山),学名苏湜,字子毅,更名元瑛,亦作玄瑛,别字雪蝶,号超凡。12 岁时,因受苏

图65

氏歧视，在广州长寿寺削发为僧，法名博经，号曼殊（后冠姓名世），又署曼殊居士、沙门曼殊，亦署曼殊揭谛，别署飞锡、王昌、元、苏文惠、文惠、文瑛、心印、三印、弘、玄殊、玄曼、行行、孝穆、苏子由、苏弘、非非、弃私、宋玉、沙鸥、阿昙、阿难、阿瑛、雨品巫、南府行人、南国行人、塘僧，等等，室名燕子庵、燕子龛。广东香山（今中山）人。生父日本江户望族宗郎。光绪二十年（1894）甲午战争爆发后，随父返广东。二十四年（1898）回日本，先后就读于横滨大同学校、东京早稻田大学，二十八年转入振武学校习陆军。参加革命团体青年会，组织拒俄义勇队等。二十九年在广东惠州削发为僧，一生过着"行云流水一孤僧"的云游生活，时人称他"非僧非俗"、"亦僧亦俗"。曾去暹罗（今泰国），学习梵文于乔悉摩。又游锡兰（今斯里兰卡）、印度、爪哇、吉隆坡等地。1907年又去日本，与章太炎、刘师培、陈独秀等游。回国后曾主讲梵文、英文于南京金陵刻经处祇洹精舍，常听杨文会讲经，并与夏曾佑研讨佛学。其后往返于日本、上海、南京、燕湖、江宁等地，迭任教职。后至上海，交结革命志士，又参加南社。民国成立（1912）后，发表宣言，反对袁世凯称帝。身世飘零，佯狂玩世，嗜酒暴甜食，积病而卒。通英、日文及梵文。能诗文，善绘画。山水、人物萧疏冷隽，别饶天趣。得意之作，多写一僧人于其间，衲衣飘举，眉目如生，及自写其真。与广东顺德名士蔡哲夫、张倾城夫妇友善，寂后哲夫、倾城集其所藏手迹影印行世，题曰《曼殊墨妙》，章太炎（炳麟）为之作序。柳亚子辑其著作为《曼殊全集》，并为撰传。著有自传体小说《断鸿零雁记》及《梵文典》等，近人编有《苏曼殊小说集》、《苏曼殊诗笺注》、《苏曼殊诗文·画集》等十余种。《近代六十名家画传》、《古今100高僧》、《中国佛教人名大辞典》有载。

曼殊② 浙江人。民国二十年（1931）后游四川峨眉山，寂于峨山。工篆隶。《益州书画录补遗》、《古今100高僧》、《中国美术家人名辞典》有载。

谛闲 （1858—1932）俗姓朱，名古虚，号卓三。浙江黄岩人。9岁入塾读书，不久父殁，因家贫辍学，在舅父开的中药铺里当学徒，长大后渐通药理。19岁那年，妻子、幼儿、母亲在一个短时期内先后亡故，谛闲感悟人生无常的哲理。20岁入浙江临海白云山依成道法师披剃出家。落发未久，谛闲的大哥寻踪而至，迫谛闲还俗。两年后大哥殁，谛闲又回到白云山，并在24岁时于浙江天台山国清寺受具足戒。曾亲近敏曦、晓柔、大海等，听讲《法华》、《楞严》等经。未久,谛闲去浙江杭州六通寺开始讲经生涯,主讲《法华经》。29 岁出任上海龙华寺副寺,同年,由迹端授记付法,为传持天台教观第四十三世。先后掩关潜修三次。宣统元年(1910)江苏佛教师范学堂在南京创立,谛闲出任校长和总监。民国元年(1912)驻锡上海留云寺,并在寺里创办佛学研究社,自任主讲。是年冬,被邀去浙江宁波观宗寺任主持之职。还建造修缮天台山万年寺、杭州梵天寺、永嘉(今浙江温州)头陀寺、绍兴戒珠寺、黄岩常寂寺、海门西方寺等。谛闲还曾两次赴京,先后开讲《楞严经》、《圆觉经》。其时,先是袁世凯赠"宏阐南宗"匾额,后来又由执政段祺瑞送"阐扬台宗"匾额。民国十八年(1929)谛闲以 72 高龄,被远邀到黑龙江哈尔滨极乐寺传授戒法,极一时之盛。回上海后又开讲《楞严经》。寂于宁波观宗寺,建塔于浙江慈溪五磊讲寺。弘法之外,谛闲勤于著述。亦能书法,书善行书和草书,笔力遒劲,清气满楮。(见图66)著有《圆觉经讲义》、《圆觉经亲记》、《大乘止观述记》、《楞严经序指味疏》、《观经疏钞演义》等,后人辑有《谛闲大师遗集》刊行问世。《古今 100 高僧》、《中国佛教人名大辞典》、《中国近现代人物名号大辞典》有载。

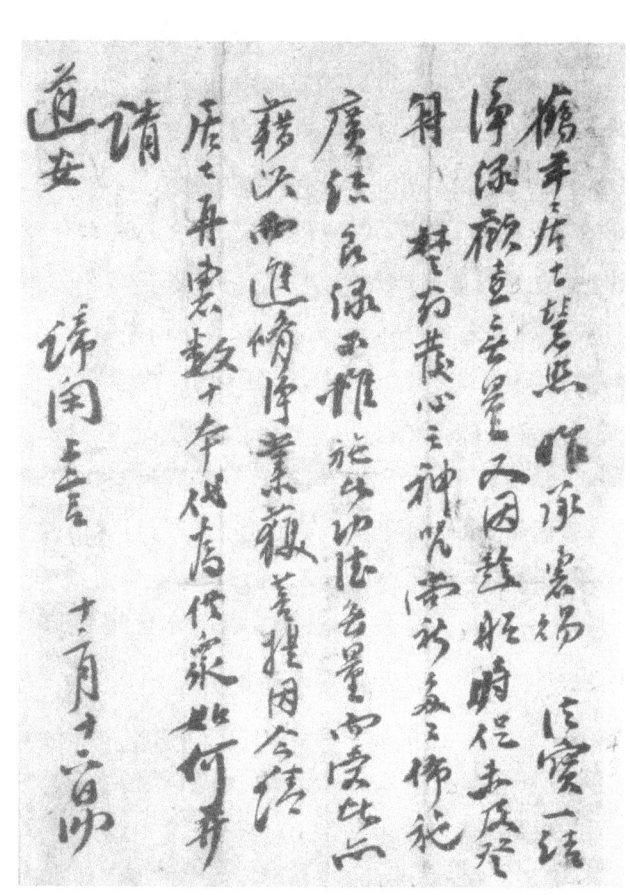

图 66

瑞今 (1905—2005)俗姓蔡,名德分,号德轮。福建晋江人。7 岁入私塾读四书五经,常随母亲到闽南各地寺庙拜佛。12 岁投福建南安小雪峰寺,依海安转敬和尚落发,法名瑞今,字寂声。日事农田,夜学经教。14岁诣福建泉州承天寺听会泉法师讲经,参加禅七法会。次年住福建厦门南普陀寺,学习佛典。17岁在福建莆田光孝寺微磊和尚座下受具足戒,夏天在南普陀寺听圆瑛法师讲《楞严经》。又云游至上海和浙江宁波,历参太虚、谛闲、应慈、净心、度厄、兴慈诸名德。同年考入安徽迎江佛学院,为全年级最年轻学生。20岁,与南普陀寺方丈会泉共商筹办闽南佛学院。次年闽南佛学院正式开学。23岁,创立福建漳州南山分校,任训育兼会计。次年弘一法师游化闽南,瑞今常请益亲近。26岁时随弘一研律,偶代讲座于闽南各地。30岁任厦门市佛教会会长,与林子青居士刊办《佛教公论》杂志。抗日战争(1937—1945)期间,日寇一度占驻南普陀寺,僧众星散,瑞今返泉州承天寺。1938年任东石龙江寺住持,次年于承天寺讲《菩贤行愿品》,主办鹦山佛学社。1940年弘一法师于泉州开元寺尊胜院主办南山律苑,瑞今参预习律。1942年任祖庭南安雪峰寺住持,讲《梵网经》。1946年,应性愿法师之请,南渡菲律宾,1948年任菲律宾大乘信愿寺住持。率寺众重兴信愿寺。1952年率代表团赴日本,出席第二届世界佛教徒友谊会,返菲后成立菲律宾分会。1956年率团出席尼泊尔第四届世界佛友会,顺道朝拜印度佛教圣迹。1959年发起兴办佛教能仁学校。访问缅甸仰光、高棉、越南,游化星、马及中国香港。1962年任信愿、华藏二寺第三届上座。1965年赴台湾,出席第一届世界华僧大会。1974年连任信愿、华藏二寺上座。1973年,发起筹建万佛塔,1979年10月建成。1985年组团朝礼五台、峨眉,拜访赵朴初居士。1985年,率团出席曼谷召开的世界佛教僧伽第四届大会,被推选为副主席。1989年赴美国弘法。1995年90嵩寿,延请上海真禅、明旸法师率团莅菲主持水陆法会为瑞今祝寿。是年出任新加坡普觉禅寺方丈。2004年,瑞今百岁,菲律宾总统阿罗约女士赴寺礼佛,拜访瑞今。2005年2月27日(农历正月十九日)中午十二时半,安祥示寂,舍利奉安于信愿寺综合大楼顶层之舍利殿。禅余不废翰墨,尤善隶书,出入两汉,生动有趣。(见图67)著有《华严室丛稿》,集瑞今历年所作文稿、讲词、法语、诗句、对联等。寂后菲律宾大乘信愿寺出版有《瑞今长老纪念集》。《弘一大师传》有载。

瑞光 (1878—1932)字雪庵,号问石山僧。北京阜成门外衍法寺住持僧。齐白石民国八年(1919)定居北京,瑞光时去谈艺请益,旋入白石门墙,为画弟子。

工画,尤擅山水,(见图68)意境甚高,其赠白石山水画题诗云:"画水勾山用意同,老僧自道学萍翁。他年如有人知识,不用求工而是工。"寂于北京广安门内莲花寺。《京律画派》有载。

僧佗 (？—1944)。民国(1912—1949)间上海僧人。擅书画。尤工山水。民国三十九年(1940)赏作《青绿山水图》成扇。《上海道明第五届联谊拍卖会图录》有录。

慧因 (1906—1979)广东番禺人。普济禅院三十八世住持。终生为普济禅院营役。自幼礼普济禅院善航和尚,受戒于广东肇庆鼎湖山庆云寺,质良大和尚法徒。抗日战争(1937—1945)时期随避难于普济禅院的高剑父习画,扬高氏一门的艺术事业不遗余力。画工人物,(见图69)有《寒山子图》传世。《岭南画派》有载。

慧祥 四川人。四川成都大悲寺僧人。善诗,工画,笔致秀润,尝与蜀都人士诗酒唱酬。《益州书画录补遗》、《中国美术家人名辞典》有载。

澍培 (1897—1986)名鸿运,法号念根,晚年自号卧云庵主。辽宁朝阳人。俗姓包。1912年在辽宁锦州毗卢寺依洪宽出家,1920年于辽宁沈阳万寿寺受具足戒,次年入该寺佛学院随倓虚学习十部讲经。三年毕业后,回锦州

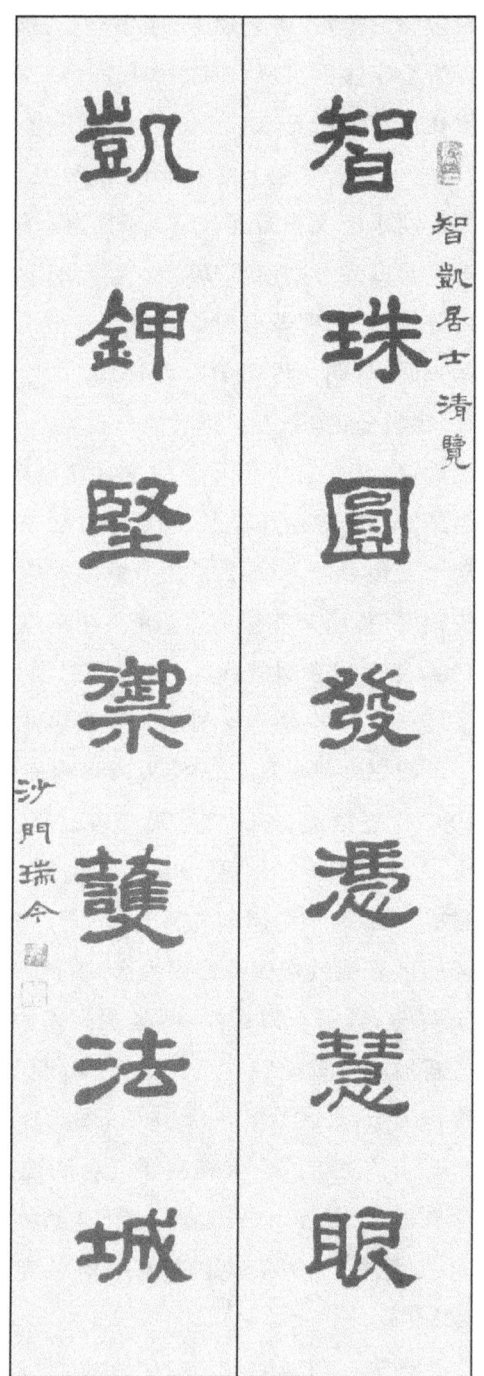

图67

图 68

图 69

毗卢寺。旋随倓虚至北京听讲《楞严》，又入弥勒佛学院就读。毕业后由倓虚推荐至普济寺佛学院任教务主任。1931年受倓虚付嘱，为天台宗下第四十五代。次年至吉林长春为倓虚管理般若寺建造工程。寺成，出任首任住持。1936年般若寺首次传戒，即于传戒弟子中选出六十位优秀青年，在寺内办佛学院加以培训。每期六个月，前后办六期，培养出三百余名初级僧才。后又从中选出数十名成绩优秀者入研究班。1947年到山东青岛湛山寺佛学院任主讲。1949年回东北，卓锡吉林观音堂、哈尔滨极乐寺等。其后乃奔赴各地讲经。1956年重回长春般若寺任住持。翌年迁居长春南湖大佛寺达二十年。1980年又回般若寺任住持，并任吉林省佛教协会会长，吉林省和长春市政协委员。1985年在般若寺最后一次传戒。能诗，善画兰花和墨竹。《中国佛教人名大辞典》有载。

潘达微 （1880，一作1881—1929）广东番禺（今广州）人。字铁苍，号景吾，一号憬吾，又号影吾，亦号影庐，别号寂尘、冷道人，晚号冷残，别号潘心微，别署阿景、觉、中国无赖，法号妙法，一作妙化。1905年与高剑父、陈垣等在广州创办《时事画报》，鼓吹革命，次年停刊。1909年在香港复刊。后加入同盟会，并与何剑士等在广州分设机关"守真阁"裱画店。1911年又同陈树人、廖平子等创办《平民报》。辛亥（1911）三月二十九日之役（即黄花岗之役）失败后，殓收烈士遗体七十二具，以善堂名义葬于广州城郊红花岗，改名黄花岗。民国成立后，从事新剧活动，曾编演《声声泪》，反映社会的黑暗。之后应陈景华之请，创办女子教育学院，并任广州孤儿院院长。二次革命时，受粤督龙济光迫害，逃往上海，隐姓埋名，充某富家园丁。后出任南洋烟草公司美术设计。1917年与王军演等创办《天荒画报》。1925年与温幻菊等组织国画研究会。次年又与邓尔雅在香港设立分会。又办《微笑》杂志。晚年潜心佛学，曾为栖霞寺僧，后返俗为居士。其后侨居香港。卒于港。后附葬黄花岗烈士墓园。工画山水，尤善水墨山水。（见图70）著有《病梅图》。《中国近现代人物名号大辞典》、《中国美术家人名辞典》有载。

懒悟 （1900—1969）法名溪如，号晓悟。河南潢川人。俗姓李。幼于云锋庵落发。十年后受具足戒。1927年（一作1924年）至福建厦门南普陀寺，入闽南佛学院。两年后毕业赴日本，研习法相唯识约五年。此外，还练习绘画。回国

图 70

住锡浙江杭州灵隐寺。曾入林风眠门下习画,与唐云(1910—1993)往来密切。旋离浙江杭州,在安徽安庆迎江寺西堂任职,又任安庆城北太平寺住持。在安庆二十年,以画自娱,不拘小节,以懒和尚闻名,遂改名懒悟。善医道,常走街串巷,为人治病,并扶穷济贫。1949年10月后定居安徽合肥明教寺,与画界相往还,创作颇丰。山水初学"四王"(王时敏、王鉴、王翚、王原祁),晚年致力于渐江、石涛、石溪,直逼云林(倪瓒)。寂于合肥月潭庵。1981年为之建塔于九华山。《中国佛教人名大辞典》有载。

后　记

于建华

　　2005年5月22日5时10分,先师驾鹤西去。5月27日,在百尺老屋先师的骨殖前,师母有会儿单独与我在一起,对我说:"我在翻先生的新日记本时,在扉页看到先生写的'乙酉新年寄语:闻鸡起舞,老当益壮'。角上写道'拟搞一本《方外书画家》'。"师母当时嘱我把这本《方外书画家》搞下去,以了先师的心愿。我应允。

　　因为有几天时间要在上海编印《翰墨学林一奇葩——洪丕谟艺术纪念展作品集》,我便抽时间跑了古籍书店,购了些撰写《方外书画家》要用的书籍,心想回到家便开始写作。

　　上海的事情办完,绕道宁波由林琪师兄陪着上普陀山拜过观世音菩萨后飞回河南,即着手《方外书画家》的筹划工作,但当时手上有《洪丕谟年谱》的整理收尾工作,还有几篇怀念先师的文章要写,接着是印刷出版,所以颇是费去了数月时间。

　　手头围绕先师要紧的工作告一段落,我即把佛教方面的图书资料堆在了案头。一番翻阅归类,理出头绪拟出提要章节,不觉又是数月时间耗了过去。一拖再拖,又不觉2007年新年到了,我仍是一个字还未写呢!

　　2007年元旦过去,接着农历春节的俗务缠身,仍难静下心来写作。有几次眼看就要动笔之时,突然想到先师新日记上的"方外书画家"几个字,心情又悲恸起来,竟是更难以下笔。再三这样,又几个月拖了过去。5月初,我发现我的甲状腺一侧肿大，即到市中心医院一附院请任着院长的杨俊德大夫检查，伊说是良性的甲状腺瘤，要手术切掉。我次日便同内子一同到了郑大一附院找到革书记化民老兄，约到专家确诊后，便在化民老兄的安排下住进病房，第二天一早就上了手术台，顺利地切下了一侧的甲状腺瘤。一个礼拜出院，医护人员嘱我要在家中静养一个月。

一个月养病在家，我思想是否因为我迟迟没有动手撰写这本《方外书画家》，没有为佛家作功德而得到了报应，所以才有这一刀要挨。于是借着在家休养的一个月时间中，由犬子毛豆帮忙打下手，晨抄暮写，笔不停挥，第一稿的《方外书画家》竟堆在了案头。接着又用了大致一个月时间补充润色，这本二十多万字的著作便大功告成了。

2007年9月6日，我写出《〈方外书画家〉内容提要及市场前景》，云：

"方外"指中国境内出家的和尚僧尼。

《方外书画家》为半工具类、半学术性辞书。从佛教传入时的两汉写起，写到民国。共十二章，每章写一个朝代，先写这一朝代的佛教概况，再写佛教美术史话，最后是收录方外书画家的辞条（共收录方外书画家1 200余人），大概25万字左右。

目前市场上还没有这样的学术性工具书出版，所以此书一旦上市，既能填补空白，又能带来可观的经济效益。

由于当时毛豆还在成都上大一，不能过多地占用他的时间，我便请敝市医专的政治老师崔岚女史为此书打稿，由于僧尼书画家的辞条极难打，费了伊不少的精力，化去了伊大半年的时间，着实让我感动。

我在等待《方外书画家》书稿的时候，手头的三部著作报到了上海学林出版社。三部书画鉴赏的著作很快以"书画收藏入门系列丛书"的选题定了下来，紧接着交稿、校稿，2008年初春即拿到了这三部书的样书。

待《方外书画家》的书稿打出来，我一边校对，一边赶写手头上的《拍回书画细赏玩》"丛书"，又接着写《丹青遗痕弥足珍》和《闲敲棋子赏书画》"丛书"。期间频繁飞往沪杭参加艺术品拍卖会，拍得书画回到不歌楼便是狂写鉴赏文章，一时间很难心平气和地顾及《方外书画家》，也就把《方外书画家》"待字闺中"了。

去年年尾，我书画丛书的策划褚大为兄台打来电话，说学林出版社要出版《方外书画家》，并且为了迎合市场需要，也为了方便读者理解暂把书名改为《中国佛门书画家图典》。因是加上"图典"两字，就要尽可能多的配些图片，于是翻找出自己的藏书中的僧尼书画家作品，又在明朝兄台处借到一些，提着几大包到高文影家的浪漫人生影楼进行翻拍，拍好后按朝代编号顺序，图片有六七十幅之多。图片工作完成，应该好好谢谢明朝和高文两位艺友兄弟。

今年过完春节，大为兄台又打来电话，说最近要到漯河来签出版合同，我等在了家中。大为兄台事忙，拖至前几天才绕道北京过来。看带来的合同，乙方签署的时间是2012年2月。在不歌楼，大为兄台一边挥洒书画，一边把合同签了，仍是感觉合作非常愉快。几日小聚，诗酒书画，觞咏风流，大为兄台带上《中国佛门书画家图典》的稿子回上海去了。

这本著作从筹划到交付出版社，整整七年时间。今天是先师仙逝七周年忌日，不知弟子携犬子毛豆撰成的这部著作是否是先师的本意？望先师的在天之灵多多加被呵护弟子！弟子把此书化作一枝花献于先师灵前，并且祝愿先师总能持着花见佛。

佛菩萨和先师遗像前的檀香仍在燃着，伴着袅袅轻烟，嗅着檀香，心中默默念着佛菩萨的圣号。看着先师慈祥的笑容，我心中极其想念先师，但人天相隔，永远不能再遂人愿，真的是太令人悲痛伤感了！我想听听师母的声音，打电话到百尺楼，师母未应。我不愿再打师母的手机，想让师母静静……

2012年5月22日泣泪于不歌楼晨窗

www.ingramcontent.com/pod-product-compliance
Lightning Source LLC
Chambersburg PA
CBHW080634230426
43663CB00016B/2864